New Media 新媒体·新传播·新运营 系列丛书

新媒体营销 慕课版

解鹏程 赵丽英 / 主编　杨静 元静 邵振亚 毛欣欣 / 副主编

人民邮电出版社

北京

图书在版编目（ＣＩＰ）数据

新媒体营销：慕课版 / 解鹏程，赵丽英主编. --
北京：人民邮电出版社，2022.2（2023.1重印）
（新媒体·新传播·新运营系列丛书）
ISBN 978-7-115-57631-6

Ⅰ. ①新… Ⅱ. ①解… ②赵… Ⅲ. ①网络营销
Ⅳ. ①F713.365.2

中国版本图书馆CIP数据核字(2021)第205589号

内 容 提 要

本书紧跟时代发展的潮流，深度剖析依托新媒体平台进行营销推广的有效方法及实战技巧。本书
分为12章，主要内容包括：新媒体营销基础，解读互联网营销新时代；新媒体营销策略，讲解新媒体
营销的方法论；新媒体数据分析，用数据思维驱动营销；短视频营销，持续增粉的制胜秘诀；直播营
销，让流量低成本快速转化；音频营销，深度挖掘声音的价值；微信公众号营销，开展社会化营销的
"标配"；微博营销，以热点大量吸引流量；社群营销，借社群文化发掘营销机会；自媒体营销，依托
自品牌增强影响力；营销矩阵，开启跨媒体整合营销；内容变现，深度挖掘流量的商业价值。本书结
构清晰、案例丰富，设计大量实训操作，增强读者的新媒体营销实践能力。

本书不仅可以作为高等职业院校电子商务、网络营销与直播电商等相关专业课程的教材，还可以
作为新媒体运营专员、网络营销专员、自媒体从业人员以及个人创业者的参考书。

◆ 主　　编　解鹏程　赵丽英
　　副主编　杨　静　元　静　邵振亚　毛欣欣
　　责任编辑　古显义
　　责任印制　王　郁　焦志炜

◆ 人民邮电出版社出版发行　　北京市丰台区成寿寺路 11 号
　　邮编　100164　电子邮件　315@ptpress.com.cn
　　网址　https://www.ptpress.com.cn
　　山东华立印务有限公司印刷

◆ 开本：787×1092　1/16
　　印张：15.5　　　　　　　　　　　2022 年 2 月第 1 版
　　字数：412 千字　　　　　　　　2023 年 1 月山东第 5 次印刷

定价：49.80 元

读者服务热线：(010)81055256　印装质量热线：(010)81055316
反盗版热线：(010)81055315
广告经营许可证：京东市监广登字 20170147 号

前言
PREFACE

随着信息技术的不断发展，传统媒体已经很难满足用户多样化的信息需求，新媒体应运而生。而得益于信息技术的进步，新媒体的内涵与形式得到了极大的丰富，不仅有论坛、门户网站、视频网站等相对传统的新媒体，还出现了直播平台、音频平台等新兴的新媒体。

在不断发展的过程中，新媒体对人们生活的影响越来越大，如今已经成为人们生活与工作中不可或缺的重要组成部分。目前，企业正在从关注"物"转换为关注"人"，从"以产品为中心"转换为"以用户为中心"，从经营产品转换为经营用户，新媒体营销成为企业转型的关键环节。在这种局面下，新媒体营销的价值越来越重要，如何做好新媒体营销成为企业需要解决的重点问题。

本书分为12章：第1章介绍新媒体和新媒体营销，以及新媒体营销人员的职业素养；第2章介绍新媒体营销的核心法则、经典营销策略和新媒体营销定位；第3章介绍新媒体数据分析及常用的第三方数据分析工具；第4章至第10章分别介绍短视频、直播、音频、微信公众号、微博、社群、自媒体等新媒体的营销策略；第11章介绍新媒体营销矩阵；第12章介绍内容变现模式。

本书结构清晰、内容丰富，主要具有以下特色。

- **体系完善，知识新颖**。本书紧跟时代发展的潮流，对新媒体营销的各个环节和各种平台进行了深度诠释和介绍，内容新颖且注重实用性，并充分考虑课程要求与教学特点，以必需和实用为准则，在简要而准确地介绍概念和理论的基础上，重点讲解行之有效的营销方法，着重培养读者的新媒体营销与运营能力。

- **案例丰富，融会贯通**。本书通过大量典型案例深入解析新媒体营销策略，读者可以从案例中汲取成功经验，掌握新媒体营销的精髓。另外，每章设置的"案例链接"模块可以帮助读者理解、掌握并运用新媒体营销方法，从而达到融会贯通的学习目标。

- **干货十足，注重实训**。本书不仅讲解了理论知识，还强调开拓思维，并注重对实操技能的培养。本书注重实操训练，每章设置了"实训"模块，力图让读者在学中练、在练中学。

- **资源丰富，拿来即用**。本书提供了丰富的立体化教学资源，包括慕课视频、微课视频、PPT、教学大纲、教案、课后习题及习题答案等，读者扫描右侧二维码进入人邮学院（https://www.rymooc.com）获取慕课视频，还可以访问人邮教育社区（http://www.ryjiaoyu.com）搜索书名免费下载其他资源。

人邮学院

本书由河南职业技术学院解鹏程、赵丽英担任主编，由河南职业技术学院杨静、元静，中教畅享（北京）科技有限公司邵振亚以及承德工业学校毛欣欣担任副主编。

由于编者水平有限，书中难免存在疏漏之处，敬请广大读者批评指正。

编 者
2022年1月

目录
CONTENTS

第1章 新媒体营销基础 ·················1

1.1 初识新媒体··················· 2
1.1.1 新媒体的概念·················· 2
1.1.2 新媒体的特点·················· 2
1.1.3 新媒体的类型·················· 3
1.1.4 新媒体的发展趋势·········· 4
案例链接 "云听"——5G 时代下声音
新媒体平台的新范式····6

1.2 初识新媒体营销················7
1.2.1 新媒体营销的概念·········· 7
1.2.2 新媒体营销的特点·········· 7
1.2.3 新媒体营销的平台选择·············8
案例链接 企业家变身直播"网红"·····12
1.2.4 新媒体营销的发展趋势·········· 13
案例链接 哔哩哔哩掀起"后浪"
大潮··················14

1.3 新媒体营销人员的职业素养······ 15
1.3.1 新媒体营销人员的基本素质
要求·················· 15
1.3.2 新媒体营销岗位的技能要求····· 16
【实训：分析新媒体营销案例并完成
调研报告】············· 19

第2章 新媒体营销策略···········20

2.1 新媒体营销的核心法则······ 21
2.1.1 趣味法则·················· 21

案例链接 志邦家居打造的趣味话题····21
2.1.2 利益法则·················· 22
2.1.3 互动法则·················· 22
2.1.4 个性法则·················· 22

2.2 新媒体营销的经典策略·········· 22
2.2.1 饥饿营销·················· 22
2.2.2 场景营销·················· 23
2.2.3 事件营销·················· 23
案例链接 "秋天的第一杯奶茶"席卷
社交圈··················24
2.2.4 口碑营销·················· 25
2.2.5 互动营销·················· 25
2.2.6 情感营销·················· 26
案例链接 999 感冒颗粒的情感营销····27
2.2.7 知识营销·················· 27
2.2.8 软文营销·················· 28
2.2.9 IP 营销·················· 29
2.2.10 跨界营销·················· 30

2.3 新媒体营销定位·········· 30
2.3.1 用户定位·················· 30
2.3.2 价值定位·················· 32
案例链接 海尔探索家居市场的新发展
方向··················33
2.3.3 内容定位·················· 34
【实训："完美日记"新媒体营销策略
分析】············· 37

4.2.3　短视频整体优化 ·············· 67

案例链接　"毒舌电影"短视频营销

账号分析 ···················· 70

第3章　新媒体数据分析 ·······39

3.1　初识新媒体数据分析 ·········· 40

3.1.1　新媒体数据分析的作用 ········ 40

3.1.2　新媒体数据分析的维度 ········ 42

3.1.3　新媒体数据分析的基本步骤 ···· 43

3.1.4　新媒体数据分析的常用方法 ···· 45

3.2　常用的第三方数据分析工具 ····· 46

3.2.1　新榜 ·························· 46

3.2.2　清博智能 ···················· 47

3.2.3　飞瓜数据 ···················· 49

案例链接　飞瓜数据哔哩哔哩版 ······· 50

3.2.4　卡思数据 ···················· 51

3.2.5　蝉妈妈 ······················ 52

案例链接　蝉妈妈合作年终秀 ········· 53

【实训：模拟新媒体运营岗位的数据

分析工作】 ···················· 54

第4章　短视频营销 ············55

4.1　初识短视频营销 ·············· 56

4.1.1　短视频营销的优势 ············ 56

4.1.2　短视频营销的创意玩法 ········ 57

4.1.3　短视频营销的内容类型 ········ 58

4.1.4　主流短视频营销平台 ·········· 60

4.1.5　短视频账号的设置 ············ 62

4.2　短视频营销策划 ·············· 64

4.2.1　短视频选题策划 ·············· 64

4.2.2　短视频内容策划 ·············· 65

案例链接　"秋叶PPT"用原创知识为

职场人士赋能 ············· 66

4.3　短视频营销推广 ·············· 71

4.3.1　聚焦用户需求，提高用户

关注度 ···················· 71

4.3.2　巧用技巧，增强短视频推广

效果 ······················ 73

4.3.3　多平台推广，构建"引流"

矩阵 ······················ 74

案例链接　小米公司的短视频矩阵营销

模式 ······················ 77

4.4　短视频营销数据分析 ·········· 78

4.4.1　短视频数据分析的主要内容 ···· 78

4.4.2　短视频竞品营销分析 ·········· 81

【实训：创作并发布营销类

短视频】 ···················· 83

第5章　直播营销 ············84

5.1　初识直播营销 ·············· 85

5.1.1　直播营销的优势 ·············· 85

5.1.2　直播营销的常见方式 ·········· 86

5.1.3　直播营销的商业模式 ·········· 88

5.1.4　主流直播平台及其特点 ········ 89

5.2　直播营销活动前的筹备事项 ···· 91

5.2.1　策划直播方案 ················ 91

5.2.2　明确直播目标 ················ 92

5.2.3　做好直播定位 ················ 92

5.2.4　撰写直播脚本 ················ 94

5.2.5　搭建直播间 ·················· 95

5.2.6 直播宣传与"引流" ·············· 96

案例链接 雷军直播"带货"首秀 ······97

5.3 直播营销活动的开展 ·············· 98

5.3.1 直播营销话术的运用 ·············· 98

5.3.2 直播营销的互动活动 ·············· 99

5.4 直播营销活动的二次传播 ········· 101

5.4.1 二次传播方案的拟定 ············· 101

5.4.2 二次传播的常用方法 ············· 102

5.5 直播营销活动复盘 ·············· 103

5.5.1 直播营销活动复盘的基本
思路 ······························ 103

5.5.2 直播营销活动数据分析 ·········105

5.5.3 直播营销活动经验总结 ·········107

案例链接 主持人跨界直播 ·········108

【实训：策划并现场演练直播营销
活动】 ······················· 109

第6章 音频营销 ·············· 111

6.1 初识音频营销 ·············· 112

6.1.1 音频营销的优势 ·············· 112

6.1.2 主流音频平台及其特点 ·········113

6.2 音频营销的策略 ·············· 115

6.2.1 找准用户需求 ·············· 115

6.2.2 选择合适的营销模式 ············· 116

案例链接 喜马拉雅声音流广告 ·········117

案例链接 VIPKID 配音挑战赛 ·········119

6.2.3 录制高质量的音频 ············· 119

6.3 音频数据分析 ·············· 120

6.3.1 音频数据分析的主要内容 ········120

6.3.2 音频数据分析与应用 ············· 121

【实训：喜马拉雅平台的作品发布与
分析】 ······················· 125

第7章 微信公众号营销 ·······126

7.1 初识微信公众号 ·············· 127

7.1.1 微信公众号的营销优势 ·········127

7.1.2 微信公众号的基本设置 ·········129

7.2 微信公众号营销策划 ·············· 131

7.2.1 微信公众号的品牌构建策略 ···131

7.2.2 微信公众号的内容推送策略 ···133

案例链接 "十点读书" ··············134

7.2.3 微信公众号的营销活动策划 ····135

案例链接 裂变运营助力微信公众号
"涨粉" ·····················137

7.2.4 微信公众号的"涨粉"策略 ···· 137

7.3 微信公众号营销的文案策划 ·····138

7.3.1 文案写作技巧 ·············· 138

7.3.2 文案排版技巧 ·············· 141

7.4 微信公众号数据分析 ·············· 143

7.4.1 用户分析 ·············· 143

7.4.2 内容分析 ·············· 144

7.4.3 菜单分析 ·············· 145

7.4.4 消息分析 ·············· 145

【实训：撰写读书分享型微信公众号
文章】 ······················· 146

第8章 微博营销 ·············· 147

8.1 初识微博营销 ·············· 148

8.1.1 微博的传播特征及营销价值 ····148

案例链接 金安新春《造相馆》 ·········149

8.1.2 微博账号的设置·············150

8.2 微博营销文案与话题的策划·152

8.2.1 微博营销文案的写作与发布······152

案例链接 比亚迪清明节创意文案，
植入不留痕迹·········154

8.2.2 微博话题的发布········156

8.3 微博营销活动的策划·········158

8.3.1 微博营销活动的策划要点·······158

8.3.2 策划微博营销活动的注意事项···158

案例链接 年丰大当家打造万人转发
"爆款"活动········159

8.4 微博数据分析·············160

8.4.1 微博基本数据分析········160

8.4.2 微博粉丝数据分析········161

8.4.3 微博博文数据分析········163

8.4.4 微博互动数据分析········165

【实训：利用微博宣传、推广店铺的
汉服】·············166

第9章 社群营销·············167

9.1 初识社群营销·············168

9.1.1 社群基础认知··········168

9.1.2 社群营销的关键点········169

9.1.3 社群的创建与管理········170

9.2 社群营销的策略·········172

9.2.1 发布高价值的内容········172

9.2.2 设计福利活动激活氛围······173

9.2.3 借助线上活动增强凝聚力····174

案例链接 "宝宝玩英语"用免费体验课
群收获用户·········175

9.2.4 借助线下活动提高亲密度·······177

9.2.5 推动裂变扩大社群规模·······179

案例链接 乡村客运站做社区团购·······181

9.3 社群数据分析············182

9.3.1 社群数据分析的主要内容······182

9.3.2 社群数据分析的常用指标······183

【实训：创建一个学习类社群】·······184

第10章 自媒体营销·········185

10.1 初识自媒体············186

10.1.1 自媒体的特点·········186

10.1.2 自媒体与新媒体的关系······186

10.1.3 自媒体的商业模式·······187

10.1.4 主流自媒体平台········188

10.2 头条号营销············189

10.2.1 头条号基础认知········190

10.2.2 头条号账号内容定位······190

10.2.3 头条号营销内容创作策略·····192

案例链接 深度评测和专家科普成为
头条号的主流"种草"
形式·········193

10.2.4 头条号营销内容推广策略·····194

10.2.5 头条号数据分析········195

10.3 知乎号营销············200

10.3.1 知乎号基础认知········200

10.3.2 知乎号内容定位········201

10.3.3 知乎号营销内容创作策略·····202

案例链接 小罐茶的知乎营销·······203

10.3.4 知乎号营销内容推广策略·····204

10.3.5 知乎号数据分析········205

【实训：在知乎上进行知识问答
营销】 ················206

第 11 章 新媒体营销矩阵 ·······207

11.1 初识新媒体营销矩阵 ········208
11.1.1 新媒体营销矩阵的类型 ·······208
案例链接 小米企业集群下的新媒体
矩阵营销模式 ············209
11.1.2 新媒体营销矩阵的作用 ·······209
11.1.3 打造新媒体营销矩阵的要点 ····210
11.1.4 新媒体营销矩阵对新媒体营销
人员的能力要求 ············210

11.2 构建新媒体营销矩阵的基本
步骤 ················211
11.2.1 分析运营状况 ············211
11.2.2 细分目标人群及其需求 ········212
11.2.3 选择媒体平台 ············212
11.2.4 布局新媒体矩阵 ···········213
11.2.5 创建人格化账号 ··········214
案例链接 "樊登读书"新媒体营销
矩阵分析 ············214

11.3 新媒体营销矩阵运营团队的
搭建 ················216
11.3.1 运营团队的人员配置 ·········216
11.3.2 运营团队的 KPI 设置 ········217
【实训：搭建品牌自播矩阵的案例
方法分析】 ············220

第 12 章 新媒体内容变现 ········221

12.1 广告变现 ················222
12.1.1 适合变现的广告形式 ·········222
12.1.2 新媒体广告营销策略 ·········224
12.1.3 承接新媒体广告的方法 ········226
12.1.4 做好广告变现的关键 ·········227

12.2 电商"带货"变现 ··········228
12.2.1 电商"带货"变现的常见
模式 ················228
12.2.2 电商"带货"变现的技巧 ·······229

12.3 知识付费变现 ············230
12.3.1 知识付费的价值和特征 ········230
12.3.2 知识付费变现的类型 ·········232
案例链接 百度，知识付费行业的
标杆 ················233
12.3.3 知识付费变现的常见模式 ·······233
12.3.4 知识付费变现的技巧 ·········234

12.4 IP 变现 ················235
12.4.1 IP 变现的常见模式 ·········235
12.4.2 IP 变现的技巧 ···········235
案例链接 故宫 IP 的变现之路 ·······236
【实训：分析直播"带货"变现的
要点】 ················237

第1章 新媒体营销基础

学习目标

➤ 了解新媒体的概念、特点及类型。
➤ 了解新媒体的发展趋势。
➤ 了解新媒体营销的概念、特点及发展趋势。
➤ 了解主流的新媒体营销平台。
➤ 了解新媒体营销人员的基本素质要求与新媒体营销岗位的技能要求。

学习导图

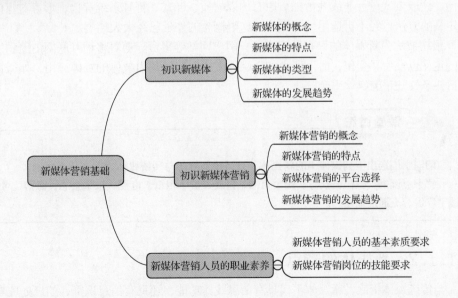

在移动互联网技术的推动下，新媒体的内涵和形式不断发生变化，新媒体的媒介形态不断更新迭代。随着5G时代的来临，人类社会已经进入"万物皆媒"的新阶段。企业与品牌商也纷纷借助新媒体平台（微博、微信、直播平台等）打造或提升品牌形象，进行产品营销和品牌运营。

1.1 初识新媒体

随着多媒体及网络技术的发展和移动智能终端设备的普及，新媒体作为一种新兴的媒介，打破了媒介之间的壁垒，使媒介、地域，甚至创作者与消费者之间的边界变得模糊，使互联网营销变得更加方便、快捷。

1.1.1 新媒体的概念

"媒体"一词是拉丁语"Medius"的音译，它也常被译为"媒介"。广义的媒体泛指人们用来传递信息与获取信息的工具、渠道、载体、中介物或技术手段等；狭义的媒体则指传统的四大媒体，包括报纸、杂志、广播、电视，它们是人类社会的早期媒体形式。

新媒体则是相对于传统媒体而言的，新媒体的重点是"新"，即出现的时间离现在较近，并且得到了广泛应用。新媒体的界定方式也是随着时代的进步而不断发展变化的。

新媒体是在现代信息技术的支撑下出现的媒体形态，一般泛指利用数字技术、网络技术，通过互联网、无线通信网和卫星等渠道，以电视、计算机和手机等设备为终端，向用户提供视频、音频、文字等数据服务，以及远程教育等交互式信息和娱乐服务，以获取经济利益的一种传播形式或媒体形态。

显然，新媒体首先是从传播的角度来定义的。从内容来看，新媒体既可以传播文字，又可以传播声音和图像等；从过程来看，新媒体既可以通过流媒体方式进行线性传播，也可以通过存储、读取方式进行非线性传播。原有的以材质、样式、符号系统等物理形态对媒体进行分类和定义的方法已经不再适用，"媒体"这个概念的外延已经大大扩展。

最初被称为新媒体的只有数字广播、门户网站等平台。随着移动互联网的蓬勃发展，新媒体的定义也发生了变化，时下所说的新媒体多指以移动端为载体的媒体应用，如微博、微信、今日头条、知乎等媒体平台。

课堂讨论

请同学们选出下列媒体中的新媒体，并讨论新媒体与传统媒体之间有什么区别。
"十点读书"微信公众号、淘宝直播、抖音、数字报纸、电视、报纸杂志、微博、今日头条、楼宇广告、交通广播电台。

1.1.2 新媒体的特点

与传统媒体相比，新媒体不仅具有信息载体功能，还具有信息识别、信息处理功能，在信息传播方向、传播内容、传播行为、接收方式、传播速度等方面具有鲜明的特征。

1. 传播方向双向化

传统媒体传播信息的方式是单向的、线性的、不可选择的，表现为在特定的时间内由传播者向用户发布信息。新媒体改变了传统媒体中"传播者单向发布信息、用户被动接收信息"的模式，使每个用户既是信息的接收者，又是信息的传播者。这样就增强了信息的互动性，优化了信息的传播效果。

2. 传播内容多元化

新媒体在传播内容上呈现出多元化的特点，用户可以发布文字、图片、视频等多种形式的内容。新媒体传播内容的多元化增大了传播内容的信息量，同时也在一定程度上拓展了传播内容的深度和广度。

3. 传播行为个性化

新媒体精准针对用户的需求传播内容，使每一个用户都可以接收自己喜欢的内容，充分满足了不同用户的个性化需求。微博、微信等新媒体使每一个人——无论是作为信息的传播者还是接收者，都可以表达自己的观点、传播自己感兴趣的信息，因此新媒体传播行为有很强的个性化特征。

4. 接收方式移动化

移动互联网的发展大大促进了新媒体的发展。在移动互联网技术的支持下，用户可以自由地通过随身携带的手机和其他移动设备，随时随地利用新媒体获取、接收信息，这种接收信息的方式带有明显的移动化特点，使得用户摆脱了信息发布和接收信息对于场所的限制。在快节奏的生活状态下，移动化的接收方式更能满足用户对碎片化时间的利用。

5. 传播速度实时化

在互联网技术的支持下，新媒体传播信息的速度比传统媒体传播信息的速度更快，新媒体能够让用户实时接收信息，还可以让用户对信息做出实时反馈。每个用户都可以成为信息的生产者和发布者，第一时间发布自己的所见所感；作为信息接收者，用户也可以实时接收信息。

1.1.3 新媒体的类型

新媒体是在新技术的支撑下出现的媒体形态，大数据时代是各种媒体形态不断融合且并存的时代。相对于传统媒体，新媒体在不同的时代有不同的时代特征，新媒体形态的不断发展变化使新媒体的类型日益丰富。依据新媒体发展演进的时间顺序，新媒体大致可以分为3种类型，如图1-1所示。

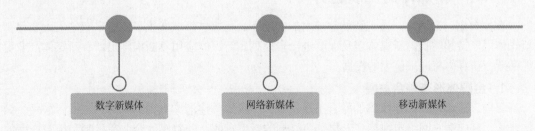

图1-1 新媒体的3种类型

1. 数字新媒体

数字新媒体并非真正意义上的新媒体，而是指传统媒体经数字化技术改造之后的新形式。随着数字化技术的快速发展，大众传播领域的数字化进程日益加快，越来越多的数字新媒体走进人们的日常生活。传统的3类媒体，即纸质平面媒体、广播、电视已不再坚持传统的、固有的传播方式，也开始使用数字化技术，因而也呈现出多样化的媒体形态，如数字电视、数字电

影、数字广播等。

2．网络新媒体

网络新媒体主要是通过网络发布信息的媒体形态。极速宽带技术为互联网的发展与普及提供了条件，也为人类交流信息创造了全新的模式，即网络新媒体，网络新媒体使信息可以瞬间传播到世界各地。

在互联网环境下，一个互联网用户可以连接网上的任一其他用户，实现网络信息资源的共享，用户之间可以进行无障碍的交流。新媒体用户不仅是信息的接收者，同时也是信息的传播者，每一个用户都可以生成自己的内容并将这些内容进行传播与共享。用户主导、用户参与、用户分享、用户创造成为网络新媒体的重要特点。网络新媒体的主要形式有博客、微博、网络文学平台、门户网站等。

3．移动新媒体

移动新媒体是基于无线通信技术，通过以手机为代表的各种移动终端传播和展示即时信息内容的个性化媒体。移动新媒体除了与网络新媒体一样具备不受时间、空间限制的特点外，还具有覆盖人群广的特点。

《第47次中国互联网络发展状况统计报告》显示，截至2020年12月，我国网民规模达9.86亿人次，网民通过手机接入互联网的比例高达99.7%。在移动互联网时代，几乎人手一部智能手机，人们的行为习惯发生了显著的变化，移动化、碎片化、交互式体验逐渐融入人们生活中，新的媒体渠道与媒体形态层出不穷，人们借助移动互联网和移动终端生产、发布、传播信息。因此，移动新媒体也成了非常有潜力的新媒体类型。

常见的移动新媒体平台主要有微信（公众号、订阅号、微信群等）、短视频平台（抖音、快手、美拍、秒拍等）、直播平台（淘宝直播、映客等）、音频平台（喜马拉雅、荔枝、蜻蜓FM）、自媒体平台（头条号、百家号、网易号等）、网络社区（百度贴吧、小红书等）。

 **课堂讨论**

请同学们分享讨论近期在互联网上你最关注的3件事，并说明你关注它们的理由。

1.1.4 新媒体的发展趋势

在大数据、云计算、人工智能等技术的推动下，新媒体领域发生了前所未有的巨大变化，新媒体用户持续增长，新媒体普及程度进一步提高，新媒体应用不断推陈出新，新媒体产业更加活跃，新媒体将迎来巨大的发展。

1．全媒体形态融合发展

目前，传统媒体和新媒体的融合正在进行，传统媒体逐渐扩充为拥有网站、微博账号、微信账号、客户端、网络电视等多元化、多终端的新型媒体。随着媒体企业在机制和经营方面的积极探索，媒体融合进一步深入，传统媒体与新媒体的边界越来越模糊，不同形式的媒介之间的互换性与互联性不断加强，媒体融合发展将不断深化。

2．新媒体内容向新闻资源倾斜

移动互联网的出现带来了信息传播方式的颠覆性变革。如今，整个社会已经进入移动传播时代。从初期的移动社交发展到移动阅读、移动音视频，再到移动新闻资讯，移动媒体逐渐从即时通信工具向新闻发布平台转变，成为人们获取新闻资讯的重要来源。由于信息传播渠道的竞争日益激烈，用户对权威、客观、及时的新闻资讯的需求不断增加。未来，具有流量、数据资源、资本实力的大平台将汇聚更多新媒体资源，这将直接导致优质新闻资源逐渐向新媒体大平台倾斜。

3. 新媒体用户覆盖趋于老龄化

移动设备成为年轻人日常获取信息的主要手段，而中老年人也开始加入新媒体使用浪潮之中。《第47次中国互联网络发展状况统计报告》显示，截至2020年12月，30～39岁、40～49岁的网民占比分别为20.5%和18.8%，高于其他年龄段，50岁以上的网民占比由2020年3月的16.9%提升至26.3%，互联网进一步在中老年人群体中渗透。网龄在一年以下的网民中，60岁以上网民占比较该群体在网民总体中的占比高11.0%。中老年人群体加入了庞大的新媒体用户群体。

4. 新媒体形态的直播和短视频处于黄金发展赛道

在线视频服务的兴起，极大地改变了人们的媒体使用习惯。2020年年初，随着线上办公、线上娱乐等的兴起，网络视频应用的用户规模、使用率均有较大幅度增长。《第47次中国互联网络发展状况统计报告》显示，截至2020年12月，我国网络视频（含短视频）用户规模达9.27亿人次，占网民整体的93.7%，其中短视频用户规模为8.73亿人次，较2020年3月增长1亿人次，占网民整体的88.3%，如图1-2所示。截至2020年12月，网络直播用户规模达6.17亿人次，较2020年3月增长5 703万人次，占网民整体的62.4%，如图1-3所示。

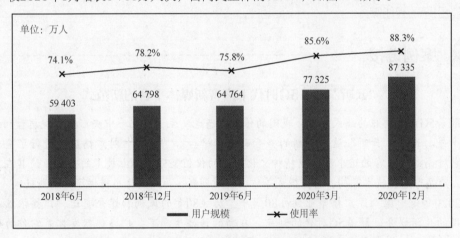

图1-2　2018年6月—2020年12月短视频用户规模及使用率

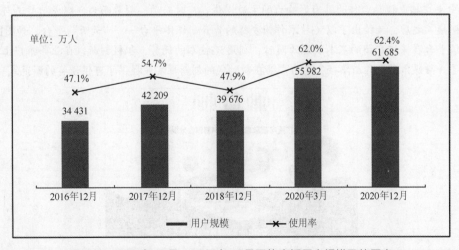

图1-3　2016年12月—2020年12月网络直播用户规模及使用率

在线视频服务的内容也实现了迭代式发展，从早期在线收看的电视节目，到发布原创视频，再到目前流行的网络直播，这种自下而上的互动社交方式帮助普通用户获得了更大的话语权。

5. 媒体智能化，智媒发展迎来量质齐升

信息技术革命使媒体迎来巨变，人工智能与5G、大数据、云计算、区块链、物联网等新兴技术纵深融合，媒体环境逐渐移动化、泛媒体化、视频化、平台化，"智媒"（智能媒体）应运而生，机器写作、个性化推送、传感器新闻等成为"智媒时代"的重要产物。

《中国智能媒体发展报告（2020—2021）》指出，从政策扶持到学术研究，2020年，中国智媒发展亮点频现。以"新基建"为基础，媒体智能化升级转型按下了"快进键"。"智媒+行业"呈现强力"出圈"态势，智媒+文旅、智媒+会展、智媒+政务等创新应用产品，以及智媒与智慧城市、物联网等领域的融合创新，彰显了智媒在经济建设领域的巨大潜力。

目前，媒体智能化已初步形成三大模式：智慧广电、智慧报业和商业平台智能化。例如，央视网、《人民日报》、新浪新闻等代表不断深化在智能创作、生产流程智能化、AI主播、智能分发等领域的创新引领，带动传媒行业进行智能化转型，打造以用户为中心、以人工智能和大数据为引擎的智能媒体。

 案例链接

"云听"——5G时代下声音新媒体平台的新范式

随着5G商用牌照的正式发放，我国的传媒生态也发生了变化。中央广播电视总台利用新技术率先打造了"云听"这一全新的声音新媒体平台。"云听"对广播功能进行了全面升级，它对高品质内容的追求和注重精神文化引领的价值坚守，加上技术的支持，使其在内容格局、产品形态、技术架构、商业模式等方面有所创新，为广播生态提供了一个新范式。

2020年是中国人民广播事业创办80周年，历经80年的风雨和媒介变迁，广播依然是人们常用的生活媒介。随着5G时代的到来，在新的传播生态下，广播仍然发挥着它作为媒介的传播功能，但其声音的传播形式与传播渠道乃至传播效果都发生了较大的变化。

中央广播电视总台作为具有影响力的主流媒体，应时而动、顺势而为，继成功打造与运营"央视频"之后，又推出了以5G技术作为支撑的声音新媒体平台——"云听"平台，如图1-4所示。该平台在保证广播的基本职能的同时，利用5G技术的优势，积极创新，在业务推广上不仅走出了一条媒体融合的新路径，也为广播在新时代的创新性发展提供了可供借鉴的新范式。

图1-4 中央广播电视总台推出的"云听"平台

1.2 初识新媒体营销

随着互联网经济的快速发展，新媒体营销深入各行各业，并逐步成为企业营销的新方式。新媒体营销是指企业或个人利用新媒体平台的功能、特性，精心策划具有高度传播性的内容和线上活动，通过向用户广泛、精准地推送消息，以提高品牌知名度和用户参与度，从而达到相应的营销目的的活动。

1.2.1 新媒体营销的概念

新媒体营销即利用新媒体平台开展营销活动。新媒体营销不仅能够精确地获取访问量，还能够收集整理访问的来源，访问的时间，用户的年龄、地域及其生活方式、消费习惯等信息。而且事实表明，新媒体营销使企业能够由单极向多极发展，拥有更多选择；企业能够更有效地收集用户资料，针对目标用户开展精准营销活动；企业还可以降低成本、提高效率，从而更快、更好地进行品牌宣传。

可以说，新媒体营销是基于特定产品的概念诉求与问题分析，对用户进行有针对性的心理引导的一种营销模式。从本质上来说，它是企业软性渗透的商业策略在新媒体形式上的实施，通常借助媒体表达与舆论传播使用户认同某种概念、观点，从而达到宣传企业品牌、促进产品销售的目的。

艾瑞咨询发布的《2020年中国新媒体营销策略白皮书》明确了新媒体营销的概念：新媒体营销是指以广告主、营销服务商、多频道网络（Multi-Channel Network，MCN）机构、关键意见领袖（Key Opinion Leader，KOL）和新媒体平台等为主要产业链构成且共同支撑运作的，以KOL为主体，在社交平台、内容平台、短视频平台等新媒体平台上开展的内容化营销活动。

1.2.2 新媒体营销的特点

扫一扫，看微课

新媒体营销的特点

新媒体营销以其自身的多重优势逐渐发展为当今社会的主流营销模式，取得了较好的效果。新媒体营销主要具有以下特点。

1. 互动性强

新媒体营销与传统营销不同，传统营销属于硬性推广，而新媒体营销使企业与用户沟通的互动性增强，有利于取得更有效的传播效果。企业要做的就是让目标用户参与新媒体营销活动，将品牌融入与用户互动的活动中，使品牌在用户之中形成良好的口碑，形成另一种传播源并使用户不断传播相关信息。在新媒体营销活动中，用户可以对营销信息进行传播、讨论并形成反馈，甚至还能参与营销活动的策划与改进，因此新媒体营销具有非常强的互动性。这也是新媒体营销如此火爆的主要原因。

2. 营销更精准

现在，用户越来越注重个性化服务，他们会主动选择自己喜欢的方式，在自己喜欢的时间和场景中获取自己喜欢的产品或服务。在新媒体时代，企业可以借助各种工具轻而易举地得到数量巨大的用户信息，通过数据分析清楚地了解并掌握不同用户的不同需求。利用这些基础信息，企业可以绘制用户画像，精准地找到自己的目标用户，推算用户在哪些方面有消费需求或有消费潜力，从而使营销更加精准。

3. 传播速度快

新媒体营销的传播速度快主要体现在传播途径和自身特点两个方面。从传播途径来看，新媒体营销更注重信息的传播，通常会发布符合用户需求的信息，用户因此更愿意主动传播这类信息，从而加快了信息传播的速度；从自身特点来说，新媒体平台本身就具有信息发布便捷、快速等优点，用户可以随时随地接收信息。

4. 成本更低

新媒体营销是基于新媒体平台、依托互联网开展的营销活动，例如，企业可以在微信上开通微信公众号，在微博上建立官方微博，在百度百科上建立品牌词条，在抖音、快手上开通企业的短视频账号，在自己的官方网站上设立互动栏目等。新媒体营销不仅有低成本的平台可以利用，而且提供了低成本的传播方式。

在新媒体时代，只要企业的营销内容足够有创意，用户觉得该内容有趣、有价值，就会主动传播，从而形成病毒式的传播效果。此外，新媒体营销的技术成本相对较低，例如，利用微博开展的营销活动对技术支持的要求相对较低，这具体表现为企业微博账号的注册、认证、信息发布和回复等操作都简单明了。

5. 覆盖面更广

新媒体营销需要互联网环境的支持，其传播方式和传播渠道均十分多样。新媒体营销几乎不受时间和空间的限制，能够覆盖大量的目标用户群体，营销信息也能最大限度地得到传播。

6. 广告创意空间更大

新媒体的快速发展催生出病毒式营销、社群营销、口碑营销、事件营销、软文营销等不同的营销方法，企业在运用这些方法的过程中，可以与用户互动、沟通的同时实现广告的焦点渗透与精准营销。新媒体营销具有更大的广告创意空间，企业能借助新媒体平台充分发挥广告创意，策划营销活动，引导用户参与，增强营销效果。

新媒体不断拓展新的营销传播方式和手段，企业可以将更多创造性的元素融入营销传播过程中。企业只要创造恰当的话题，再将话题发送给用户群体，广大用户就会在话题的原始形态和构成上自由发挥、创造，不断扩充其内容，推动其传播。

1.2.3 新媒体营销的平台选择

由于新媒体平台众多，各平台的技术、运营方式、内容形式、用户群体等各不相同，因此在不同的平台开展新媒体营销活动的技巧和策略也不尽相同。企业应对各平台进行具体分析，找到适合自身的新媒体平台，根据平台的运营机制和规则，基于自身的产品或品牌的推广需求和目标用户群体的喜好，策划合适的营销活动。

主流的新媒体营销平台及其主要的营销特点如下。

扫一扫，看微课

新媒体平台选择的
方法

1. 微信

微信是腾讯公司于2011年推出的为智能终端提供即时通信服务的免费应用程序。微信支持用户跨通信运营商、跨操作系统平台，通过网络即时发送文字、图片、语音或视频，同时提供朋友圈、消息推送、微信支付等功能。用户既可以自由添加微信好友，也可以根据自己的意愿关注微信公众号，还可以将自己感兴趣的内容发布到朋友圈或分享至微信群，当然，也可以将其直接分享给某位好友。企业可以通过微信的基本功能，如通过微信公众平台打造企业号，建立品牌形象、宣传产品、发布营销活动信息、维护客户关系等。

微信营销是网络经济时代下个人或企业营销的一种重要方式。微信营销具有互动推送、精准营销以及营销方式灵活多样等特点。图1-5为斑马在微信朋友圈发布的营销广告，图1-6为宝马中国的微信公众号文章。

图1-5　斑马在微信朋友圈发布的营销广告　　　　图1-6　宝马中国的微信公众号文章

腾讯数据报告显示，2020年，平均每天有超过1.2亿用户在朋友圈发表内容，3.6亿用户阅读微信公众号文章，4亿用户使用微信小程序。此外，小程序及微信支付帮助中小企业及品牌加强自身与用户之间的联系。

2. 微博

微博是一个基于用户社交关系的信息分享、传播及获取平台，用户可以通过微博平台发布文字、图片、视频等信息，并实现信息的即时分享、传播互动。微博是目前比较受欢迎、用户使用较多的一种微型博客，它更加注重内容的时效性和随意性，能够展示用户的个人思想和最新动态。

微博以泛娱乐内容为主，用户之间的交流氛围通常较为轻松，用户活跃度较高，极易通过吸引用户开展大范围的讨论与分享来提高话题热度，拓宽内容的传播面并增加其深度，品牌信息和商品的营销主题及内容在平台中也容易实现广泛传播。

企业可以通过微博平台发布内容，向用户传播企业信息、产品信息，树立良好的企业形象和产品形象。该营销方式注重价值的传递、内容的互动、系统的布局、准确的定位，微博的火热发展也使其营销效果尤为显著。在新媒体营销"玩法"下，企业可以通过依靠各KOL联合打造话题、开展抽奖活动、向用户分享或推荐品牌或商品等形式引导用户产生购买行为或加深其对品牌的印象，如图1-7所示。

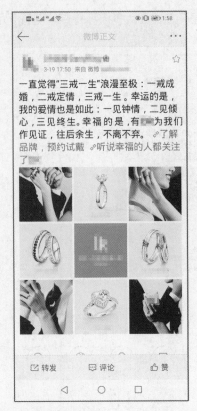

图1-7　企业在微博平台开展的营销活动

3. 网络视频平台

网络视频包括长、短视频，发布长视频的平台主要有爱奇艺、优酷、腾讯视频、哔哩哔哩等，发布短视频的平台主要有抖音、快手等。这些网络视频平台可以更加直观地将产品或品牌信息传达给用户，网络视频营销具有感官性强、目标精准、传播灵活、效果可预测等特点。

企业或品牌商可以精心策划视频内容，创作出创意新颖、感染力强、用户参与度高、形式多样的视频作品，通过多种营销方式，如广告片、宣传片、微电影等实现品牌宣传或产品销售的目的。下面简单介绍抖音、哔哩哔哩、快手等网络视频平台的特点。

（1）抖音

抖音作为泛娱乐短视频平台，受众广泛，内容传播迅速、传播范围广，其营销方法是用户通过拍摄短视频或直播的方式分享商品信息，让其他用户更为真实地了解商品，如图1-8所示为抖音用户测评商品的短视频。尤其是一些KOL凭借自身的影响力能够快速提高其他用户对品牌或商品的信任度，从而有效帮助企业或品牌商通过外部链接或抖音小店等渠道实现销售转化。

（2）哔哩哔哩

哔哩哔哩以年轻用户为主，用户根据自身的兴趣方向关注UP主（uploader，指在视频网站、论坛等上传视频、音频等文件的人），UP主上传的内容大多具有趣味性，能够使用户在轻松有趣的氛围下接受内容信息，如图1-9所示。哔哩哔哩的主要营销方法有品牌联合UP主开展直播推广品牌和商品，以及在UP主拍摄剪辑的视频中进行品牌露出、商品推荐、商品测评等，借助创意独特的视频快速给用户留下深刻的印象。

（3）快手

快手依靠短视频社区自身的用户和内容，聚焦打造社区文化氛围，依靠社区内容的自发传播，促使用户数量不断增长。快手坚持不针对某一特定人群开展运营活动，也不对短视频内容进行栏目分类，不对创作者进行级别分类。为了方便用户发布更多的原生态内容，快手的界面和功能设计以简单、清爽为主，使用户更专注内容，如美食教程短视频，如图1-10所示。快手用户对内容的兴趣指向更加精准。根据点击率，运营者能够知道用户的兴趣偏好是什么，所以算法推荐更加精准。因此，快手的内容从整体上来说更符合长尾效应，个性化更强。快手平台强调的是通过推荐算法打造一种平等、普惠的社区调性，且具有偏私域流量的属性。快手多年来培育的社区氛围能更好地调动用户之间关注与互动的积极性，用户的黏性与信任感更强。

图1-8　抖音用户测评商品的 短视频　　图1-9　哔哩哔哩UP主上传的视频　　图1-10　快手的美食教程 短视频

4. 网络直播平台

2016年，中国网络直播元年到来，网络直播开始快速发展，这时网络直播以泛娱乐化直播平台为主，如花椒、映客、一直播等。发展至今，网络直播体系逐渐趋于成熟，甚至已经进入全民直播时代，人人皆可直播，同时也涌现一大波电商直播平台，如淘宝直播、抖音直播、快手直播等，有些平台是在原有的短视频平台上开通了直播功能。网络直播平台主要有以下几种。

（1）娱乐类

娱乐类直播主要包括娱乐直播和生活直播两类，其中娱乐直播的主要内容为唱歌跳舞、脱口秀等，生活直播的主要内容为主播的日常生活等。

（2）电商类

电商直播主要指各类网络"达人"在直播平台上和粉丝进行互动，从而达到出售商品的目的。这类直播平台的盈利方式以销售商品为主，增值服务（出售虚拟道具）为辅，吸引粉丝的方式主要是网络"达人"入驻和知名人士入驻。

（3）专业领域类

专业领域类直播平台针对的是有信息知识获取需求的用户。这类直播平台可以将用户的注意力从原本枯燥的文字转移到真人的口语表述上，主播通过演讲、辩论等表现力十足的方式把信息呈现给用户，因此这类直播平台非常具有发展潜力。这类平台的盈利方式主要有付费收看，服务收费，媒体、企业、商业推广等；吸引粉丝的方式主要是引进专业领域内的人士，为用户提供专业的知识和技术服务。

（4）体育类

这类平台除了体育名人直播外，体育赛事直播也是主要内容之一，这些内容容易得到大众的认可，这类平台有章鱼TV和企鹅直播等。

网络直播营销是一种主播可以与用户进行现场实时连接的新媒体营销方式，具有真实性和直观性等特点，以覆盖面广、成本低、效果好等优势，成为目前非常火爆的一种营销方式。

 案例链接

企业家变身直播"网红"

2020年，因企业经营问题遭遇挫折的罗永浩依靠直播"带货"重新回到了人们的视野中。4月1日，罗永浩在抖音平台上开始了自己的直播"带货"生涯。大面积推送的活动海报，加上抖音平台的流量扶持，让罗永浩的第一场直播人气爆炸。在短短3个小时的直播中，交易总额超过1.7亿元，成交的订单量达到84万件，直播间的累计观看人数达4 891.6万人次，罗永浩首场直播的数据如图1-11所示。自此，直播"带货"也暂时成了罗永浩的主业，罗永浩近一年直播GMV（GMV，Gross Merchandise Volume，商品交易总额）月趋势如图1-12所示。

图1-11 罗永浩首场直播的数据　　　　图1-12 罗永浩近一年直播GMV月趋势

从数据来看，这是一场非常成功的直播，成功的原因一方面在于罗永浩本身有着庞大的粉丝群体；另一方面，抖音官方与罗永浩的大力宣传吸引了很多人的关注和讨论。

5. 知识问答平台

知识问答平台是指以传播和分享知识为主的平台，如百度知道、知乎等。在知识问答平台上，用户既可以提出问题，又可以回答问题，或者与其他人分享知识、经验和见解，还可以关注其他兴趣一致的用户。通过知识的解答和分享，知识问答平台构建了一张张具有很高价值的人际关系网。

个人可以在知识问答平台上通过交流的方式取得其他用户的信任，从而打造自己的个人品牌。企业可以针对某个目标群体，根据该群体的特点选择关注的焦点，通过回答问题来分享经验与知识，还可以在其专属的问题页面中介绍企业的具体业务范畴或产品知识、专业研究成果、经营理念、管理思想以及优秀的企业文化等有价值的信息，或者通过专属的广告位增加自身的曝光量，实现精准传播。

6. 自媒体平台

自媒体是普通大众通过网络等途径向外发布与其本身有关的事实和新闻的传播方式。自媒体是私人化、平民化、普泛化、自主化的传播者，以现代化、电子化的手段，向不特定的大多数或者特定的个体传递规范性及非规范性信息的新媒体的总称。通俗地讲，自媒体就是人们用来发布自己亲眼所见、亲耳所闻的事件的载体，如短视频平台、直播平台、论坛等网络社区。

自媒体又分为企业型自媒体和内容型自媒体。企业型自媒体是指企业用来发布或转发与自身相关的资讯，加强与粉丝、客户之间的互动联系，以扩大品牌影响力和营销购买力的自媒体；内容型自媒体是指个人通过自身的原创文章、视频等方式展示内容，与用户产生共鸣，以此提高个人知名度，从而达到盈利目的的自媒体。

在新媒体时代，人人都可以成为自媒体，利用新媒体平台对各种人、事、物发表自己的观点和看法。一般来讲，自媒体运营以多平台、多账号的方式进行，这里所说的自媒体平台主要是百家号、头条号、大鱼号、搜狐号等。自媒体营销就是利用社会化网络、在线社区等发布和传播资讯，从而进行营销、销售、公共关系处理和客户关系维护及开拓的一种营销方式。自媒体营销具有进入门槛低、内容多样、方式灵活的特点，但内容质量差异较大。

课堂讨论

请同学们思考并讨论自媒体与新媒体有哪些区别和联系，并根据自身的性格特点、爱好特长等，选择并讨论自己适合在什么新媒体平台上开展运营活动。

1.2.4 新媒体营销的发展趋势

新媒体营销是将传统的营销理论通过新媒体平台重新进行应用和发展的一种更适合当前环境的营销模式。新媒体营销的形式越来越多，渠道越来越广，其众多的营销模式正在逐步改变人们的思维方式和营销方式。由于新媒体营销区别于传统媒体营销，为了更好地进行新媒体营销，运营者要了解新媒体的发展趋势。

1. 根据营销策略选择新媒体平台

随着互联网的快速发展，用户的注意力和时间更多地向线上倾斜，线上媒体营销越来越受到市场的关注。例如，以微博、微信等为代表的社交平台，以抖音、快手、哔哩哔哩等为代表的视频内容平台，以淘宝、京东等为代表的具有内容社区频道的电商平台等，因为具备内容承载渠道、高消费者活跃度高、社交裂变传播等特征，是人们开展新媒体营销的主要平台。

不同的新媒体平台在话题传播广泛度、用户讨论参与度、内容信息呈现深度、产品转化率等方面各具优势，而根据营销策略挑选相应的平台，融合各平台优势以强化营销效果，将成为新媒体营销的发展方向。目前，直播营销、短视频营销、搜索引擎营销等新媒体营销模式是广告主最关注的，2020年广告主关注的新媒体营销模式分布占比情况如图1-13所示。

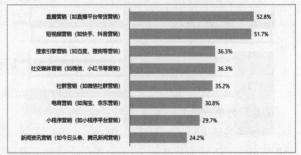

图1-13 2020年广告主关注的新媒体营销模式分布占比情况

运营者要深刻认识新媒体平台的特性，高效利用平台生态，利用不同的平台打造品牌运营的矩阵，如微博——短图文，微信公众号——长图文，抖音——短视频，小程序——应用，哔哩哔哩——中长视频，抖音、快手——直播。

2. 精细化运营微信公众号，重视社群营销

由于微信公众号打开率持续下降，社群运营比重不断上升，因此企业在运营微信公众号时需要更加精细化操作，并重视自己的私域流量，用心经营老用户，通过对老用户的维护、激活和触达，促使老用户主动推广介绍微信公众号，为企业带来更多的新流量。企业要更加重视社群营销，努力提高社群运营者的营销技能水平。社群运营者需要做的不仅是裂变、互动、用户调研等初阶工作，还需要做用户分层、打造社群KOL、促使用户生产原创内容等高阶工作，这些工作的最终目的都是提高转化率，完成商业变现。

3. 内容营销成主流，短视频时代全面来临

随着用户的要求越来越高，内容营销逐渐成为主流，短视频不断向内容精品化、专业化发展。随着5G时代的到来，在高清网络技术的加持下，8K分辨率、无延时直播、VR/AR、互动技术等兴起，促使视频内容变得更加丰富，推动网络视频用户持续增长。短视频仍处在成长期，一方面，5G网络全面普及，外部条件的支持会促进短视频的发展更上一层楼；另一方面，越来越多的人进入短视频行业，这意味着越来越多的人开始接受并习惯使用短视频，未来短视频的流量会更多。

企业的广告投放也将继续向短视频社交平台倾斜。社交媒体中的短视频广告作为一种高效、高参与度的广告形式，越来越受企业的青睐，尤其是其在社交电商领域具有独特的优势。2020年，宅经济使社交短视频广告大幅增长，人们越来越习惯使用短视频媒体。用户规模大、流量高、用户活跃度高和用户黏性强等优势让短视频社交平台成为品牌商争相投放的渠道。同时，短视频平台基于大数据及推荐算法，能够将广告内容更加精准地传递给目标用户。但是，目前短视频的内容同质化现象过于严重，企业或品牌商只有创造内容更加丰富、个性化以及充满创意的短视频，才能吸引更多用户的关注。

4. 注重数字化经营，努力打造良好的品牌形象

如今营销格局发生了巨大的改变，企业越来越重视数字化营销，数字化营销的新趋势体现在追求长效的投资回报率（Return on Investment，ROI）、打造IP（Intellectual Property，知识产权）、长短视频+直播、媒体和卖场合二为一等方面。在5G时代，智能互联将变为现实，信息传播会进一步数字化。

新媒体营销的核心是信任，在新媒体营销中，企业要努力打造良好的品牌形象，在吸引用户眼球的同时，获得更高的信任度和美誉度。

 案例链接

哔哩哔哩掀起"后浪"大潮

《后浪》是哔哩哔哩在2020年专为五四青年节策划的一则短视频，其内容为国家一级演员"60后"何某进行的一场演讲。

这场演讲激起了"70后""80后""90后"甚至"00后"的热议，仅2天时间，《后浪》在哔哩哔哩的播放量就超过了1 000万人次，弹幕超过了16万条。这证明了《后浪》是一次成功的、现象级的品牌营销案例。一则时长不足10分钟的短视频为何会产生如此强力的营销效果？

究其原因，主要有以下几点。

1. 受大众喜爱的视频传播形式

随着抖音、快手、西瓜视频、小红书等新媒体平台的出现，视频传播已经成为当下用户最易接受、最受欢迎的模式之一，也备受企业或品牌商的青睐。《后浪》的视频内容以"高燃"的台词、恢宏的气势，再配以苍劲的嗓音，吸引了众多用户。

2. 平台对于自身未来发展方向的准确定位

"五四青年节""短视频""过来人对现代青年寄予的厚望"这些元素，说明哔哩哔哩策划的《后浪》是给年轻人看的。《后浪》的整体营销活动主要基于对年轻用户群体需求的考量，也根植于自身年轻人的视频平台的定位。

在这个数字化、社会化的时代，品牌要有足够的影响力，就必须注重品质、具有穿透力和渗透力，这样才能让更多人知道品牌。《后浪》这则不到10分钟的视频全面囊括了"70后""80后""90后""00后"的广泛需求。《后浪》一出，哔哩哔哩一夜之间股价大涨5%，这就是此次品牌营销活动成功的最好证据。《后浪》的宣传图片与宣传信息如图1-14所示。

图1-14 《后浪》的宣传图片与宣传信息

1.3 新媒体营销人员的职业素养

随着越来越多的企业涉足新媒体营销，企业设置新媒体营销岗位的现象也越来越普遍。时下，企业对新媒体营销人员的需求更是呈爆发增长态势，新媒体营销也成为一种热门职业。

1.3.1 新媒体营销人员的基本素质要求

新媒体行业发展迅速，从业人员与日俱增。新媒体更新迭代快，相关的知识内容不断变化，这对新媒体营销人员提出了较高的综合能力要求。新媒体营销人员需要具备一定的职业能力，才能胜任相应的岗位。新媒体营销人员的基本素质要求主要包括以下7个方面。

扫一扫，看微课

新媒体营销人员的
职业素养

1. 良好的"网感"

"网感"就是对时下热点信息的敏感度，是对于当下趋势的一种判断。新媒体营销人员要有对时事、热点时刻保持敏感，能够随时随地敏锐地捕捉网络热点、爆点，时刻了解用户关注什么，对于网络语言、网络流行趋势具有全面的把控能力。

2. 扎实的文案写作能力

优秀的新媒体营销人员一般都具有扎实的文案写作能力，有一套输出文章的精密逻辑，同时能够自由切换语言风格以适应不同的营销环境和素材；能够从自身的角度巧妙地观察事物，有独到的眼光，可以表达犀利的观点；写出的高质量的文案不仅内容有趣味、有吸引力、可读性强，而且能够使用户产生强烈的代入感，从而实现流量的转化。

3. 相对高端的审美能力

文案排版、视频画面等关乎营销工作的形象。新媒体营销人员创作的作品如果能够给用户带来赏心悦目的感受，会给营销工作带来意想不到的惊喜。

4. 独特的思维创新能力

新媒体营销人员如果有独特的思维创新能力，能够不断地给用户制造惊喜、带给用户新鲜感，就能让用户持续关注，提高用户的忠诚度并增强用户黏性。这些惊喜需要新媒体营销人员具有源源不断的奇思妙想，并持续将其运用在营销活动中，以影响用户的心理。因此，思维创新能力是新媒体营销人员的必备能力。

5. 强大的学习能力

新媒体营销人员要时刻对身边的事物充满好奇心，同时不断充实自己的知识库、提升专业技能水平，不管是文字编辑还是实用工具操作，都要主动提高相关的能力水平。新媒体营销人员应不断学习新的东西，因为灵感往往来源于对新鲜事物的体验。新媒体营销人员还应养成读书的好习惯，不断丰富自己的知识体系。

6. 良好的数据分析能力

新媒体营销工作离不开数据分析，新媒体营销人员几乎每天都要查看后台的阅读量、互动量、分享量、留言评论等数据，需要具备准确分析数据上升或下降的原因，并准确地预测数据的变化趋势等能力。良好的数据分析能力能够帮助新媒体营销人员改善运营情况、调整营销策略，从而降低营销成本。

7. 极强的抗压能力

新媒体营销工作不是一项轻松的工作，新媒体营销人员需要不停地追热点、找素材、写文案、做推广，甚至还要做好客服的角色，因此应具备极强的抗压能力，这不仅有利于其平时开展工作，还能促进其职业能力的快速增长。

1.3.2 新媒体营销岗位的技能要求

目前，新媒体营销人员主要参与的部门有技术部、市场部、运营部等，根据地区经济发展水平、行业、企业规模的不同，新媒体营销人员所属的岗位也有所不同。归纳起来，主流的新媒体营销岗位主要包括新媒体推广专员、新媒体营销专员、新媒体营销运营专员、新媒体营销经理/运营经理、新媒体营销总监/运营总监等，不同岗位的技能要求也有所不同。

1. 初级新媒体营销岗位及技能要求

初级新媒体营销岗位包括新媒体推广专员、新媒体营销专员、新媒体营销运营专员等，其岗位描述、岗位职责及技能要求如下。

（1）新媒体推广专员

● 岗位描述

负责企业线上的免费推广和付费推广工作，利用新媒体推广方式，提高品牌的网络曝光度、知名度和美誉度，并对推广效果进行分析、总结，负责对有效流量进行管理、运营。

- 岗位职责

整合线上的各种渠道（微博、微信、网络社区、网络社群、论坛等），推广企业的产品或服务；负责企业自有新媒体平台的管理和维护，如企业官方网站、官方微博、官方网店、官方博客、官方App等。

熟悉网站排名、流量分配原理，了解搜索引擎优化、外部链接、网站检测等相关知识。

跟踪新媒体网络营销的推广效果，分析数据并反馈、总结经验。

- 技能要求

熟练掌握并灵活运用各种新媒体营销工具，包括第三方网络平台（如微博、微信及微信公众平台等），以及网络视频剪辑软件、网络监控及统计软件等。

熟悉各种新媒体网络营销方法、手段、流程，并有一定的实操经验。

具备优秀的文案写作能力，能撰写各种风格的方案及文案；对网络文化、网络特性、网民心理具有深刻的洞察力和敏锐的感知能力。

（2）新媒体营销专员

- 岗位描述

负责企业微信、微博、App等营销工具的日常内容维护，并利用上述工具策划、开展微营销活动，撰写优质的原创文案并进行传播。

- 岗位职责

负责微博、微信、App等营销工具的运营推广工作，负责策划并开展日常活动，以及后续的追踪、维护工作。

挖掘和分析用户的使用习惯及体验感受，及时掌握新闻热点，与用户进行互动。

提高用户的活跃度并与用户进行互动，对微营销运营现状进行分析总结。

- 技能要求

深入了解互联网特性，尤其是微营销工具的特点及资源，能够有效运用相关资源。

热爱并擅长新媒体推广工作，具备创新精神、学习精神、严谨的工作态度和良好的沟通能力。

具有创造性思维，文笔好，书面和口头表达能力强，熟悉网络语言。

学习能力强，兴趣广泛，关注时事。

（3）新媒体营销运营专员

- 岗位描述

负责新媒体运营部的产品文案、品牌文案、深度专题的策划文案、创意文案、推广文案的撰写工作，能帮助企业迅速提高在新媒体平台上的综合排名并增加访问量，协助业务部门进行产品方案推广，帮助业务团队有效增加产品的销量。

- 岗位职责

负责产品文案、品牌文案、深度专题的策划文案、创意文案、推广文案的撰写工作，对新媒体的销售力和传播力负责。

从事新媒体营销研究、分析与服务工作，评估与产品相关的关键词。

负责推广方案和推广渠道的开发。

制订新媒体营销的总体及阶段性推广计划，完成阶段性推广任务。

负责执行企业关于新媒体平台的规划。

协助部门经理筹划建立部门管理体系，协助进行员工招聘、考核、管理工作，协助部门规划、总结工作内容。

- 技能要求

具备项目管理、营销策划、品牌策划、网络营销等理论知识和一定的实践经验。

具有优秀的网络营销数据分析能力。

具备一定的文案撰写能力和活动策划能力，对用户体验有深刻的认识和独特的领悟。

对新媒体营销活动的全流程具备一定的认知和执行能力。

2. 新媒体营销晋升岗位及技能要求

新媒体营销岗位层级的晋升，一方面对新媒体营销人员的专业知识和能力的要求有所提升；另一方面，其工作内容也从简单的新媒体营销推广，转变为新媒体营销策划，最终转变为新媒体营销的整体项目运作。新媒体营销晋升岗位包括新媒体营销经理/运营经理、新媒体营销总监/运营总监等，其岗位描述、岗位职责及技能要求如下。

（1）新媒体营销经理/运营经理

- 岗位描述

负责本部门的整体运营工作，对新媒体营销的策划、内容、推广等业务进行指导，负责部门员工的工作指导、监督、管理与考核。

- 岗位职责

负责新媒体营销项目的总体策划，对战略方向规划、商业全流程的规划和监督控制负责，对部门绩效目标的达成负责。

负责新媒体营销方案的策划指导和监督执行。

负责对新媒体产品文案、品牌文案、资讯内容、专题内容等的撰写进行指导和相关方案的监督执行。

负责新媒体推广策略的制订、执行指导和监督管理工作。

负责新媒体运营数据的分析、优化工作。

负责本部门的筹划建立，员工招聘、考核、管理、部门规划及总结等工作。

- 技能要求

具备项目管理、营销策划、品牌策划、网络营销等系统的理论知识和丰富的实践经验。

具备优秀的电子商务或新媒体营销项目策划、运营能力，熟悉网络文化及其特性，对各种新媒体营销推广手段都有实操经验。

具备卓越的策略思维和创意发散能力及扎实的策划功底。

具备优秀的文案撰写能力，能够撰写各种风格的方案和文案。

对新媒体营销的全流程具备管控能力。

具备丰富的业务管理经验和优秀的团队管理能力。

（2）新媒体营销总监/运营总监

- 岗位描述

负责企业官网、App及第三方新媒体平台的整体规划和运营管理，包括产品的市场定位和推广方案、产品功能及卖点的策划，并组织落实；根据企业平台运营模式，组建并管理运营团队。

- 岗位职责

制订官网、App和第三方新媒体平台的年度经营目标，预算及年度、季度、月度计划（销售额、成交转化率、广告投入、利润率等）。

制订官网、App和第三方新媒体平台的整体规划和运营管理目标，包括产品的市场定位和推广方案、产品功能及卖点的策划，并组织落实。

掌握官网、App和第三方新媒体平台的各项销售指标、运营指标的预测与达成情况，对网站排名、流量点击情况进行详细、系统地分析，策划、组织网站推广活动，并对其进行分析和效果评估。

通过新媒体渠道和媒介资源开展宣传推广工作。

组建并管理运营团队，负责内部团队的整体建设及人员专业能力的增强，以及优化业务流程，合理配置人力资源，开发和培养员工能力等工作。

把控工作方案落地执行的质量。

加强团队绩效管理，提高部门工作效率。

- 技能要求

具有本科以上学历，5年以上的电商、平台运营经验，2年以上的管理经验。

熟悉官方商城和第三方新媒体平台的开店流程、建店模式、产品销售模式、合作模式、实际操作模式等。

具备优秀的沟通能力，勇于创新，注重打造团队的凝聚力和执行力。

【实训：分析新媒体营销案例并完成调研报告】

1. 实训背景

互联网时代的新媒体营销实现了对传统营销模式和营销领域的突破，使商品经济的营销模式变得更具创意和吸引力，更大限度地满足了用户的消费需求。目前，短视频和直播是企业或品牌商进行新媒体营销的主流方式，视频展示的方式直观、全面，其即时性、交互性强的特点与企业的营销目的更加契合。

2. 实训要求

请同学们在互联网上搜索近期企业进行新媒体营销（直播或短视频营销）的典型案例，通过观看1~2个案例，分析企业选择的新媒体平台的特点，选择的新媒体营销方式，以及取得的营销效果；分析新媒体营销对用户的消费心理、情感、行为等造成的影响；通过案例分析，掌握新媒体营销的特点、平台选择，理解新媒体营销的概念与发展趋势。

3. 实训思路

（1）搜索并观看新媒体营销案例

搜索具体的新媒体营销案例，通过浏览或观看相关案例，站在用户的角度，分析新媒体营销在情感、价值、思维等方面对用户的影响，了解并掌握用户购买商品的心理。

（2）选择平台及营销方式

根据企业的情况与平台的特点，分析企业选择的新媒体平台及新媒体营销方式与企业的商品、目标用户之间的联系。

（3）了解新媒体营销的发展现状

分析案例，总结新媒体营销的发展现状及企业选择新媒体营销的优势及劣势。

（4）分析新媒体营销的深远影响

分析新媒体营销发展带来的影响，如对行业管理部门的影响、对广告行业的影响、对用户的影响等。

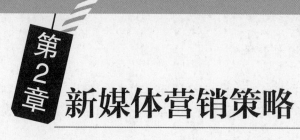

第2章 新媒体营销策略

学习目标

➢ 了解新媒体营销的核心法则。
➢ 掌握新媒体营销的经典策略。
➢ 学会对新媒体营销进行定位。

学习导图

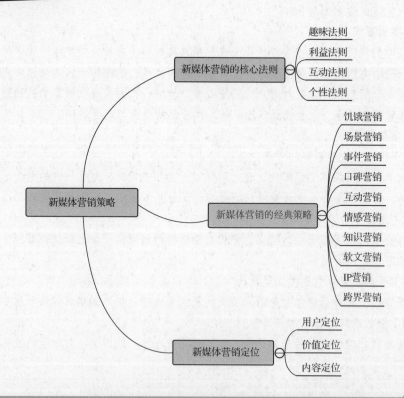

在新媒体营销中，企业通过在新媒体平台上发布具有广泛影响力的内容吸引用户参与具体的营销活动。因此企业要做好营销定位，在策划营销活动时，要注意营销的核心法则，使营销内容具有丰富性、渗透性，采用恰当的营销策略，进行全面、立体、精准的营销，才有可能达到预期的营销效果。

2.1　新媒体营销的核心法则

新媒体营销以"4I"理论作为核心法则，即趣味法则（Interesting）、利益法则（Interests）、互动法则（Interaction）、个性法则（Individuality）。

扫一扫，看微课

新媒体营销的核心
法则

2.1.1　趣味法则

新媒体与传统媒体不同，它在情感上与用户走得更近，与用户的联系更紧密，企业在设计品牌宣传信息后，需要研究如何将这些信息投放到影响力巨大的媒体中。互联网的基础属性是娱乐性，只有饱含趣味、创意独特的互联网营销或互动广告，才能吸引更多的目标用户，才能更好地进行品牌宣传。所以说互联网时代下的新媒体营销需要遵循趣味法则，只有既有趣又好玩的营销内容，才能有效促进互联网用户进行品牌传播与扩散。

随着新媒体与市场经济的发展，很多企业不再寻找适合投放广告的媒体，而是寻求新的营销方式，开辟自己的媒体空间。为策划更有趣的营销内容，企业正努力构建以下发展空间：展现自身的企业文化和专业知识信息的专家空间；激起用户共鸣，并给他们以鼓舞的激发空间；授权用户自己创造有趣内容的空间。

🔍 案例链接

志邦家居打造的趣味话题

志邦家居从消费者的角度出发，策划了一场品牌契合度与趣味兼具的名为"宠妻联盟，就'耀'你幸福"的新媒体营销活动，如图2-1所示。志邦家居利用社交化的微博平台为用户搭建了轻松愉悦、畅所欲言的分享"家"与"爱"的生活舞台，以"哪个地方的男人最宠老婆"为话题。此话题"接地气"，趣味性强，迅速传播开来，成为各地的公共话题。此话题阅读量过亿，成为定制家居行业在微博平台的又一个舆论高峰。

图2-1　志邦家居在微博上打造的趣味话题营销活动

2.1.2　利益法则

营销活动要以为用户提供实际的利益为基础。企业策划任何营销活动都必须站在用户的角度思考问题，想一想活动能为用户带来什么好处，用户为什么要参加营销活动。企业或品牌商要努力分析用户的消费心理，结合营销方式和技巧，设法激发用户参与营销活动的欲望，最终引导用户产生进一步的行动。新媒体营销中，企业能够提供给用户的"利益"的外延变得更加广泛，如信息、资讯，功能或服务，心理满足或者某种荣誉，以及实际的物质利益等。对于新媒体广告来说，利益原则产生的效果是非常明显的。企业以用户的利益为出发点，通过文案和创意的调整，有针对性地设置活动页面，并添加无风险承诺，可以有效提高用户转化率。

2.1.3　互动法则

新媒体与传统媒体的一个重要区别就是新媒体具有互动性。新媒体时代的用户不再单纯被动地接受信息，还会主动进行互动并发布信息。新媒体营销中双向甚至多向的互动传播可以促进企业与用户平等交流，为营销带来独特的竞争优势。因此，在新媒体营销中，企业或品牌商要高度重视互动法则，若能在营销活动中做到与用户高频互动，将会产生意想不到的营销效果。

2.1.4　个性法则

传统营销环境下，个性化营销难度大、成本高，但在新媒体时代，个性化营销变得成本低廉、简单便捷。

新媒体营销注重个性化，将会使用户产生被关注、被重视的满足感，不仅可以增加互动，还能够有效提高消费行为发生的概率。随着大数据时代来临，细分用户群体变得越来越精准，因此企业可以有效实施有针对性的营销方案，从而使得营销活动趋于个性化。

2.2　新媒体营销的经典策略

随着互联网技术的快速发展，新媒体营销已经成为企业宣传品牌与推广产品的重要途径。市场营销中具有代表性的十大经典策略有饥饿营销、场景营销、事件营销、口碑营销、互动营销、情感营销、知识营销、软文营销、IP营销、跨界营销等，企业将这些营销策略在新媒体平台实施，根据品牌与产品的特点进行新媒体营销通常能够得到较好的营销效果。

2.2.1　饥饿营销

饥饿营销就是产品提供者有意降低产量，以期达到调控供求关系、制造供不应求的"假象"，让产品维持较高利润率和品牌附加值等目的一种营销策略。饥饿营销的最终目的不仅是为了提高价格，更是为了使产品产生附加值，从而为品牌树立起高价值的形象。饥饿营销的核心是制造供不应求的现象，使用户产生紧迫感，以增强用户的购物欲望，刺激用户快速做出购买决定。采用这种营销策略时，企业需要注意以下几点。

（1）心理共鸣。营销成功的基础是产品能够满足用户的需要，用户认可该产品。

（2）量力而行。饥饿营销可以在一定程度上提高品牌的价值并增强其影响力，但企业要把握好度，不能过度消磨用户的耐心，否则可能适得其反，对品牌形象造成负面影响。

（3）宣传造势。企业实施饥饿营销的前提是成功激发了用户的购买欲望，吸引了更多用户的注意，使用户产生了危机感。每个用户对产品的需求程度和欲望强弱不同，企业或品牌商在制订宣传节点、策划宣传内容、选择宣传平台时要全面、认真、谨慎地考虑相关事宜。

（4）审时度势。在激烈的市场竞争中，市场环境多变，用户的消费心理和购买行为可能会受到诸多因素的影响，因此企业要多关注竞争对手的营销策略。

2.2.2 场景营销

场景指的是场合和情景，场景营销是指利用恰当的场所和时机，在场景里植入营销活动，来达成一定的商业目的。场景营销通过人、内容与场景的有机结合，将营销的效果最大化。在移动互联网时代，用户的行为始终处于各类场景中，这也是场景营销诞生的基础，线下商场、线上购物和饮食社区等环境都构成了场景营销的条件。

场景营销描绘了一个与用户息息相关的消费场景，是一种以用户为中心的体验式营销，能够快速拉近品牌和用户的距离。企业在营销活动中描绘一个清晰的场景，往往能抓住用户的痛点，增加产品和用户的关联度，这也是场景营销越来越受重视的原因。

在场景营销中，场景有3个要素，分别是时空、情景和价值。也就是说，企业应仔细观察用户在具体时空（时间、空间）下的某个场景中有什么样的心理活动、消费习惯（需求、愿望等），然后采取什么解决方案来满足用户的需求，这样能够产生什么价值（用户价值、品牌价值、产业链价值），并评估该价值有多大。

场景营销需要通过构建场景来实现，构建场景的关键是抓住用户的消费痛点，主要涉及以下3个方面。

1. 利用使用场景直击消费痛点

对于用户来说，只有对他们有用处的东西，他们才愿意购买。而用户眼中的"有用处"，实际上就是对消费痛点的反映。企业要努力挖掘用户的消费痛点，给用户一个说服自己购买企业产品或服务的理由。例如，"经常用脑，就喝六个核桃""困了累了喝红牛"等，这些就是直击用户的消费痛点的广告语，它们会引导用户对广告语中的使用场景产生联想，让用户在遇到这类情况时第一时间就会想到相应的产品。

2. 用场景体验呈现消费痛点

在场景营销中，挖掘出用户的消费痛点后，企业最好能够将针对消费痛点的场景体验呈现出来，给用户更真实、更直观的感受，进一步促使用户购买产品或服务。千万不要以为针对用户的消费痛点构建场景就够了，企业要尽可能地做足准备，确保场景能够让用户获得预期的体验，否则可能达不到预期的营销效果。

3. 打造真实的体验场景，解决痛点

场景营销就是营造一个让用户有代入感的场景，并且这些场景能满足或者激发用户的需求。企业打造的场景应能够使用户积极参与，并使其在购买产品或服务之前就可以获得真实的体验。在构建场景时，企业要降低用户的参与难度，这样才能提高用户的参与率。好的场景营销具有代入感，能够触动用户的情绪、情谊、情趣，引发共鸣，从而使其形成对产品或者品牌的特殊情感，并且主动向亲友推荐，利用社交媒体对相关信息进行分享与传播。

2.2.3 事件营销

事件营销是企业通过策划、组织和利用具有新闻价值、社会影响以及名人效应的人物或事件，引起媒体、社会团体和目标用户的兴趣和关注，以求提高产品或服务的知名度、美誉度，树立良好的品牌形象，并最终促成产品或服务成交的一种营销策略。

通常来说，在事件营销中，为了快速引发热度和关注，借助名人或热门事件是非常有效的

途径。一次成功的事件营销可以让企业花费较少的人力、物力和成本，轻松将产品或品牌推向大众的视野，甚至引起病毒式裂变传播。对于企业来说，容易吸引用户关注，同时有利于提升品牌形象的事件主要包括公益活动、热点事件、危机公关等。

在事件营销中，企业要想与用户产生共鸣，需要将产品或服务的特性与媒体特性相结合，借事件的热点创造有亮点的话题。企业在事件营销中要掌握以下5点关键因素。

（1）真实性。企业必须保证事件的真实性，切忌弄虚作假。

（2）相关性。这一般是指企业需要利用在心理、利益或地理上与用户接近或相关的事件，主要包括经济、公众、安全、道德、荣誉等与用户群体息息相关的事件。

（3）重要性。重要性指事件的重要程度，它是影响事件营销结果的重要因素。一般来说，对越多的人产生越大影响力的新闻事件，其价值也就越大。

（4）显著性。事件中的人物、地点和内容的知名度越高，该事件就越容易引起用户的关注。

（5）趣味性。大多数用户会对新奇、不寻常的事情感兴趣，因此在事件营销中，企业增强事件的趣味性能够满足用户好奇心与娱乐心理。

 案例链接

"秋天的第一杯奶茶"席卷社交圈

2020年9月22日，正值秋分之际，一个女孩在朋友圈"晒出"男友为其购买的奶茶。这一既暖心又暖胃的做法吸引了众多网友效仿，并延伸到为朋友、亲人购买奶茶，其最终意义是传递一种思念、一种爱意、一种情感。

次日，"奶茶之风"迅速在社交媒体上"刮"了起来。各种各样的情感表达方式层出不穷，再加上期间奶茶品牌等商业力量的推动，"秋天的第一杯奶茶"顺利冲上了微博热搜榜单，成为全民热议的话题。

"秋天的第一杯奶茶"仅用了一天时间便席卷了微信朋友圈、QQ空间、抖音、小红书、哔哩哔哩等新媒体平台。借此事件，各大奶茶品牌便默契地开始借势营销，如奈雪的茶、喜茶均开展了相关营销活动。奈雪的茶更是联名多家品牌继续宣传推广，如图2-2所示，使奶茶销量更上一个台阶。

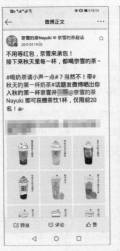  

图2-2　奈雪的茶借助"秋天的第一杯奶茶"话题开展营销活动

2.2.4　口碑营销

口碑营销是指企业运用各种有效手段，引发目标用户对其产品或服务及企业整体形象进行讨论，并激励用户向其周围的人进行介绍和推荐的一种营销方式。这种营销方式具有成功率高、可信度高的特点。传统的口碑营销通过人与人之间的口口相传进行信息传播，企业努力使用户通过与亲朋好友的交流将产品或服务信息、品牌信息进行传播扩散。

新媒体营销将口碑营销与网络营销结合，利用新媒体平台，将产品的口碑以文字、图片、音视频等形式进行传播，使企业与用户之间形成实时互动，从而获得销售效益。与纯粹的广告、促销、公关、商家推荐等营销方式相比，口碑营销的成本更低，效果更好。

企业做好口碑营销的关键在于以下6点。

1. 确定核心人群

不同的产品或服务具有不同的特点，如外观、功能、用途、价格等，并非所有产品或服务都适合进行口碑营销，对于适合进行口碑营销的产品或服务，企业要根据其发挥的不同作用来确定适合开展口碑营销活动的核心目标人群。

2. 重视产品或服务的质量

企业要想拥有良好的口碑，产品或服务的质量是基石，产品或服务只有质量过关，在营销活动中才能更好地得到用户的认可、支持与自发的宣传。

3. 注重用户体验

在市场竞争中，产品或服务的用户体验对其他潜在用户或目标用户有着很大的影响，也在一定程度上决定了口碑营销的成败。而用户体验主要包括产品的使用体验与产品服务体验。

4. 利用知名品牌进行宣传推荐

对于一个新产品或服务来说，知名品牌的推荐，会帮助用户快速消除心中的疑虑，提高品牌的可信度。例如，国内很多汽车在上市之初，会利用与知名汽车品牌的合作来推广自身的品牌，如使用这些知名汽车品牌的发动机，与这些知名品牌开展联合设计项目等，使用户对新产品有一定的印象，并在交流和传播中形成一定的口碑，吸引更多的用户购买产品。

5. 传播品牌故事与文化

故事是传播声誉的有效工具，企业在口碑营销中利用带有感情的故事宣传品牌，会比其他传播方式更有效。

6. 做好负面口碑管理

口碑是一把双刃剑，正面口碑能为企业带来效益，负面口碑也会给企业带来负面影响。因此，企业要做好负面口碑的控制和管理工作，如正确处理用户的投诉，引导舆论向正面发展，加强对重点客户的管理等。

2.2.5　互动营销

互动营销是指供需双方消除信息不对称以达到交易的平衡状态的一种营销方式。供需双方是指企业与用户，在互动营销中，企业要明确用户的需求痛点，用户则会获得企业的服务信息，从而在信息传播中促使交易实现可持续循环。

在新媒体时代，互动营销是众多企业开展营销活动的发展方向，是企业营销战略中的重要组成部分。互动营销强调供需双方要抓住共同的利益点，找到合适的沟通时机和方法，促使双方产生互动行为，将双方紧密地结合起来。互动营销能够缩短企业与用户之间的距离，促进企业与用户更好地进行交流，进而促进用户重复购买，以建立长期的用户忠诚。

企业与用户之间的互动是为了提高用户对企业的信任度，进而使其购买企业的产品。因此，在新媒体平台进行互动营销时，企业不能一味地追求用户的数量而忽略用户的质量，关键是要提高用户的满意度。

互动营销的方式主要包括以下几种。

（1）发布用户较为关注的信息。企业应收集用户较关注的话题，梳理后进行总结，并将其发布在新媒体平台上，以吸引目标用户关注。

（2）转发用户的评论。用户对产品做出好评后，企业可以适时地进行转发，一方面用户会感觉自己受到了重视和尊重，另一方面用户的好评也可以作为产品口碑好的有力证据。

（3）及时回复用户。当用户进行评论时，企业要及时回复信息，这样能使用户感觉受到尊重，能给用户留下好印象。

（4）解答用户的疑惑。当用户存在疑惑时，企业要及时地进行解答。当用户对产品的信息不太了解时，企业应该向用户提供详细的讲解，如提供视频使用示范或文字说明等；当用户不知道该如何选择时，企业应该为用户提供专业的建议；当用户购买产品后出现问题时，企业应该及时地处理并解决问题。

（5）适时进行活动促销。企业将产品信息传达给目标用户后，可以适当地进行活动促销，让用户感到惊喜与新奇。这样不仅可以增加新用户，还可以吸引老用户。

（6）对待用户的态度要诚恳。企业对待用户的态度一定要诚恳，真诚待人更容易拉近与用户之间的距离，能够快速地赢得用户的信任。

互联网极大地扩大了互动规模并提高沟通效率，形成前所未有的现实与虚拟有机结合的平台。巨量的多维信息在平台自由流动，信息连接和交换随时都在发生，企业能够实时感知用户的需求，双方进入同一个情境，而这也正是互动营销的先决条件。互动营销情景的外层表现是对用户反馈的真实获取和实时响应，其深层内核则是心灵世界的感知相通、价值观的情感认同。互动双方突破信息屏障、时空阻隔，达到共享、共通、共创的状态。

当前，互动营销面对的消费群体主要是"90后""00后"的新生代，企业要主动、快速识别新生代消费群体的兴趣点、期望与需求，与其建立长期、持续的沟通联系，并从每一次互动中洞察和挖掘发展的新机遇。新媒体时代的互动营销不再是线性、平面、静态的沟通，而是立体、动态、对用户的日常生活情况做出即时回应的沟通。

2.2.6　情感营销

情感营销指企业从消费者的情感需要出发策划品牌宣传与产品营销活动，设计能够激发消费者的情感需求，引起其心灵共鸣的内容，从而达到使品牌或产品信息深入人心的目的。如今是一个情感消费时代，消费者购买产品不仅看重产品的质量、价格，更多时候需要获得心理上的认可和情感上的满足。

人们常在一些物品上寄托情感，一些企业就运用这些情感来开展营销活动，从感官和情感上影响用户。企业可以通过产品命名、形象设计、情感宣传、情感价值和情感氛围的设计等方式实现营销目标，引起用户的共鸣，为品牌建立一种更加立体的形象。

新媒体时代的情感营销不仅重视企业与用户的利益交换，同时也更注重为用户营造温馨舒适的营销环境。好的营销环境能促使企业与用户产生更多的情感交流。情感营销能提高用户对品牌的忠诚度，还能使企业在激烈的市场竞争中更具优势。企业除了要具备产品质量好、产品价格合理等硬实力外，还应增强软实力，要尊重用户、为用户着想、赢得用户的信任，从而在市场竞争中占有一席之地。

随着时代的发展，情感营销正在以一种打动用户的方式快速成熟与完善。情感营销主要包括以下策略。

（1）建立情感标签。企业应根据自身的特色与产品的特点，选择合适的新媒体平台，精准确定自己的情感标签。情感标签要根据情感差异化策略和市场调查来确定，要符合产品或服务的调性且别具一格。

（2）塑造形象标志。在微信、微博等新媒体平台中，企业的整体形象和特征要一致、清晰、准确，具有较高的辨识度。企业要给予用户关怀和理解，积极与用户沟通，使用户产生归属感和认同感。

（3）建立情感联系。企业应用不同的交流方式、不同的推送内容，与不同地区、年龄、性别的用户进行互动；要坚持发布优质的内容，及时回复用户的消息，与之建立良好的情感联系；要尊重不同用户之间存在的情感、行为差异，培养忠实用户，提高消费转化率。

 案例链接

999感冒颗粒的情感营销

在"无情感不营销"的时代，很多品牌会倾向于选择情感营销来获取流量，品牌可以利用情感营销一点点地挖掘用户流量。在众多品牌中，999感冒颗粒在情感营销上做得非常好，其恰到好处的煽情真正做到了"走心"营销。

2018年"五一"期间，999感冒颗粒与新媒体平台上的媒体账号展开合作，推出一则名为《健康本该如此》的短视频。这则短视频既符合品牌调性，又贴近年轻人的生活，获得了年轻人的认可，"圈粉"无数。

2019年，999感冒颗粒推出一则名为《有一种感谢，叫想念你的999天》的短视频，它讲述了人们从陌生到熟悉，从短暂到永远的温暖故事。

999感冒颗粒的情感营销活动大多是基于对人们平凡生活的关注，然后通过与品牌结合，用故事还原生活中的真实场景，从而打动消费者。

999感冒颗粒的情感营销之所以能够打动人心，原因有以下3点。

一是讲述真实的故事，引起用户共鸣。999感冒颗粒推出的故事片中的主人公总会让用户想到自己，同时，999感冒颗粒将品牌植入生活，基于现实生活推广品牌，让用户有很强的代入感。

二是选择适当的时机推送内容，借势制造话题。999感冒颗粒有着对营销时间的准确把握及对传播节奏的有效控制，比如《健康本该如此》就是在劳动节前推出的，从而引发了各行业工作人员之间的情感互动。这则短视频在社交媒体上"刷屏"，成为当年劳动节的热门讨论话题之一。

三是精准传播，为品牌抢占市场。999感冒颗粒的情感营销向社会和大众输出的暖心情感，与自己的品牌理念"暖暖的，很贴心"高度契合，这样的传播既能有效地对品牌进行传播，还不容易引起用户的反感。

2.2.7 知识营销

知识营销指企业通过有效的知识传播方法和途径，将自身所拥有的对用户有价值的知识（包括产品知识、专业研究成果、经营理念、管理思想以及优秀的企业文化等）传递给潜在用户，并使其逐渐形成对企业品牌和产品或服务的认知，最终转化为实际用户。

随着知识经济的到来，人们的生活观念和生活方式发生了变化，人们对信息获取的效率和质量提出了更高的要求。消费升级加速，消费者不再是被动接受营销信息的群体，而变成了主动寻找营销信息的群体。消费者的诉求不仅是要"知其然"，还要"知其所以然"。知识型用户的规模快速扩大，企业的品牌营销方式也随之变化。知识营销是一种新的营销方式，从传统的"广而告之"，发展为"广而认知"，让企业用知识影响消费者，以知识传递品牌价值。

目前知识已经成为发展经济的资本和促进经济增长的主要动力，因此企业必须紧跟潮流，积极开展知识营销，增强产品或服务的影响力。

知识营销主要包括以下内容。

（1）增加营销活动的知识含量，把以知识为核心的营销理念和营销过程结合。在知识经济时代，知识也是一种重要的消费资料，在营销的过程中，企业要把知识传播给用户，潜移默化地影响他们的消费观念和生活方式，向他们普及有关本企业的产品或服务的知识，激发他们的消费欲望，让他们了解未来技术、产品或服务的发展趋势和消费趋势。

（2）挖掘产品的文化内涵，注重能引起用户共鸣的价值观念。随着物质生活的日益丰富，用户在购买产品时不仅会考虑产品的使用价值，还会关注产品所带来的观念价值。例如，"李宁"品牌倡导青春、健康、活泼的精神生活，这与许多年轻人的价值追求相吻合，因此备受年轻人的青睐和喜爱。

（3）与用户建立结构层次上的营销关系。营销关系分为3个层次：财务层次，即以价格折扣、回扣、奖励等形式拉拢用户；社交层次，即与用户建立友谊或各种社交关系；结构层次，即企业的产品或服务与用户在技术结构、知识结构、习惯结构上吻合，双方建立起稳固的营销关系。只要企业与用户建立了结构层次上的营销关系，用户就成为企业长期、忠实的消费者。

（4）加强营销队伍建设，使营销更适合产品或服务技术含量高、智能化、个性化的要求。在知识经济时代，企业必须用知识赢得用户，首先要让用户了解并懂得如何使用产品或服务，以及使用后能获得什么利益，这样才能激发用户的购买欲望，从而扩大销售。同时，企业的营销策略要针对不同类型的用户进行特定设计，使产品或服务适应用户的消费特点、文化品位、价值观念。而要做到这些，企业必须加强营销队伍建设，提高营销人员的综合素质。

（5）创造充分的信息交流渠道和环境。只有创造充分的信息交流渠道和环境，企业才能实现生产、经营和市场知识的完美整合，最终实现企业内部自上而下、自下而上的思想和行动上的高度统一。

2.2.8　软文营销

软文营销指企业通过特定的概念诉求，以摆事实、讲道理的方式，使用户进入自身的"思维圈"，有针对性地引导用户的观念，从而促进产品或服务销售。软文营销是相对于硬广告而言的，软文营销可以将产品或服务的信息在不知不觉中传递给用户，取得"润物细无声"的效果，并且让产品或服务的特点更加突出，同时也更容易渗透到用户的心中，促使用户主动购买产品或服务。软文营销作为一种新兴的营销手段，是通过网络新媒体对企业的产品或服务进行销售推广的。

相较于传统销售模式，软文营销具有显著的优势，除了具有成本低、传播速度快、用户更容易接受的特点外，新媒体时代的软文营销还呈现以下特征。

（1）形式多样。传统的软文多为新闻稿、通信稿，形式较为单一。新媒体时代的软文形式更为多样，除了新闻式外，还有情感式、故事式、促销式等。

（2）传播范围广、持续性强。用户观看传统的媒体广告受时间、空间的限制，而新媒体软文广告则不受时间、空间的限制，用户可以随时随地观看，还可以分享传播，因此信息传播范围广、持续性强。

（3）操作更灵活。传统的硬广告会受时间段、版面等限制，软文营销则随时可以将软文发布在很多新媒体平台上，形式灵活多样、篇幅可长可短，可以将文字、图片进行完美结合，以便用户主动检索、重复观看，因此软文营销的操作更加灵活。

要想做好软文营销，企业要注意以下几个关键点。

（1）标题吸引眼球。企业首先要为软文撰写一个吸人眼球的标题，一个新颖、有创意的标题能够激发用户的好奇心，吸引用户继续观看，使其愿意阅读整篇文章。因此，软文只有内容精彩是远远不够的，还必须有一个具有吸引力的标题；但切忌做"标题党"，要保证标题与文章内容相符，否则容易引起用户反感。

（2）紧跟时事热点。软文的内容要紧贴时事热点，这样更容易引起人们的广泛关注和议论，使文章更具有传播价值。

（3）排版清晰美观。排版凌乱的文章会使用户阅读困难、思维混乱，给用户带来不适感，甚至会引起用户的反感，因此软文的排版要清晰美观、具有层次感。

（4）广告植入自然。企业不要生硬地在软文中加入广告，而是要让广告自然地与文章内容融为一体。企业运营者在撰写软文前，要提前确定软文广告的目的。

（5）选好宣传点。软文营销的最终目的是使用户在阅读文章后了解企业产品或服务的信息，从而达成交易。运营者在写软文时，要在让用户感兴趣的同时突出产品或服务质量好、价格合理等优点，用亲切的语言与用户对话，达到宣传推广的目的，进而提高产品或服务的转化率。

（6）选好媒体平台。文章的首次发布要精准锁定目标人群，软文首次发布的新媒体平台最好是知名度高、用户多的平台，如微博、微信等，这样用户才会觉得产品或服务的信息真实可信。在较大的新媒体平台上发布文章后，运营者可以将软文转发到其他平台，以获得更多用户的关注。

2.2.9 IP营销

IP的本义是知识产权，在新媒体时代，IP不再局限于知识产权，而成为一个现象级的营销概念。现在，IP可以被理解为一种能够仅凭自身的吸引力，挣脱单一平台的束缚，在多个平台上获得流量并被传播的内容，它是一种"潜在资产"。只要是具备知名度、话题性的品牌、产品或个人，都可以被称为一个IP。

IP营销具有极强的话题性和传播性，有着庞大的粉丝基础和市场，是一种可以产生裂变传播的新型营销方式。IP营销分两种：一种是跨界IP营销，另一种是品牌IP营销。前者主要针对大致相同的消费群体进行爆炸式营销，目的是在短时间内赢得巨大的用户流量；后者以品牌本身的消费群体为主，通过持续、不间断的，具有情感、情怀、趣味等的品牌输出内容来吸引并深度黏合用户，旨在细水长流地获得长期的用户流量。

企业在进行IP营销时，要注意以下3个关键点。

（1）原创性。在新媒体环境下，非原创的营销内容在市场上难以被用户记住且使其形成有关品牌的记忆，也很难取得良好的传播效果，因此IP营销的内容必须具有原创性。

（2）持续性。IP营销要求企业具有持续运营的能力。一个好的IP应当像一个鲜活的生命体，能够不断产生内容，还应当具备持续生产优质内容的能力，有持续的号召力、影响力和衍生能力。

（3）人格化的内容。人格化是指让品牌具有一些拟人的功能和元素。IP要有鲜明的人设（人物设定，简称人设）和性格，可以与目标用户建立"人与人"之间的直接的情感联系，再通过使用符合自身形象的表达和交流方式，借助各种内容表达形式，如短视频、直播、图文等和用户进行沟通与交流。

2.2.10　跨界营销

跨界代表一种新锐的生活态度和审美方式的融合。跨界营销就是指不同品牌商之间开展跨界合作，使原本毫不相干的元素相互渗透、融合，从而给品牌建立一种立体感和纵深感，能够吸引更多用户关注。

跨界营销意味着企业需要打破传统的营销思维模式，避免单独作战，寻求非业内的合作伙伴，发挥不同类别品牌的协同效应。跨界营销的实质是多个品牌从不同角度诠释同一类用户的特征。建立跨界营销关系的不同品牌，一定是互补性而非竞争性的品牌，其中互补是指用户体验上的互补，而非简单的功能上的互补。

跨界营销面向的是相同或类似的消费群体，因此企业在策划跨界营销活动时，需要对目标消费群体做详细、深入的市场调研，深入分析其消费习惯和品牌使用习惯，并以之作为开展营销和传播工作的依据。

跨界营销对合作的企业在营销能力上提出了很多挑战。企业以往在实行营销策略时，只需要考虑如何使用好自身的资源。而在跨界营销中，企业要考虑如何通过策略上的调整，在与合作伙伴的互动中获得资源利用上的协同效应，还要注意当品牌成为目标用户个性体现的一部分时，这一特性同样需要和目标用户的其他特性相协调，避免重新注入的元素和用户的其他特性产生冲突，造成品牌形象的混乱。

例如，2019年1月，小罐茶联手故宫食品，推出一角（lù）安行随享礼盒，融合中国传统宫廷文化与现代派中国茶，满足年轻人品质生活的茶饮需求。由此可见，品牌间的跨界合作可以带来品牌价值的持续增长。

2.3　新媒体营销定位

定位的本义是指确定方位、场所或界限。商业中的定位概念是由艾·里斯和杰克·特劳特提出的，是指在对本产品和竞争产品进行深入分析，并对消费者的需求进行准确判断的基础上，确定产品或服务与众不同的优势及与此联系的在消费者心中的独特地位，并将它们传达给目标消费者的动态过程。做好新媒体营销的前提是做好定位，企业只有做好定位，才能使新媒体营销更加精准、高效。

扫一扫，看微课

新媒体营销定位

2.3.1　用户定位

用户定位是新媒体营销至关重要的环节，企业只有足够了解自己的目标用户、清楚用户的需求，才能更好地进行新媒体营销策划，使营销效果最大化。企业可以依托互联网大数据精准地进行用户分析，借助标签化、信息化、可视化的属性，构建完整的用户画像。

用户画像是指企业营销人员通过收集与分析用户的社会属性、生活习惯、消费行为等主要数据之后，抽象出用户的全貌并形成用户模型，它们代表了不同的用户类型及其所具有的相似的态度或行为，如图2-3所示。用户画像为企业提供了足够的信息，能够帮助企业快速找到精准的用户群体及用户需求等。

图2-3 用户画像

用户画像主要有人口属性、心理现象、行为特征、兴趣偏好、社交属性5个维度。

（1）人口属性

人口属性是用户定位的基础信息，是构成用户画像的基本框架。人口属性包括人的自然属性和社会属性：性别、年龄、身高、体重、职业、地域、受教育程度、婚姻、血型等。自然属性具有先天性，一经形成大多会一直保持稳定不变的状态，如性别、血型；社会属性则是后天形成的，通常处于相对稳定的状态，如职业、婚姻等。

（2）心理现象

心理现象包括心理和个性两大类别。企业研究用户的心理现象，特别是需求、动机、价值观等方面，可以了解用户购买产品或服务的深层动机，了解用户对产品的功能或服务的需求，清楚地知道目标用户带有哪些价值观标签。

（3）行为特征

用户的行为特征主要是指用户在新媒体平台上的一系列行为，如搜索、浏览、注册、评论、点赞、收藏、购买等。在不同的时间、不同的场景中，这些行为不断发生着变化，它们都属于动态的信息。企业通过捕捉用户的行为数据（浏览次数、是否进行互动），可以总结用户的行为特征，对用户进行归类。

（4）兴趣偏好

用户的兴趣偏好指其对浏览或收藏内容的偏好，如浏览的视频、文章的类型，观看的影视剧的类型，喜欢的音乐类型及歌手，旅游的偏好等。

（5）社交属性

社交属性主要是指发生在虚拟的社交软件平台（微博、微信、论坛、社群等）上的一系列用户行为，包括基本的访问行为（搜索、注册、登录等）、社交行为（邀请/添加/"取关"好友、加入群、新建群等）、信息发布行为（添加信息、发布信息、删除信息、留言、分享信息等）。

企业营销人员在进行用户定位时，可以按以下步骤进行操作。

（1）初步确定目标用户

企业在进入新产品或服务的立项阶段时，就要初步确定目标用户，可以先罗列产品或服务的特性、适合人群，然后分析用户画像——这款产品或服务主要适用于什么场合？哪些人属于目标用户？他们有怎样的身份标签？是上班族、学生或是家庭成员？有了这些判断，企业基本上就确定了目标用户。

（2）分析购买力，进一步区分目标用户

企业要把产品或服务卖给具有消费能力的人，因此企业进行营销的目标用户是既具有对产品或服务的需求，又具有消费能力的用户群体。企业可以借助大数据对用户进行分析，了解用户的消费层次，锁定具有消费能力的人群，选择合适的新媒体平台策划营销活动。在大数据时代，使用支付宝、微信支付已经成为用户购买行为的支付常态，这些平台累积的数据能够帮助企业更加精准地定位目标用户群体。

（3）通过大数据捕捉动态信息，精准定位目标用户

通过以上两步，企业已经将用户定位缩小到很小的范围，但不是所有目标用户都会在任意时间进行购买。企业要借助大数据分析用户的消费历史和关注焦点。这个时候，对于社交平台的数据捕捉就显得尤为重要——在某段时间内，用户非常关注某一产品或服务的性能、特点、评价，这就说明他对相关产品或服务存在很强的需求，此时企业就可以确定此用户属于精准的目标用户。

对于用户的特征分析必须是通过大数据得出的，企业不能通过用户的某一次购买行为或搜索行为就判断该用户是某种偏好人群，而是要根据用户多次的行为特征、消费占比、大部分人群占比等综合信息进行判断。

2.3.2 价值定位

价值定位是指企业在了解用户需求后，确定如何提供响应每一细分用户群体独特偏好的产品或服务的筹划。做出正确的价值定位是商业模式设计中至关重要的一步，也是价值网络构建的依据。企业进行新媒体营销的前提是知道自己是谁、目标用户是谁，了解品牌的属性和价值，做好产品或服务的价值定位。

1. 价值定位的要素

价值定位包括3个要素：价值主张、用户选择和价值内容。

（1）价值主张

在移动互联网时代，企业要解决的是传递何种价值观念的问题。面对激烈的市场竞争和不断创新的产品或服务，价值主张的重点内容如下。

- **增值服务**。增值服务是指在用户应该享有的产品或服务的范围外，企业又提供的其他服务。增值服务不仅体现产品或服务与其他企业的差异性，还能赢得用户的满意。增值服务包含易于获得的产品的相关信息和优质的售后服务等。用户不用支付额外的费用就能快捷地享受可靠的增值服务，从而提高用户的满意度。

- **解决方案**。现在用户不再是单纯地寻找产品，更多的是寻找解决方案，对方便、完整的解决方案的需求变得更加强烈。例如，当当网的出现改变了人们去书店买书的习惯，而"樊登读书"等图书解说类平台的出现解决了人们在快节奏生活时代的阅读困难，更加契合人们的阅读习惯，为用户带来了轻松、便捷的消费体验。

- **个性化定制**。个性化定制使用户能够按照自己的喜好选择或定制产品或服务，而不受条件或范围的约束。大规模个性化生产的最完美形式是按订单生产，产品或服务是根据准确的、用户指定的规格产生的，这就避免了传统的因错误预测需求和备货生产而产生的费用。

（2）用户选择

用户选择是指企业选择产品或服务的目标对象，它要解决的是为谁创造价值的问题。用户价值定位与目标用户必须保持一致，即提供的产品或服务必须针对正确的目标用户。这里所说的正确的目标用户，是指这类用户对企业所提供的产品或服务给予了高度的重视，这些用户可以为企业提供收益。

（3）价值内容

价值内容是指企业将通过何种产品或服务为用户创造价值，要解决的问题是企业准备向目标用户传递何种形式的价值。价值内容可分为功能价值、体验价值、信息价值和文化价值。

- **功能价值**。功能价值指产品或服务中，用于满足用户某种使用需要的基本属性。用户通常看重的是产品或服务的某种功能，获得的是一种标准化的有形产品或无形服务。这是一种

最基本的传统价值。

- **体验价值**。体验价值指企业根据用户的个性化需求提供的体验。事实上，体验是当一个人达到情绪、体力甚至是精神的某一特定水平时，其意识中产生的美好感觉。
- **信息价值**。信息价值指用户在购买或使用某种产品或服务时，能够向他人传递某种信息，从而产生的价值。
- **文化价值**。文化价值指产品或服务中包含的，能够为用户带来归属感的某种文化属性。

2. 价值定位的方法

企业进行价值定位时，可以从两个方面来考虑，一方面向外对标同行业竞争者，另一方面对内寻找自身的优势或强项。

（1）对标同行业竞争者

企业应先找出同行业的竞争者，挖掘他们的优点，更要发现他们的弱点，然后以强胜弱，根据用户的需求与痛点进行价值定位。

- **自身的产品或服务对标行业的价值，体现差异化**。企业可以让自身的产品与行业内的其他产品或服务形成差异，打造独特的定位，给用户留下深刻的印象，让其能够快速被用户记住。
- **在行业的功能方面做出差异**。企业要突出产品的功能与行业内其他品牌的产品存在差异的地方。例如，OPPO手机的广告语是"充电5分钟，通话两个小时""前后2 000万，拍照更清晰"等。
- **找到一个价值升维的定位**。在同行业领域，企业要找到自身的升维点，开辟先河，占领赛道，如小米电视刚上市时的定位是互联网电视，这就让它与其他的传统电视品牌形成了差异。

（2）寻找自身的优势或强项

企业要寻找自身的优势或强项，首先对用户进行细分，然后用产品或服务解决用户的痛点。企业要找出能够为用户提供的独特价值、卖点，并对其进行重点推广或宣传。

- **利用企业自身敏锐的商业判断力**。企业的运营人员如果具有强大的商业判断力，可以从企业自身出发，定位企业产品的独特价值，并将其传递给用户。
- **找到用户的价值诉求**。企业要善于发现用户的问题，并解决用户遇到的问题，从中进行价值定位。以共享单车为例，用户在过去进行1～3千米的出行时，遇到的第一个问题是出行不方便、时间成本高，这就是共享单车主要解决的问题。企业可以从这个方面进行定位，然后传递这个重要的价值点。
- **关注来自用户的评价**。企业要随时关注用户在社交媒体平台上对自己的产品或服务进行的评价；或者通过一些问卷或访谈，明确用户对企业的认知；或者通过组织一些研讨会，用头脑风暴的方式获得用户对企业的认知信息，根据用户的评价进行价值定位。

 案例链接

海尔探索家居市场的新发展方向

海尔U-home是海尔集团在物联网时代推出的美好家居生活解决方案，它采用有线网络与无线网络相结合的方式，将所有设备通过信息传感设备与网络连接，从而实现"家庭小网""社区中网""世界大网"的物物互联，并通过物联网实现了3C产品、智能家居系统、安防系统等的智能化识别、管理以及数字媒体信息的共享。海尔U-home用户在世界的任何角落、任何时间，均可通过打电话、发短信、上网等方式与家中的电器设备互动，畅享"安全、便利、舒适、愉悦"的高品质生活。

海尔U-home以提升人们的生活品质为己任，提出"让您的家与世界同步"的新生活理念，不仅为用户提供个性化产品，还面向未来提供多套智能家居解决方案及增值服务。海尔倡导的这种全新生活方式被认为是未来家居的发展趋势。

海尔从传统的电器零售企业转型为"海尔智家"，成为全球率先对智慧家庭进行探索的企业，开创了场景品牌，以场景替代产品。在物联网时代，用户需要的并不是单纯的家电产品，而是一个个场景解决方案。对此，海尔智家以全屋全场景解决方案响应用户需求，创造体验价值，是全球智慧场景解决方案的现实样本。

"智家"就是智慧家居，简单来说就是给传统家具加上科技系统，让它们更符合用户的使用习惯，而且不同家居之间可以相互连接。再细分的话，智能家居又可以分为智能厨房、智能照明、智能安防等各个相互独立但又能相互关联的小系统。海尔通过转型为自身价值定位升级，并借此增加产品销量。海尔的销售业绩与智能家居联系密切。

智能家居和传统家电不一样，反而和传统家具很像，需要消费者进行线下体验，而非直接在线上购买。而且智能家居算是比较新的概念，想要推广，除了广告营销以外，让用户来线下店体验也是个好方法。海尔开设了很多001号体验店，对销售及品牌形象塑造起到了很好的效果，如图2-4所示。

图2-4　海尔智能家居体验店

2.3.3　内容定位

在新媒体时代，企业要想优化营销效果，内容是着力的基础。新媒体的内容是连接产品或服务与用户的桥梁，因此企业要重视内容定位环节，找到差异化内容，设计内容形式，辅以快捷的内容传播方式，从而惠及更多的用户。企业只有做好内容定位，才能为目标用户提供其感兴趣的内容，与用户建立良好的关系，从而取得进一步发展。内容定位要求企业从新媒体营销的内容定位原则出发，选择合适的内容表现形式。

1. 内容定位原则

新媒体营销的内容定位原则主要包括以下几个方面。

（1）风格统一

内容要与企业产品、服务或品牌的定位相符合，既要保持内容风格、语言等统一，又要不断增强内容的专业性。

（2）持续输出

企业要具有持续生产内容的能力，保持稳定的内容更新频率，这样更容易积累用户，使自身更具竞争力。

（3）满足用户需求

内容定位要从用户需求的角度来考虑，从用户的需求中挖掘用户的痛点，再以一定的形式将内容展示出来，才更容易打动用户。

（4）符合营销目的

企业的营销目的不同，内容创作的方向就不同，呈现给用户的内容的侧重点也就不同。如果以广告宣传为目的，企业就要注重阅读量，可以结合热点等确定内容创作方向；如果以品牌建设为目的，企业就要注重内容的质量与专业性，以打造良好的用户口碑；如果以销售产品为目的，企业就要注重"引流"和转化。

（5）内容方向契合新媒体营销人员的专长

营销内容的策划、创作、发布、运营要求企业的新媒体营销人员具有独特的创意、策划能力、写作能力、运营能力等。新媒体营销人员要明确自己的优势，并充分发挥自己的专长，在自己擅长的领域进行内容定位。

2. 内容表现形式

新媒体营销内容的表现形式丰富多样，有图文、视频、音频、直播、H5等。无论采用哪种表现形式，其本质都是一种内容的分享、传达，旨在用有价值的内容将品牌和产品或服务的信息传达给用户，并给用户留下深刻的印象。

（1）图文

图文是图片与文字的结合。文字是使用最为广泛的表现形式，可以直观地表达信息，准确传递信息的核心价值。图片比文字具有更强的视觉冲击力，可以在展示内容的同时给予用户一定的想象空间。新媒体营销中内容的表现方式可以全部是文字，也可以全部是图片，还可以是文字与图片的结合，这种图文结合的形式既能更鲜明地表达主题，又能快速提升用户的阅读体验，如图2-5所示。

图2-5 新媒体营销内容的图文表现形式

（2）视频

视频是目前较为主流的新媒体内容表现形式，能够更加生动、形象地展现内容，具有很强的吸引力，能够增强用户对营销内容的信任感，如图2-6所示。视频的表现形式有很多，如电视广告、网络视频、宣传片、微电影等。

图2-6　新媒体营销内容的视频表现形式

（3）音频

除了图文、视频外，音频也是常用的新媒体营销内容表现形式，如图2-7所示。音频更加具有亲和力，能够快速拉近产品、服务或品牌与用户之间的距离，让用户感到亲切，从而增加彼此之间的互动。以音频为表现形式进行新媒体内容营销时，新媒体营销人员要保证录音环境没有噪声、语音清晰、语速适当、语言简明，便于用户理解。

图2-7　新媒体营销内容的音频表现形式

（4）直播

直播也是目前新媒体营销非常主流的内容表现形式。新媒体营销人员策划有创意、有价值的内容,通过主播实时表达或表演的方式展现出来,可以吸引用户的关注。新媒体营销内容以直播为表现形式能够给用户带来更真实、更直观的感觉,并且主播可以与用户进行实时互动,更能营造吸引用户购买的氛围,因此能够有效增强营销效果。直播的类型有很多,有直播"带货"、教学式直播、娱乐式直播等,如图2-8所示。

图2-8 新媒体营销内容的直播表现形式

（5）H5

H5也是新媒体营销的一种内容表现形式,它是一种互动式的多媒体广告页面,能利用各种有创意的设计进行营销,具有很强的互动性和话题性,可以很好地促进用户分享。H5具有跨平台、制作成本低、传播效果好的优势。H5的类型有很多,主要包括商业促销、互动活动、海报宣传、客户管理、电商"引流"等。

新媒体营销的内容并不是简单的"一篇文章""一张图片""一段视频"等,新媒体营销人员应做好内容定位,将品牌或产品信息融入营销内容中,并友好地呈现在用户面前,激发用户参与、分享、传播,从而增强营销效果。

【实训:"完美日记"新媒体营销策略分析】

1. 实训背景

"完美日记"成立于2016年,于2017年在天猫开设了官方旗舰店。在美妆市场由传统美妆品牌占据较大份额的背景下,"完美日记"凭借其全方位的营销策略异军突起,从一个小众品牌成长为美妆市场的新兴势力。

"完美日记"在市场调查和目标用户分析的基础上进行了新媒体营销定位,确定了以内容为主导的新媒体营销策略,在不同的新媒体平台上进行品牌的营销推广,选中小红书作为主要的营销平台。"完美日记"从4个方面进行品牌和产品的营销推广:自产"笔记",以美观的店铺环境、专业的内容、趣味性的美妆分享等塑造自身形象,以吸引用户的关注;邀请普通用户发表其真实的使用感受，通过生活化和真实的美妆应用引发用户共鸣，增加企业与用户的互动，提升用户对品牌的信任；联合美妆KOL发表专业的产品测评和对比内容，通过塑造产品的专业性增强用户的购买欲望、增加用户的忠诚度；邀请小红书App上热爱分享的知名人士推广其产品，通过知名人士的粉丝效应和广泛传播力来扩大传播范围。

此外，"完美日记"还充分利用其他新媒体平台，如抖音、哔哩哔哩等进行矩阵化营销。这些平台的用户数量巨大，且平台用户年轻化的特征也符合"完美日记"的目标用户的特征。"完美日记"通过与视频平台的"带货达人"合作，用视频展示产品的特点，扩大"完美日记"的影响范围。"完美日记"还邀请了KOL带话题发送图文、视频等形式的微博，以专业内容营造热度，邀请知名人士代言，以知名人士的影响力提高"完美日记"的知名度。另外，"完美日记"在知乎平台上以专业的态度解答用户对产品的功效、实用性等方面的疑问，以输出知识的方式影响用户，提高了用户对产品的信任度。

2. 实训要求

请同学们在新媒体平台上搜索"完美日记"的企业背景及产品特点，收集目标用户的信息，绘制用户画像，了解用户需求，明确产品的目标用户的特征；通过信息数据分析了解用户属性与购买行为；分析该企业采用了哪些新媒体营销策略，在营销方式上有哪些特点。

3. 实训思路

（1）确定营销目标

通过收集该企业的背景及产品信息，了解该企业的发展现状与发展目标。

（2）进行用户定位

收集目标用户信息，了解用户属性与购买行为，通过信息数据分析绘制用户画像，进行用户定位。

（3）列举营销活动，说明营销策略

通过阅读实训背景，列出该企业举办的营销活动，并说明其采用了哪些营销策略。

（4）分析营销策略的特点与效果

收集该企业营销活动的相关数据，分析其营销策略的特点，总结营销效果。

第3章 新媒体数据分析

学习目标

➢ 了解新媒体数据分析的作用。
➢ 了解新媒体数据分析的维度。
➢ 了解新媒体数据分析的基本步骤和常用方法。
➢ 了解常用的第三方数据分析工具，并掌握其使用方法。

学习导图

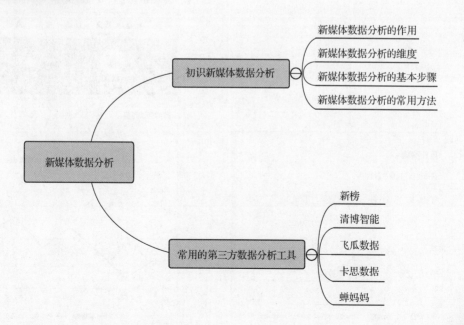

新媒体营销是一个复杂的过程，并不能一蹴而就。营销过程中会产生大量数据，而这些数据不仅可以帮助运营者持续了解用户的真实需求，基于分析结果不断优化选题和标题，还能展示来自不同渠道的用户占比、"取关"人数的相对峰值等。运营者利用这些数据驱动营销、改变营销策略，可以很好地促使营销朝正确的方向开展，并加快实现营销目标的节奏。

3.1 初识新媒体数据分析

数据分析是收集数据后进行详细研究，提取有用信息并形成结论的过程。新媒体数据分析是指在新媒体运营中，运营者利用数据驱动业务决策，解决业务问题的思维方式和工作方法。

3.1.1 新媒体数据分析的作用

由于加入新媒体营销队伍的企业不断增加，新媒体营销早已进入精细化运营模式，通过数据驱动运营的企业才能更具优惠。因此新媒体数据分析对企业的新媒体运营有重要的作用，有助于企业了解运营质量、预测运营方向、控制运营成本、评估营销方案。

1. 了解运营质量

新媒体运营人员的日常工作包括更新网站内容，发布微博、微信公众号文章，更新短视频，进行直播，进行粉丝维护，策划与组织社群运营和线上线下的活动等。这些日常工作是否有效、能否实现预期的营销目标，都要通过数据来了解和判断。

对于有关新媒体运营质量的数据，不同的平台关注的侧重点不同，大部分企业需要关注的数据包括网站流量数据、微信公众号的粉丝数据（见图3-1）、微博的阅读数据（见图3-2）、活动转发和评论数据等。

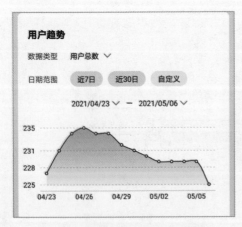

图3-1 微信公众号的粉丝数据

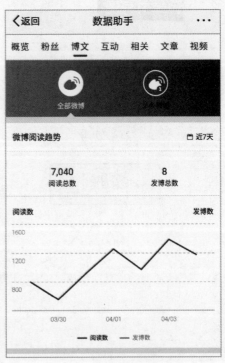

图3-2 微博的阅读数据

课堂讨论

　　某公司的运营者在网络上与其他自媒体人"互关互推"，想要通过这种方法"增粉"。几天以后，他查看了微信公众号的粉丝增加情况，如图 3-1 所示。请分析，这位运营者使用的"互关互推"方法对微信公众号的粉丝增长有没有作用？

2．预测运营方向

　　企业在明确运营方向时，一般会在综合考虑用户需求和自身优势后才做出决定。对于用户需求，企业可以通过分析后台的用户反馈数据获取相关信息，如用户留言、用户点赞等。企业可以根据以往的推送内容分析自身优势，例如在内容运营中，哪些文章或短视频的阅读量、播放量更高。

　　另外，新媒体运营团队的工作之一是找热点，为自己的企业或品牌吸引流量。现在很多互联网公司已经将大量数据开放，用户可以直接登录相关网站查看数据，通过分析数据来判断新媒体内容、活动策划和推广是否要与网络热点结合。目前常见的行业相关的数据分析平台有百度指数（见图3-3）、头条指数（见图3-4）等。

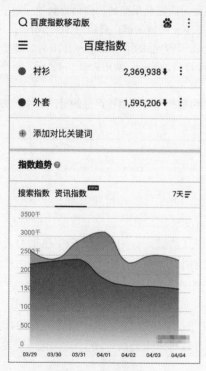

图3-3　百度指数

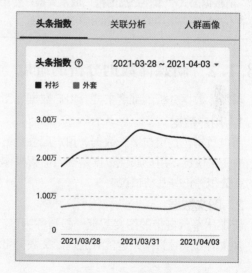

图3-4　头条指数

3．控制运营成本

　　企业在进行新媒体营销时，除了关注销售额的增长和品牌价值的提升外，还要时刻关注运营成本，尤其是广告成本。如果企业的新媒体广告投放缺乏精准度，企业很有可能会白白浪费大量广告费用。因此，新媒体运营团队要分析用户的地域分布、购买习惯、阅读时间、常用应用、惯用机型等数据，在每一次投放广告之前综合近期的广告投放情况做好调整和优化，以控制成本。

课堂讨论

某公司对现有客户经常使用的平台进行调研，想根据调研结果决定广告的投放平台。经过调研，公司工作人员获得了客户的常用平台数据：微信（530人）、微博（310人）、QQ（360人）、论坛或贴吧（130人）、短视频平台（500人）。请分析，公司下一阶段在哪些平台进行广告投放会取得比较好的效果？

4. 评估营销方案

新媒体运营团队一般会根据以往的经验制订营销方案，然后在一段时间以后根据数据进行营销效果评估。新媒体运营团队通过分析最终的数据，可以判断方案中的目标的可行性；通过分析方案执行过程中的数据，可以及时发现该过程中遇到的问题，以作为下次制订营销方案的参考。评估营销方案常用的数据包括目标达成率、最终销售额、过程异常数据、失误率等。

课堂讨论

某企业的新媒体部门在策划新产品的线上推广方案时，决定利用微博、微信公众号、知乎、今日头条等4种渠道同时进行推广。推广后的销售情况如下：微博的推广费用为10 568元，新产品的销售数量为120件；微信的推广费用为9 000元，新产品的销售数量为240件；知乎的推广费用为6 055元，新产品的销售数量为102件；今日头条的推广费用为3 542元，新产品的销售数量为105件。

请根据公式"单件产品的推广成本 = 推广费用 ÷ 销售数量"计算单件产品的推广成本，然后评估本次推广方案中哪些渠道的推广效果更好。

3.1.2 新媒体数据分析的维度

新媒体数据分析的维度主要有用户数据、图文数据、竞品数据和行业数据。

1. 用户数据

用户数据包括用户增长数据、用户属性数据和用户互动数据。用户增长数据是指每天粉丝人数的变化情况，用户属性数据是指当前新媒体平台的用户画像，用户互动数据是指用户对内容的点赞和评论等互动情况。

2. 图文数据

新媒体平台自带的图文数据一般被称为基础图文指标，这是新媒体运营者必看的数据指标。以微信公众号为例，运营者通过图文数据可以知道每篇微信公众号图文消息的阅读数、分享数等。

3. 竞品数据

在新媒体运营过程中，除了分析自身数据外，对竞品数据进行观测和分析也是很重要的一项工作。企业做好竞品数据分析可以更客观地评估自身的运营状况，也可以从中发现新的机会。

4. 行业数据

行业数据可以帮助新媒体运营者了解市场格局和行业变化，从而制订适宜的运营策略。很多新媒体数据榜单平台都会发布一些行业数据报告，如新榜、清博智能、飞瓜数据等。

3.1.3　新媒体数据分析的基本步骤

扫一扫，看微课

新媒体数据分析的
基本步骤

互联网每天都会产生海量的数据，如果新媒体运营团队对所有数据都进行统计和分析，会极大地影响运营效率，大量无意义的数据处理会造成严重的资源浪费。因此，新媒体运营团队必须有目的、有方法地挖掘与分析数据。

新媒体数据分析通常有5个步骤，包括设定目的、数据挖掘、数据处理、数据分析和数据总结。

1. 设定目的

新媒体数据分析是为了帮助新媒体运营团队科学地制订计划，精准地评估运营效果。数据分析需求如果比较模糊，例如为"分析最近口碑为何变差""看一看最近网上卖货为何这么少"等，就会引起无目的的数据分析，削弱数据分析的有效性。因此，在进行数据分析之前，新媒体运营团队首先应当确定目标，明确数据分析需求是要了解运营情况，还是要了解销售情况等。

例如，某微信公众号的运营者想要了解近期微信公众号为什么"涨粉"缓慢，甚至出现"掉粉"的情况，通过这个需求可以进一步得出"近期微信公众号的推广工作没有做好"的结论，那么就要针对近期推广微信公众号的渠道查找原因，将"寻找近期微信公众号推广的错误环节"设定为数据分析的目的。

2. 数据挖掘

在设定好数据分析的目的后，新媒体运营团队可以针对该目的进行数据挖掘。由于不同目的下的新媒体数据分析工作对数据的需求有所不同，所以在数据挖掘环节，新媒体运营团队要将目的对应的全部数据罗列出来，分析数据来源。例如，要想找到微信公众号营销失误的环节，其对应的数据即为粉丝来源数据、粉丝取消关注的相关数据等；要想确定产品的网络销售结果是否符合预期，其对应的数据为产品页面浏览量、产品销量、产品评价数据等。

在完成对数据来源的分析以后，新媒体运营团队就要开始数据挖掘。数据挖掘可以从后台数据、第三方数据和手动统计3个方面入手，如表3-1所示。

表3-1　数据挖掘

数据挖掘	说明	数据类型
后台数据	如果需要分析的数据在新媒体平台的后台可以找到，新媒体运营团队就无须花费过多的时间进行数据挖掘，可以直接在后台下载、复制数据	微信公众号文章的阅读数据、微博的阅读数据等
第三方数据	当无法从新媒体后台获取某项数据时，新媒体运营团队就需要借助相关工具，在授权后利用第三方工具进行数据挖掘	网站的点击数据、访问来源数据以及用户属性数据等
手动统计	如果需要分析的数据无法从新媒体后台和第三方工具中获取，新媒体运营团队就需要要求数据分析人员进行手动统计	多平台的阅读总量数据等

 **课堂讨论**

　　某公司的新媒体运营主管安排运营者进行微信公众号的粉丝分析，但该运营者没有进行数据来源设计，直接整理了微信公众号后台的文章阅读次数、分享转发次数和收藏次数等数据。请问他是否完成了新媒体运营主管安排的任务，为什么？

3. 数据处理

　　新媒体运营团队在数据挖掘环节得到的数据是原始数据，一般无法直接使用，所以团队需要对原始数据进行处理，得到可被分析使用的数据。

　　数据处理通常包括数据剔除、数据合并和数据组合3个部分。

　　（1）数据剔除

　　在数据挖掘过程中，难免会出现一些无用的字符或与目标不相关的数据，新媒体运营团队要在数据处理环节删除这一部分数据，否则多余的数据会给数据分析带来干扰。例如，一般来说，在分析网站流量数据时，了解网站的浏览人数、访客的访问时长等数据即可，而访客使用的浏览器和访客的性别等数据基本上可以剔除。

　　（2）数据合并

　　有些原始数据中存在相近或重复的数据，新媒体运营团队把这些重复数据合并之后得到的数据会更加直观。

　　（3）数据组合

　　原始数据中会有类别不同的数据混合在一起，因此新媒体运营团队要将相关数据组合，借助公式设计更适合分析的数据。例如，对于网站浏览量和网站成交量，新媒体运营团队可以利用"成交率=成交量÷浏览量"的公式将两者组合，得到新的数据。

4. 数据分析

　　经过处理的数据便具备分析价值，常见的数据分析有流量分析、销售分析、内容分析和执行分析等。

　　（1）流量分析

　　流量分析是指网站或网店流量分析，运营者通过分析访问量、访问时间、跳出量和跳出率等流量数据，可以评估网站运营的基础情况。随着移动互联网和各种智能终端的发展与普及，流量分析的重点逐渐转移到移动端的流量数据分析，包括报名表单访问量、H5访问量、微网站流量、微网站跳出率等。

　　（2）销售分析

　　销售分析是指对互联网上产生的下单数量、支付比例、二次购买比例等数据进行分析，寻找当前互联网销售存在的问题。销售分析不只局限于互联网消费，线上预订、线下消费也属于销售分析的范畴。

　　（3）内容分析

　　内容分析是指对新媒体内容平台的发布情况进行统计与分析，包括微信公众号文章的阅读量、微博的转发量、今日头条文章的推荐量、抖音短视频的点赞量等。新媒体运营团队借助内容分析可以有效地对文章或短视频的标题、内容以及推广等进行评估。

　　（4）执行分析

　　执行分析是指对新媒体运营团队成员日常执行工作的情况进行的统计与评估，包括文章撰写速度、客服响应效率、软文发布频率等。新媒体工作是否有效率，可以通过执行数据进行反映。

5. 数据总结

在完成数据分析以后，新媒体运营团队要总结数据，在总结数据时要重点关注与企业自身的新媒体营销情况、同行企业的新媒体营销情况，以及行业内的新媒体发展趋势等有关的数据。这不仅有利于企业更全面地了解新媒体营销情况，还便于企业分析新媒体营销结果，总结新媒体营销规律，从而制订更加完善的新媒体营销方案。

3.1.4　新媒体数据分析的常用方法

目前，新媒体数据分析的常用方法共有9种，分别是直接评判法、对比分析法、分组分析法、结构分析法、平均分析法、矩阵分析法、漏斗图分析法、雷达图分析法和回归分析法。

1. 直接评判法

直接评判法是指根据经验直接判断数据的好坏，一般用于评判企业内部的过往运营状况，例如评估近期文章的阅读量是否过低、近期产品的销量是否异常、当日文章的推送量是否正常等，属于单一的数据分析。直接评判法的使用有两个必要条件，一是新媒体运营团队的运营者具备足够丰富的新媒体运营经验，可以对跳出率和阅读量进行正确评估；二是经过加工处理的数据非常直观，可以直接反映某项数据的优劣。

2. 对比分析法

单一的数据分析只能体现单一变量的变化，而使用对比分析法，将某段时间内不同时期或不同账号的流量、销量等进行对比，就可以获得更多的信息。一方面，企业可以找到当前处于优秀水平的部分，在后续阶段继续保持并提高；另一方面，企业可以及时发现薄弱环节，重点突破，解决问题。

扫一扫，看微课
对比分析法

对比分析法是指将两个或两个以上的数据进行对比，分析它们的差异，进而揭示这些数据所代表的规律。对比分析法包括横向对比和纵向对比。横向对比是指在同一时间下不同总体指标的对比，例如同一自媒体平台、同一领域的作者的文章阅读量对比和粉丝数对比；纵向对比是指在不同时间条件下同一总体指标的对比，例如本月文章阅读量和上月文章阅读量的对比。

3. 分组分析法

分组分析法是指遵循相互独立、完全穷尽的枚举分析法，将对象统计分组并对其进行计算和分析，以便更深入地了解所分析对象的不同特征、性质和相互关系的方法。相互独立是指各组数据之间不能有交叉且具有明显的差异性，每个数据只能归属于某一组而不能同时归属于其他组。完全穷尽是指分组中不能遗漏任何数据，要保证数据的完整性，各组足以容纳总体的所有数据。

例如，运营者可以统计用户中各年龄段的占比，按照年龄段划分用户数量比例，如图3-5所示。

4. 结构分析法

结构分析法是在统计分组的基础上将组内数据与总体数据进行对比的分析方法。结构分析法常用于分析各部分占总体的比例，属于相对指标。

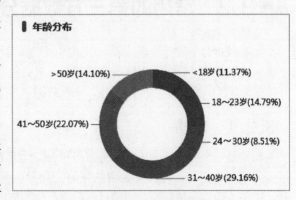
图3-5　分组分析法

5．平均分析法

平均分析法是指用平均数来衡量总体在一定时间和地点条件下某一数据的一般水平。与总量指标相比，平均数据的说服力更强，更能帮助运营者预测发展趋势和规律。平均数据有算术平均值、几何平均值、对数平均值等，其中最常用的是算术平均值（算术平均值=总体各数据的总和÷数据个数）。

6．矩阵分析法

矩阵分析法是一种定量分析问题的方法。它是以数据的两个重要指标为分析依据，并将这两个指标作为横、纵坐标轴，构成4个象限，根据当前数据所处的象限找出解决问题的方法。它能为运营者提供数据参考。

7．漏斗图分析法

漏斗图分析法是指通过对营销活动中各个环节的流程进行对比分析，直观地发现并说明问题，如对营销活动中各个环节的转化（从展现、点击、访问、咨询、订单生成的角度进行分析）和用户在各阶段的转化率等进行分析。漏斗分析法分析的各项数据是逐步减少的，企业要想取得更好的效果，可以不断扩展漏斗的开口。

8．雷达图分析法

雷达图分析法常用于指数分析，即通过对新媒体账号的内容质量、领域专注度等不同维度的数据进行计算而得出客观的评分结果。分数越高，代表账号的质量越好。利用雷达图进行分析的数据分析平台包括今日头条指数、大鱼号星级指数、百家号指数（如图3-6所示）等。

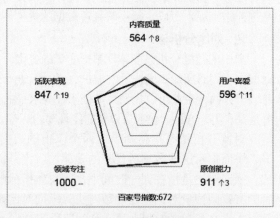

图3-6　百家号指数

9．回归分析法

回归分析法是指通过研究事物发展变化的相关关系来预测事物的发展趋势，它是研究变量间的相互关系的一种定量预测方法，又称回归模型预测法或因果法。例如，将微博账号的粉丝数据导出，对累计粉丝数进行一元线性回归分析，就可以尝试预测未来某个时间该账号的粉丝量。

3.2　常用的第三方数据分析工具

随着数据分析理论日益成熟，很多第三方机构和公司都在数据分析的不同应用领域中推出了实用性很强的工具。运用这些数据分析工具，运营者可以有效地提高工作效率。常用的第三方数据分析工具有新榜、清博智能、飞瓜数据、卡思数据和蝉妈妈。

3.2.1　新榜

新榜是一个综合性的内容产业服务平台，运营者在新榜上可以搜索当前比较主流的新媒体平台的数据，例如，以图文为主的微信公众号、微博、百家号、头条号，以及短视频类的抖音、快手、微信视频号等。新榜针对数据产生的时间，设置了日榜、周榜、月榜，数据分类非常清晰，包括新增作品数、分享数、评论数、点赞数、新增粉丝数、累计粉丝数等。图3-7所示为抖音号日榜数据。运营者可以在该平台上清晰地看到新媒体平台账号的整体发展现状，为运营决策提供参考。

#	抖音号	新增作品数	分享数	评论数	点赞数	新增粉丝数	累计粉丝数	新榜指数	加入我的收藏
①		3	2177	18557	134万+	89803	2627万+	970.1	♡
②		1	1854	19112	39万+	60626	4755万+	964.6	♡
③		3	2494	5107	24万+	51097	917万+	932.4	♡
4		1	2539	6256	22万+	41万+	162万+	917.7	♡
5		26	1104	7650	63万+	10826	1790万+	911.7	♡
6		56	36768	20万+	161万+	15001	436万+	905.4	♡
7		34	1094	6746	28万+	2364	2648万+	897.4	♡
8		1	11831	3534	11万+	5159	605万+	894.9	♡

图3-7 抖音号日榜数据

运营者还可以查看某位"达人"的详细数据分析情况，包括趋势表现、作品列表、作品分析、粉丝画像、橱窗列表、橱窗分析、直播记录、直播分析、直播商品等，如图3-8所示。

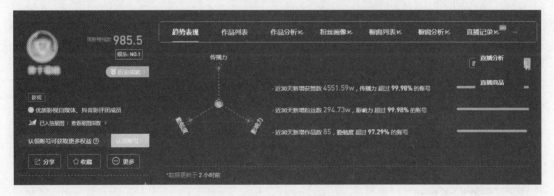

图3-8 "达人"的详细数据分析

新榜还针对新媒体账号推出了新榜指数。新榜指数是由新榜基于海量数据、用户的深度反馈及专家建议得出的，用于衡量新媒体内容（包含但不限于图文、短视频等）的传播能力，此指数能反映新媒体主体的热度。新榜将1 000分作为一个常规号（一天发布1次内容）的新榜指数能够达到的极限，也就是说，新榜指数距离1 000越近，表明该新媒体账号的内容热度越高。

3.2.2 清博智能

清博智能是基于网络公开数据的产业、融媒体和舆论大数据的人工智能服务商，是新媒体大数据评价体系和影响力标准的研究制订者，舆论分析报告和软件的供应商，还是融媒体平台解决方案的提供商，提供一站式行业大数据解决方案的服务商。清博智能为众多政务机构、新闻媒体、品牌企业、互联网公司提供大数据服务。

　　清博智能旗下的清博指数是第三方新媒体大数据评估和研究平台，可以提供数据采集（新媒体数据、第三方数据）、数据清洗（新媒体搜索引擎、大数据平台）、模型建设（微信内容传播指数、微博内容传播指数、头条号内容传播指数、品牌价值指数等）、基础应用（官方发布、自定义分组、个性定制、创新融合）和高级应用（解读分析、账号运营分析、开放平台、学术支持、数据新闻、新媒体矩阵建设）等功能。清博指数提供了各大新媒体平台的数据榜单，如图3-9所示。运营者还可以查看抖音平台中各自媒体账号的排名、作品数、粉丝总数、粉丝增量、点赞数、转发数、评论数等，抖音账号数据榜单如图3-10所示。

图3-9　清博指数提供的各大新媒体平台的数据榜单

排名	抖音号	作品数	粉丝总数	粉丝增量	点赞数	转发数	评论数	DCI
1		53	438W+	14000	164W+	42975	15W+	1138.21
2		24	1772W+	78000	301W+	18224	16W+	1130.26
3		57	258W+	47000	95W+	28308	54743	1084.25
4		24	226W+	54000	121W+	25016	80949	1084.18

图3-10　抖音账号数据榜单

除了账号榜单外，清博指数还提供热文榜单。运营者可以一键查询很多"爆款"文章，及时了解市场上的"爆款"文章的情况，为自身的内容创作提供参考。

3.2.3　飞瓜数据

飞瓜数据是一款用于短视频及直播数据查询、运营及广告投放效果监控的专业工具，分为抖音版、快手版和哔哩哔哩版，下面以飞瓜数据抖音版为例进行介绍。

飞瓜数据抖音版具备以下4个核心功能。

1. 选号投放

选号投放的细分功能如下。

（1）多维度榜单选号：27+行业"涨粉"榜，16+直播热卖品类榜，帮助运营者快速定位优质KOL和黑马播主。

（2）主播数据分析：通过主播的近期作品、电商和直播数据，综合分析账号的运营实力。

（3）AI智能画像分析：运营者可以分别查看主播的粉丝列表、视频、直播画像，让内容或产品的投放更加精准。

2. 直播"带货"

飞瓜数据抖音版可以帮助运营者发现实时热卖直播间，利用直播大屏动态实时显示直播销量数据。运营者可以在飞瓜数据抖音版上通过以下6个步骤掌握直播技巧，发现直播间销售火爆的秘密。

（1）查看直播间的数据概览，发现优质的直播间。

（2）查看直播间的商品详情，同步查看商品的讲解时长、价格变化。

（3）查看用户的购买趋势图，抓住直播间的关键发力点。

（4）查看直播间的流量来源，掌握直播转化的节奏。

（5）查看直播用户的互动数据，发现用户关注的焦点。

（6）查看用户的购买力需求清单，增强主播的"带货"能力。

通过查看直播数据大盘，运营者可以掌握超过125个品类近30天的销售情况，判断直播间的卖货风向。飞瓜数据抖音版的直播数据大盘的商品品类销售额占比图和商品品类销售额趋势图如图3-11所示，可以看到销售额占比最高的3个品类分别为男装女装、美食饮品和鞋帽箱包。

3. 电商选品

在飞瓜数据抖音版上，运营者可以通过以下两种方法进行电商选品。

（1）查找近期"爆款"商品：利用多维度榜单选品，通过22个商品分类和125个细分品类，精准找到"爆款"商品；利用高转化小店选品，深度分析小店的商品推广数据，为自身的推广提供更多的思路。

（2）解读"爆款"商品：快速了解商品近期推广的浏览数据和销量数据，及时调整运营投放策略；通过商品实时监控及30天推广趋势图，监测商品24小时销售波动情况。

4. 账号运营

运营者可以利用飞瓜数据抖音版从以下3个方面辅助账号运营。

（1）发现实时热门素材：巧妙地将热点融入内容创作中，这样的内容往往有可能获得更大的流量。

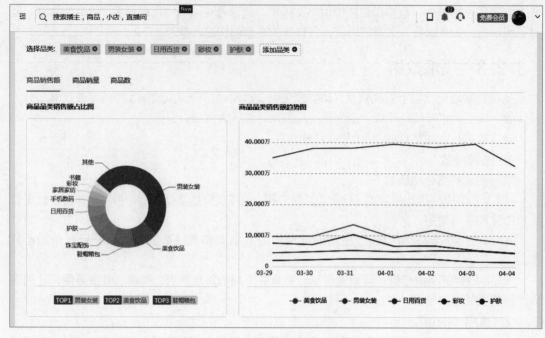

图3-11　直播数据大盘

（2）账号数据追踪：实时监控多个账号每日的数据变化，跟踪账号运营效果。

（3）直播数据追踪：按时段查看直播间的数据变化，跟踪直播运营效果。

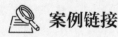 **案例链接**

飞瓜数据哔哩哔哩版

　　为方便用户发现哔哩哔哩的"爆款"视频，了解"爆款"视频的增长爆发点，飞瓜数据哔哩哔哩版上线了"爆款视频排行榜"功能，运营者可以通过分析详情、查看相关趋势图，了解"爆款"视频的新增数据情况，以便研究、学习、制作"爆款"视频。

　　飞瓜数据哔哩哔哩版的"爆款"视频榜单有日榜、周榜，运营者可以通过榜单视频的新增播放量、新增点赞量、新增评论量、新增投币数等对哔哩哔哩的"爆款"视频进行分析，并利用相关趋势图了解其上榜期间内15天的传播、互动、"三连"等数据的变化趋势；通过对"爆款"视频榜单的了解和分析，结合UP主（Upload，上传者）制作视频的实操经验，总结哔哩哔哩作品的"爆款"特征，打造属于自己的"爆款"视频内容。

　　例如，UP主"怪月社食遇记"发布的一则视频在2020年11月1日的日榜上排名第一，新增播放量高达148.6万次，新增点赞量达18.4万次，新增投币数达10.6万个。这部作品是在11月1日当天发布的，仅一天时间就拥有了百万次播放量，是名副其实的"爆款"视频。

　　点开视频，运营者可以发现该美食UP主的视频里没有高端食物，视频中的人物吃的是普通、平凡的美食，这种天然的烟火气能够打动人心。美食不分场合、不分地域等，这一种情怀是吸引用户看下去的原因。

　　通过"爆款"视频分析查看作品传播、互动及"三连"的变化趋势（如图3-12所示），运营者可以看到这部作品的播放、分享、弹幕、评论等数据都有着明显的上升趋势，作品的点赞、投币、收藏等数据也是日益增长，运营者可以很清晰地看出"爆款"视频在近期的传播与互动变化趋势及"三连"变化趋势。

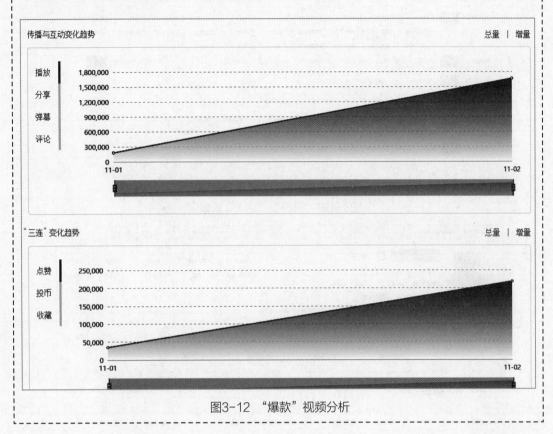

图3-12　"爆款"视频分析

3.2.4　卡思数据

卡思数据是国内权威的视频全网数据开放平台，依托专业的数据挖掘与分析能力，为视频内容创作者在节目创作和用户运营方面提供数据支持，为广告主的广告投放提供数据参考和效果监测。

与飞瓜数据相同，卡思数据也分为抖音版、快手版和哔哩哔哩版，提供短视频"达人"榜、直播"达人"榜、"带货"视频榜和商品销量榜。运营者可以通过"数据搜索"功能进行"达人"搜索、"带货""达人"搜索、商品搜索、视频搜索和品牌搜索。

例如，在"带货""达人"搜索中，运营者只要选择"达人"标签、粉丝数、"达人"属性、粉丝属性、主营品类和主营价格等维度，如图3-13所示，系统就会生成相应维度的"达人"榜单，如其名称、粉丝数、粉丝质量、总赞数、视频数和卡思指数等数据，选择感兴趣的"达人"之后，运营者可查看详细的"达人"数据，如图3-14所示。

在账号运营过程中，运营者可以使用卡思数据的监测分析功能，对视频、直播和话题进行监测。视频监测功能可以实时展示视频数据趋势、舆情热词及粉丝画像，帮助运营者在第一时间掌握营销动态，洞察真实的传播效果。直播监测功能可以实时展示直播间的数据趋势、粉丝画像和"带货"商品，帮助运营者在第一时间掌握直播间的动态，跟踪直播效果。话题监测功能可以实时跟踪话题的动态数据，帮助运营者了解话题的实时热度。

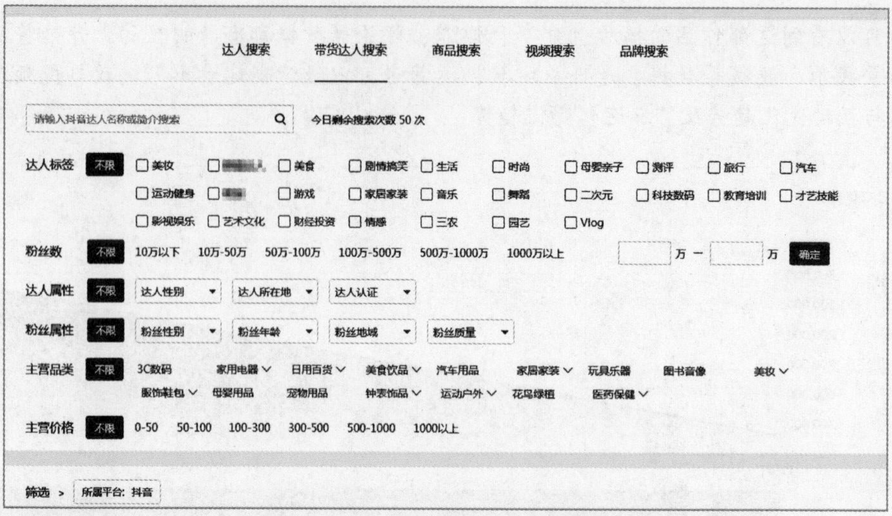

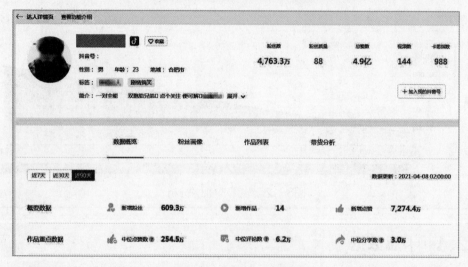

图3-13 "带货""达人"搜索

图3-14 "达人"详情页

3.2.5 蝉妈妈

蝉妈妈是国内新媒体领域知名的全平台数据分析和营销服务提供商，基于强大的数据分析、品牌营销和服务能力，致力于帮助国内众多"达人"、机构和商家提升效率，实现精准营销。蝉妈妈可以为"达人"、机构和商家提供定制数据分析服务，并提供深度数据分析报告，以满足高价值客户的个性化需求。蝉妈妈基于数据分析结果向"达人"推荐优质商品，并向商家和机构推荐热门主播和有潜力的"达人"，以实现需求的精准匹配。

蝉妈妈主要为抖音和小红书账号提供一站式数据分析服务。以抖音为例，蝉妈妈提供了直播、商品、小店和"达人"等几个方面的榜单，如直播商品榜、今日直播榜、"达人""带货"榜、礼物收入榜、直播分享榜、抖音销量榜、抖音热推榜、商品品牌榜、实时销量榜、全天销量榜、小店排行榜、"涨粉""达人"榜、行业"达人"榜等，其中的抖音销量榜如图3-15所示。运营者点击感兴趣的榜单，即可查看详细的数据分析，包括基础分析、"达人"分析、直播分析、视频分析和观众分析，图3-16所示为基础分析页面。

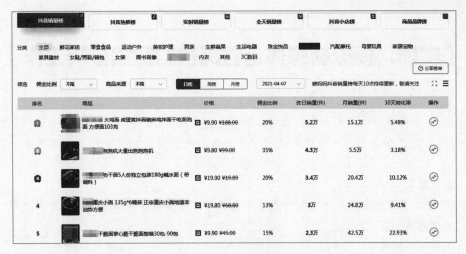

图3-15　抖音销量榜

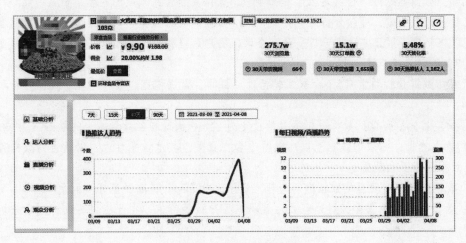

图3-16　基础分析页面

 案例链接

蝉妈妈合作年终秀

　　直播电商的发展离不开数据支撑，蝉妈妈凭借自身强大的数据分析和品牌营销的能力，与吴晓波年终秀开展合作，成为吴晓波年终秀的独家数据合作伙伴，为这场年终秀加分不少。吴晓波也在现场对蝉妈妈的数据分析实力给予了肯定。

　　在2020年12月30日的吴晓波年终秀现场上，吴晓波用蝉妈妈提供的数据向所有现场和在线观看的观众解析了2020年直播电商行业的现状。他表示，蝉妈妈提供的数据显示，2020年每个月在直播电商产生过一次及以上消费的互联网用户已经超过50%，直播电商已经成为互联网用户日常消费的新渠道。

　　对于直播电商行业未来的发展，吴晓波表示对其前景非常看好。根据蝉妈妈提供的数据，2020年直播电商全行业的GMV已经超过1万亿元。根据这一数据，吴晓波在现场预测2021年直播电商行业的GMV将超过2万亿元。

【实训：模拟新媒体运营岗位的数据分析工作】

1. 实训背景

要想优化新媒体平台账号的运营效果，数据分析是必不可少的。很多企业表示，数据分析是运营和产品生产等方面不可或缺的决策手段。互联网公司对数据分析人才的需求也呈上升趋势。

2. 实训要求

假设你是某食品公司的一名新媒体运营者，请你对运营的新媒体账号进行数据分析。

3. 实训思路

（1）数据分析维度

创建一个微博账号，将其定位于食品领域，坚持更新食品领域的内容，积累粉丝。等到积累一定数量的粉丝后，可以分析用户数据、图文数据、竞品数据和行业数据。竞品数据和行业数据可以在新榜等第三方数据分析平台上查询，用户数据和图文数据可以在微博平台内查询。

（2）数据分析步骤

新媒体数据分析通常有5个步骤，包括设定目的、数据挖掘、数据处理、数据分析和数据总结。

① 设定目的：可以把数据分析的目的设定为"分析微博粉丝数量减少的原因"。

② 数据挖掘：一般的数据可以在微博平台内获得，其他在平台内难以获得的数据可以从第三方数据分析平台获得。

③ 数据处理：对获得的数据进行处理，剔除无效信息，提高数据分析的效率。

④ 数据分析：数据在经过处理之后就具有了分析的价值，在此应主要进行流量分析和内容分析。

⑤ 数据总结：总结数据时重点关注同行企业的新媒体营销情况，以及行业内的新媒体发展趋势等数据。

第4章 短视频营销

学习目标

➢ 了解短视频营销的优势、创意玩法和内容类型。
➢ 熟悉主流短视频营销平台。
➢ 掌握短视频账号的设置方法。
➢ 掌握短视频选题策划、内容策划和整体优化的方法。
➢ 掌握短视频营销推广的方法。
➢ 学会短视频营销数据分析。

学习导图

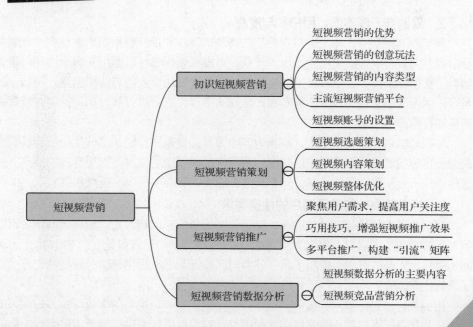

短视频营销以场景化、创意性的视听内容开展营销活动，不仅满足了用户的感官需求，直接触达用户的内心，还增强了营销内容的真实性和震撼力，强化了用户对产品或品牌的体验与印象，从而取得了更加精准的营销效果。短视频营销以时间短、内容丰富、传播方式灵活、传播速度快等优势受到众多用户的喜爱，是新媒体营销持续增粉的制胜秘诀之一。

4.1 初识短视频营销

短视频是一种时长较短，主要依托于移动智能终端实现快速拍摄和编辑，可以在社交媒体平台实时分享与无缝对接的一种新型视频形式。随着移动互联网的普及，短视频营销不断发展，这既让用户的生活方式发生了巨大的变化，也为各行各业的企业或商家开辟了全新的营销渠道。短视频营销利用短视频的形式展示产品的优点及企业的品牌理念，是一种互联网、视频与营销三者相结合的活动。

4.1.1 短视频营销的优势

短视频营销能够迅猛发展，在于短视频自身的特点及优势。短视频营销的优势如下。

1. 内容精练，符合用户的碎片化消费需求

短视频的时长较短，用户在较短的时间内，用较少的精力就能看完一则短视频，这符合人们当下快节奏的生活方式。随着短视频的发展，为避免内容同质化，一些短视频平台逐步延长短视频的时长，使其展现的内容更加丰富多样，融合了技能分享、幽默娱乐、时尚潮流、社会热点、街头采访、公益教育、广告创意、商业定制等内容。

短视频以结构简单、题材多样、内容丰富且灵活有趣、娱乐性强等特点，能够在短时间内抓住用户的注意力，方便用户直观、便捷地获取信息，有效地降低了用户获取信息的时间成本。短视频的表现形式是多样的，符合当前"90后"和"00后"用户个性化和多元化的审美需求。短视频App中自带的多种功能可以让短视频创作者自由地表达个人的想法和创意，这也让短视频的内容变得更加丰富，符合用户多样化、差异化的需求。

2. 易制作，成本低，用户参与度高

与电视、网页等媒体上传统视频广告高昂的制作和推广费用相比，短视频在制作、上传、推广等方面具有极强的便利性，成本较低。短视频创作者可以运用充满个性和创造力的制作和剪辑手法创作出精美、令人震撼的短视频，以此来表达个人的想法和创意。例如，短视频创作者可以运用动感十足的节奏，或者加入幽默的内容，或者进行解说和评论等，让短视频内容变得更加有趣。

短视频的用户群体数量大，视频内容丰富且选材范围广泛，这些优势很容易提高用户对短视频所宣传的商品的好感度与认知度，从而使其以较低的成本得到更有效的推广。短视频的迅速传播并不会耗费太多的成本，只要其内容能够准确击中用户的痛点和需求点。

3. 互动性强，能满足用户的社交需求

短视频并非传统视频的微缩版，而是一种传递信息的新方式。短视频创作者可以通过短视频App拍摄各种内容并分享到社交平台，同时参与热门话题讨论，这样的社交活动突破了时间、空间、人群的限制，提高了用户的参与感和互动感。短视频这种新型社交方式给用户带来了新的社交体验。

短视频可以进行单向、双向甚至多向的交流。对于短视频创作者而言，短视频的这种优势能够帮助其获得用户的反馈信息，从而更有针对性地进行改进；对于用户而言，他们可以通过

短视频与短视频创作者产生共鸣或进行互动，对短视频中塑造的人物形象或宣传的品牌等信息进行传播，或者表达自己的意见和建议。这样的互动不仅能满足用户的社交需求，还使短视频能够快速传播，使宣传或营销效果得到有效的增强。

4. 传播速度快，覆盖范围广

短视频容易实现裂变式传播与熟人间传播。短视频创作者可以直接在平台上分享自己制作的视频，以及观看、评论、点赞他人的视频。丰富的传播渠道和方式使短视频的传播力度大、范围广。例如，美拍、梨视频等平台上的视频都可以通过被用户转发来增加热度，从而实现预期的营销效果。

短视频平台还可以与微博、微信等社交平台进行合作，通过流量庞大的微博或微信朋友圈、视频号等分享内容精彩的短视频，进而吸引更多的流量，促进短视频的传播范围进一步扩大。

5. 目标精准，营销效果好

与其他营销方式相比，短视频具有指向性优势，它可以准确地找到目标用户，从而实现精准营销。短视频平台通常会设置搜索框，并对搜索功能进行优化，用户一般会在平台上搜索关键词，这一行为会使短视频营销更加精准。电商企业还可以通过在短视频平台上发起活动和比赛来聚集用户。

短视频是一种图、文、影、音的结合体，能够给用户提供一种立体的、直观的感受。当用于营销时，短视频一般要符合内容丰富、价值高、观赏性强等标准。只要符合这些标准，短视频就可以赢得大多数用户的青睐，使用户产生购买商品的强烈欲望。

短视频营销的高效性体现在用户可以边看短视频边购买商品，这是传统的电视广告所不具备的重要优势。在短视频中，运营者可以将商品的购买链接放置在商品画面的四周或短视频的播放界面上，从而让用户实现"一键购买"。

6. 数据清晰，营销效果可衡量

短视频营销具有网络营销的特点，运营者可以对短视频的传播和营销效果进行分析和衡量。一般来说，短视频的营销效果可由数据衡量，如点赞量、关注量、评论量、分享量等。运营者通过这些数据可分析短视频的营销效果，然后筛选出可以促进销售增长的短视频，为制订市场营销方案提供正确的指导。

课堂讨论

　　请同学们思考并讨论，你如果在短视频平台上进行短视频营销，营销目标是什么？是以积累粉丝为目标，或是打造"爆款"内容，或是做知识付费"达人"，还是以"带货"为目标？你会选择在哪个平台上开展运营活动？

4.1.2　短视频营销的创意玩法

在进行短视频营销时，运营者一定要善于创新，掌握一些创意玩法，使短视频内容生动有趣、自带话题、互动性强，优化用户的观看体验并增强其参与感，同时在短视频中展示产品或品牌信息，让用户在不知不觉中接受企业的产品，并积极、主动地做出购买行为。

短视频营销的创意玩法主要包括以下几种。

1. 直接呈现产品的亮点

如果产品本身创意独特、趣味性强、特色明显，企业就可以根据品牌和产品的特点直接拍摄产品短视频，通过短视频内容把产品的优势或亮点展示出来，或者快速、有效地解答用户的疑问，以吸引更多的目标用户。一些为人熟知的大品牌通常会选择通过有创意的短视频直接展现产品的亮点。

2. 利用周边产品侧面烘托主打产品

假如企业的产品创意不足，与同类产品相比并没有明显的差异，企业就可以尝试利用周边产品来侧面烘托主打产品。周边产品最初是指借用游戏、动漫等作品中的形象，在获得相关授权以后制作出的产品，现在是指用户购买主打产品可以随之获得的其他物件。例如，如果企业的主打产品是化妆品，那么除了化妆品外的其他物件，如化妆盒、赠送样品等，都可以被称为化妆品的周边产品。颇具特色的周边产品可以从侧面凸显主打产品的价值。

3. 围绕口碑，营造氛围

产品好不好，有时不一定非要通过语言表达出来，企业也可以通过短视频来侧面表现产品的受欢迎程度，这样做的宣传效果会更好。例如，企业可以在短视频中展示消费者频频打电话预购产品、消费者排队购买产品的场景，以及产品的销售额及订单量等。

4. 挖掘用途，延伸功能

企业有时可以通过挖掘产品的跨界用途来吸引用户的注意力。例如，奥利奥给人印象最深的吃法是"扭一扭，舔一舔，泡一泡"，其实奥利奥的创意吃法还有很多种，其抖音账号就发布了很多关于奥利奥创意料理的短视频，像奥利奥脏脏茶、奥利奥流心油条等。

5. 巧设场景，自然植入

为了让用户记住自身的品牌或产品，企业可以尝试把产品植入某些生活场景中。例如，短视频内容可能只是一个生活小窍门或某个搞笑片段，但在这些场景中，企业可以巧妙地做好产品植入，如在桌子的一角上放产品、人物的背后有品牌Logo、背景有广告声等，这样也能获得很好的宣传效果。

6. 曝光日常，传播文化

用户在购买产品时，除了看重产品本身的质量和企业的服务水平外，也非常关注企业文化。如果短视频能够呈现出产品生产的真实场景，以及员工们为了开发产品付出的努力，用户看到后心里就会更踏实，对产品的信息就更有掌控感和信任感，更容易产生购买行为。

请同学们在主流短视频平台中观看不同栏目下的热门短视频及视频评论，讨论、分析短视频的特点及目标用户的群体特征。请同学们在短视频平台上选择一个企业账号并观看其发布的播放量较高的短视频，分析这些短视频分别使用了哪些短视频创意玩法、营销效果如何。

4.1.3 短视频营销的内容类型

短视频营销主要有以下3种内容类型。

1. 标签型内容

标签型内容可以理解为与各种关键词有关的内容，主要有以下几个特点。

（1）和企业品牌或产品名有关。

（2）和企业品牌或产品的使用场景密切相关。

（3）和产品受众的人设标签有关，包括受众群体的性别、年龄、身份、性格、社会关系和价值观等。

（4）内容主体，企业号短视频常用的风格类型，如以办公室为场景的搞笑段子、知识技能、情景剧等。

（5）与品牌内容有关，如品牌Logo、产品信息、门店信息、品牌音乐等。

企业在做标签型内容时，要围绕一些关键词构思内容创意，形成品牌在短视频平台上的内容风格，加深用户对产品的印象，如图4-1所示。

2. 热点型内容

追热点是内容营销的必备法则，尤其是在一些运营能力强且具有算法推荐机制的短视频平台（如抖音）上，与热点相结合的内容更容易成为"爆款"。基于用户对某热点话题的关注，企业可以将产品的价值和情感诉求借助短视频成功地传达给用户，从而增强产品的传播力度并扩大其传播范围。

热点型内容主要分为以下两种。

（1）社会热点，如重要节日、重大活动或赛事等，如图4-2所示。

（2）平台热门，如热门话题、热门舞蹈或背景音乐、热门技能等。

企业创作此类短视频内容时要考虑的重要因素有：覆盖人群度、需求量、时效性、互动性。创作这类内容的关键是要速度快、有创意、互动性强。

追热点的目的不仅是使短视频获得更多的浏览量和转发量，还要让用户加深对产品的印象。因此，在创作此类短视频内容时，企业要把握热点趋势，找到热点与产品、用户的良好结合点，确保热点型内容能够打动用户、触发用户情感，促使用户产生分享的动力，引发用户互动，增强用户的参与感。

3. 广告型内容

广告型内容即企业号通过新媒体平台播放的宣传片，强调广告内容的精美，突出产品能够给用户留下的记忆点，如图4-3所示。

图4-1 标签型内容短视频　　　图4-2 热点型内容短视频　　　图4-3 广告型内容短视频

不同行业主体创作的广告型内容是不同的，例如，服饰类电商企业号的根本目的在于转化，所以广告型内容的重点是用通俗易懂的方式展现产品的卖点。优质的服饰类营销短视频应具备以下特点：与产品调性相关、展示的产品能满足用户的需求、运用品牌的力量、从用户的角度出发展开内容。

企业在创作服饰广告类型的短视频时应熟悉时尚圈的动态，并具备一定的时尚品位，因为服饰类商品的用户通常注重时尚、流行等元素。企业应运用自己对时尚的敏锐度和对时尚的理解，将产品的时尚感融入短视频作品中，以迎合用户的需求，从而提高商品的高转化率。

4.1.4 主流短视频营销平台

短视频作为新媒体流量的重要入口和发展风口，成为新媒体营销的重要方式。目前，主流短视频营销平台有抖音、快手、美拍、哔哩哔哩、小红书等。

1. 抖音

抖音隶属于北京字节跳动科技有限公司，最开始是一款音乐创意短视频社交软件，于2016年9月上线，是帮助用户表达自我、记录美好生活的音乐短视频平台。在抖音上，用户可以自由选择背景歌曲，拍摄原创短视频。目前，抖音除了最基本的浏览视频、录制视频的功能外，为了避免人们长时间观看短视频而出现审美疲劳，还推出了直播、电商等功能，不断探索新的商业模式。截至2020年8月，抖音的日活跃用户数突破6亿，这标志着其成为高流量的互联网头部平台之一，自身的品牌影响力变得更大了。

抖音的成长历程非常具有代表性，它在初期邀请了一批音乐短视频领域的关键意见领袖（Key Opinion Leader，KOL）入驻，这些KOL带来了巨大流量，为抖音带来了第一批核心用户。后来抖音通过内容转型、开启国际化进程，进一步扩大用户群体，一跃成为当下广受用户追捧的短视频社交平台。

在目标用户方面，抖音以新生代用户为目标用户，及时把握目标用户的需求偏好，对不同年龄段的用户进行归类分析，选出短视频主流板块，不断下沉连接多层次用户，吸引大量腰部和底部用户的目光，将自身打造成为老少皆宜的娱乐化社交平台。

抖音平台基于用户的年轻化特征，如年轻人热爱音乐、追逐潮流，具有强烈的社交需求和表达欲望等，因此短视频内容更加潮流化，侧重于展示时尚和美。

抖音平台具有以下特点。

（1）抖音采取全屏阅读模式，减少了用户的注意力被分散的概率。

（2）抖音没有时间提示，用户在观看短视频时很容易忽略时间的流逝。

（3）抖音默认打开"推荐"页面，用户只需用手指轻轻一划，系统就会自动播放下一条短视频，这让用户的不确定感更强，更能吸引用户观看短视频，从而为其打造沉浸式娱乐体验。

（4）抖音凭借自身丰富的工程师储备和人工智能实验室的支持，能够基于用户过去的观看行为构建用户画像，为其推荐感兴趣的内容。这种个性化推荐机制是抖音的核心竞争力。

2. 快手

快手是北京快手科技有限公司旗下的短视频软件，其前身是GIF快手，创建于2011年3月，是用于制作和分享GIF图片的一款手机应用。2012年11月，快手从纯粹的工具应用转型为短视频社区，定位为记录和分享生活的平台，并在2014年11月正式从GIF快手更名为快手。2019年7月，快手向部分用户开放了5～10分钟的视频录制时长权限。截至2020年初，快手的日活跃用户数突破3亿。

快手在发展过程中并没有采取以名人和KOL为中心的战略，既没有将资源向粉丝较多的用户倾斜，也没有设计级别图标对用户进行分类，其目的是让平台上的所有人都敢于表达自我。快手强调人人平等，是一个面向所有用户的产品。

快手依靠短视频社区自身的用户和内容运营，聚焦于打造社区文化氛围，依靠社区内容的自发传播，促使用户数量不断增长。快手平台的特点如下。

（1）平台定位：记录、分享和发现生活。

（2）运营模式：规范社区秩序、注意内容把控。

（3）用户特征：自我展现意愿强烈，有较强的好奇心。

3．美拍

美拍上线于2014年5月8日，是美图公司旗下的一款可以直播、制作小视频且备受年轻人喜爱的应用软件。早期的美拍主打10秒MV功能，通过高品质的画面吸引了一批美图秀秀的用户和其他对品质感有追求的内容生产者，如美妆类和舞蹈类短视频的创作者。他们基于兴趣在美拍上聚集，也迅速形成了美拍的生产者社区氛围。

美拍定位明确，就是美图公司在短视频领域的拓展，同时搭配美图公司在图片美化方面的优势，对照片或者视频进行美化修饰。美拍App在拍摄界面就有"美化"功能，因此美拍的用户定位主要是那些追求更精致的视频效果和更优质的画面的人群。美拍凭借简单易用的操作和对短视频的美化功能成功吸引了大量用户，从而在市场上占得了一席之地。

美拍的特点如下。

（1）工具简单好用。美拍提供MV特效、独家滤镜、照片美化、照片电影等多种简单好用的工具。例如在照片电影工具中，用户只需导入3～6张图片，然后套用系统提供的模板，系统就会自动生成一部照片电影，这部电影每隔一段时间就会使用华丽的特效切换展示用户选定的照片，取得较为专业的效果。

（2）专业化的兴趣社区。美拍除了可以像抖音那样让用户不断下拉界面刷新短视频外，还设有"美妆""穿搭""美食""舞蹈"等多个垂直频道，可以让用户主动选择自己喜欢的垂直类内容，这样就可以让各个领域内具有相同喜好的用户相互交流和互动，由此形成兴趣社区。

4．哔哩哔哩

哔哩哔哩现为国内年轻用户高度聚集的文化社区和视频平台，于2009年6月26日创建。哔哩哔哩最初专注于垂直细分的"二次元"领域，渐渐发展成为多领域的短视频与长视频综合平台。截至2020年8月，哔哩哔哩的月均活跃用户首次突破2亿人，其中大部分用户的年龄在25岁以下。

哔哩哔哩的用户群体以"90后""00后"为主，如今哔哩哔哩上的用户群体范围不断扩大。哔哩哔哩还引入了很多知名的媒体和一些知识界的KOL。现在哔哩哔哩已经真正成为一个以兴趣、爱好结交朋友的视频社区。

哔哩哔哩依靠不同品类的内容吸引不同用户，让"短视频+长视频"成为创作者传递价值的通用形式，通过优秀的创作者带动更多的创作者以视频内容的形式展示自我。哔哩哔哩提供各种内容的长短视频，围绕用户的兴趣提供技术支持与运营服务，让用户在自主选择的条件下找到喜爱的视频内容，找到喜爱的UP主，找到其他有相同兴趣的用户。

哔哩哔哩的优势是拥有国内最年轻的用户群体，且用户的忠实程度非常高。哔哩哔哩提供的服务就是通过产品上的一些过滤机制屏蔽不属于平台的用户，通过资深会员、大会员的设置留住核心用户。哔哩哔哩承诺不做视频贴片广告，而自己服务于两端：一端是忠实用户，另一端是优质内容。

5．小红书

小红书是一个分享生活方式和帮助用户做出消费决策的平台。在小红书社区，用户通过文字、图片、视频笔记等形式分享和记录了这个时代年轻人的"正能量"和美好生活。公开数据显示，截至2020年6月，小红书月活用户数过亿，其中"90后"用户的占比在70%以上，"95后"用户的占比超过50%。大量年轻的活跃用户每天产生数亿次的内容分享行为，分享的内容涵盖美妆、护肤、时尚及美食、旅行等高频生活场景。2020年，小红书成为我国市场广告价值最高的数字媒体平台。

小红书的崛起也印证了它打造的社区商业模式的成功，即以年轻人感兴趣的场景为切入点，通过提供丰富的内容逐步吸引流量，再提高分发效率，刺激用户互动（评论、分享、关注、点赞），打造能让用户产生行动的社区场景。小红书的运营方式是通过用户线上分享消费体验，引发社区互动，并推动其他用户进行线下消费，反过来又推动更多用户在线上分享消费体验，最终形成正向循环。小红书以内部商业闭环（"种草"笔记、"带货"直播+小红书商城）为核心，发展更加开放的平台内部外部双循环，这不仅有利于小红书自身持续发展，还能更好地满足用户和品牌商家的多样化需求。

美妆是小红书平台上的主流内容，母婴、宠物、运动健身、出行等内容的出现是小红书上的时尚女性用户生活圈自然扩张的表现，文化、科技数码、民生资讯、家居家装等内容的出现，打破了小红书用户的单一标签，充分展示了小红书的"破圈能力"和强大的包容性。

时尚、精致是小红书主流用户渴望实现的状态，也是大部分KOL真实生活的关键词。时尚和精致并不停留在美妆领域，人们生活的方方面面都可以变得更加精致。在小红书的积极引导下，用户开始改变对小红书的固有印象，小红书从美妆领域的"种草"平台逐渐转变为时尚女性的"生活百科全书"，进而融入时尚女性的整个生活圈，这为其商业化道路提供了更多的可能性。

小红书上有精准的女性用户群体，品牌商家可以基于KOL的粉丝标签、行为偏好等大数据来提高营销的精准度，同时借此渠道为用户提供个性化服务，基于客观数据提供用户更加感兴趣的内容，和用户建立情感联系，深度触达用户。小红书以独特的"种草"氛围，贴合用户偏好的文字、图片、视频内容，再加上KOL的强势引导，持续吸引着用户的关注。

课堂讨论

同学们平时喜欢观看哪个平台上的短视频？对哪种类型的短视频感兴趣？这类短视频最能打动你的是哪一点？请至少举出 3 个你认为营销效果比较好的短视频账号，并分析讨论原因。

4.1.5　短视频账号的设置

账号名称、账号头像、账号简介是一个账号设置的三大要素。完善的账号主页信息会给用户留下良好的第一印象。

1. 账号名称

短视频账号一般不允许重名，而且企业认证遵循"先到先得"的原则，因此企业号的开通与完善需要短视频运营者早做规划。一个信息描述准确、有代表性的账号名称能够大大降低用户对账号的认知成本。在确定账号名称时，运营者要注意以下几点。

（1）账号名称应为公司名、品牌名、产品名的全称或者无歧义简称，但要谨慎使用简称，如"小米"应为"小米公司"，尤其是易混淆类词汇，必须添加前缀或后缀（如公司、账号、小助手、官方等）。具体业务部门或分公司不得使用简称，如"美的空调""美的冰箱"等业务部门的账号不得申请"美的"这一账号名称。

（2）不得以个人化账号名称认证企业账号，如"××公司董事长""××公司CEO"；也不能使用系统默认或无意义的账号名称，如"手机用户123""abcd"等。涉及名人但无相关授权的名称无法通过审核。

（3）如果账号名称要体现特定内容，运营者需要提供认证信息及其他扩展资料。如果账号名称涉及应用类，运营者应提供软件著作权证明；如果账号名称涉及网站，运营者应提供ICP（Internet Content Provider，因特网内容提供者）经营许可证的截图；如果账号名称涉及品牌及商标，运营者应提供商标注册证。

（4）对于账号名称宽泛的，系统不予通过。拟人化宽泛，如"小神童"；范围宽泛，如"学英语"；地域性宽泛，如"欧洲旅游"，这些账号名称都不予通过。用户品牌名、产品名或商标名涉及常识性词语时，必须添加后缀，如"××App""××网站""××软件""××官方账号"等，否则无法通过审核。

（5）账号名称中不得包含"最""第一"等《广告法》禁止使用的词语。

2. 账号头像

企业号的账号头像代表着企业的形象，一个好的头像就如同标识一般，可以帮助用户认识企业，并加深用户对企业的印象。企业账号一般可以用品牌Logo作为账号头像，也可以让品牌Logo和品牌名称一起体现在头像中，或者将品牌Logo和品牌口号结合等，以提高账号头像的辨识度，如图4-4所示。

图4-4　企业账号头像

3. 账号简介

账号简介又称个性签名，即对账号的简单介绍。账号简介对账号设置来说也非常重要，账号简介可以让用户对账号有更加明晰和深入的认知，也让用户更明确账号的定位与内容方向。

账号简介是影响用户决定是否关注账号的关键因素之一，也可以被当成文案。账号简介一般有以下3种类型。

（1）表明身份。例如抖音账号"周黑鸭"的账号简介为"没错，我就是那个卖鸭子的！"

（2）表明领域。例如抖音账号"OPPO"的账号简介为"致力于带来令人怦然心动的科技产品"。

（3）表明理念和态度。例如抖音账号"雅诗兰黛"的账号简介为"成就女性优雅自信"。

账号简介中除了文字介绍外，有的还会留下联系电话，或者留有查看地址、官网主页、查看门店等链接，用户点击链接即可进入相关的详细介绍页面。

课堂讨论

　　请同学们在主流短视频平台中搜索用户关注度较高的账号，分析讨论其账号名称、账号头像及账号简介的特点。

4.2 短视频营销策划

短视频营销策划主要包括短视频选题策划、短视频内容策划和短视频整体优化，下面将分别对其进行介绍。

短视频选题策划

4.2.1 短视频选题策划

找好选题是做好短视频营销的第一步，不管短视频的选题属于哪个领域，选题策划都要遵循以下原则，并以此为宗旨，在短视频创作中落实。

（1）角度要新颖，能引发用户共鸣

选题角度要独特新颖、有创意，独树一帜的选题往往更能吸引用户的注意。而越能激发用户共鸣的选题，其营销效果会越好。因此，运营者要让短视频引发用户在观念、经历、身份、情感上的共鸣。例如，一些感人的瞬间和"正能量"的事件很容易引发人们的共鸣，他们自然而然地就会给这些短视频点赞、关注加转发，从而优化短视频的传播效果。

（2）以用户为中心，保证垂直度

目前，短视频行业的竞争越来越激烈，用户对短视频的要求也越来越高，所以运营者一定要注重用户体验，以用户为中心，在短视频中传递的信息切不可脱离用户的需求。在策划短视频选题时，运营者要优先考虑用户的喜好和需求，这样才能最大限度地获得用户的认可。此外，短视频选题必须符合账号定位，选题越具有垂直性，就越容易引起目标用户的关注，提升账号在这一领域的专业度，从而不断增强用户的黏性。

（3）侧重于用户的互动性、参与性

在策划短视频选题时，运营者要尽可能选择一些互动性强的选题，尤其是行业或网络热点，这类选题的受众关注度高、参与性强。这种互动性强的短视频会被平台大力推荐，因此短视频的播放量会增加。

（4）弘扬正确的价值观，不断调整选题

要想让短视频在各大平台上都得到有效推广，运营者就必须树立健康向上的价值观，弘扬正确价值观的短视频才能在平台上得到更好的推广。对于用户来说也是一样，充满"正能量"的短视频才能得到更多的认可。同时，要想让短视频账号持续健康发展，运营者还要不断调整选题。社会是在不断发展的，用户的需求也随之不断改变。短视频选题必须适应这种变化，紧跟潮流；运营者应根据用户的反馈不断对其进行调整，使用户能够更好地接受短视频内容。

（5）明确平台规范，避免使用敏感词汇

正规的短视频平台对短视频的创作、发布都有明确的限制。短视频创作者一定要清楚了解短视频平台的管理制度，遵守相关的规范，避免使用敏感词汇，不得违反我国相关的法律、法规。

课堂讨论

请同学们讨论分析以下短视频账号选题策划的特点："央视新闻""祝晓晗""黑脸 V"。

4.2.2　短视频内容策划

现在是"内容为王"的时代，高质量的内容是短视频营销成功的决定性因素。短视频内容策划主要包括以下几个方面。

1. 内容垂直细分

如今的用户更愿意为专业化、垂直化的内容买单，内容深度垂直细分的短视频能够收获更多的精准用户。这类短视频具有长尾效应，变现能力较强。

要使短视频内容深度垂直细分，短视频创作者需要注意以下几点。

（1）确定核心目标用户。短视频创作者要准确把握目标用户的痛点，然后通过创作直击用户痛点的内容来增强目标用户的黏性。

（2）聚焦主题场景。短视频创作者可以深入挖掘短视频的主题场景，在内容表达上突出场景化，契合该主题场景下的用户特征。

（3）打造生活方式。要想增强用户黏性，短视频创作者除了确定核心目标用户和聚焦主题场景之外，还要为用户打造一种理想的生活方式，并将产品嵌入其中，用户在追寻该生活方式时自然更容易接受与该生活方式契合的产品。

2. 坚持内容的原创性

短视频作品只有具有创意和个性，短视频账号才有更好的发展和未来。如今短视频领域竞争激烈，那些具有独特创意的短视频具有较高的辨识度，更容易被用户记住。每个人都有独特性，为了避免短视频内容同质化，短视频创作者要坚持输出独树一帜的优质内容，成为用户的焦点。

在创作原创内容时，短视频创作者要注意以下几点。

（1）内容富有个性。很多短视频创作者会觉得做原创内容费时费力、成本太高，不如转载已有的"爆款"短视频轻松，但别人的短视频无法体现短视频创作者自身的创意和个性，不具备较高的辨识度，所以对打造自己的账号竞争优势用处不大。

（2）内容与热点相结合，富有情趣。原创内容要能让用户产生强烈的情感共鸣，需要具有趣味性，使用户愿意分享、转发与评论。同时，短视频创作者要让产品、内容与热点产生关联，通过借势营销增强短视频的推广效果。在寻找热点话题时，短视频创作者可以参考微博热搜、百度热榜、抖音热榜等。

3. 确保内容有价值

在短视频时代，用户通常只会关注对自身有价值的内容。有价值是指短视频要么能为用户提供知识，要么能为用户提供娱乐休闲，要么能改善用户的生活品质，要么能激起用户的情感共鸣。

短视频的价值主要体现在以下几个方面。

（1）知识性内容要保证实用、专业、易懂，使用户容易理解、便于实践。例如，对于技能类知识，操作步骤和操作方法要讲得清晰明了，使用户可以轻松上手。

（2）娱乐性内容要有趣味性，能够缓解用户的心理压力，带给用户舒适、愉悦的享受。

（3）改善用户生活品质的内容，例如对于改善用户在生活、工作中遇到的一些问题，短视频内容可以提出合理的解决方案，帮助用户解决难题，改善其生活品质。

（4）激起用户情感共鸣的内容，具有励志、震撼、治愈、解压等作用，这种内容容易感动用户，激起其情感共鸣。

4. 明确主题，把握时长

在内容策划之初，运营者要做好前期的市场调研，了解用户需求，结合企业自身的特点确定短视频内容的主题。运营者应该充分结合大数据分析进行调研，多研究同类型的短视频"爆款"作品，多看看相关领域的头部创作者是如何做的。

在确定内容主题后，短视频创作者要注意把握好短视频的时长。有的短视频的时长只有几十秒，有的则是十几分钟。短视频创作者要根据主题方向和想表达的内容来安排短视频的时长，太长了会增加成本，用户可能也没耐心看完；太短了又无法提供太多信息，用户可能会觉得意犹未尽。

在把握短视频时长时，短视频创作者要注意以下几点。

（1）抓住"黄金前3秒"。"黄金前3秒"是指短视频开始的前3秒就一定要吸引用户的眼球。要想获得用户的关注，短视频创作者就必须在短视频开始的前3秒内将自己的观点鲜明地表达出来，将其深刻烙印在用户心中。

（2）快速进入高潮。短视频创作者要使内容快速进入高潮部分。对于有故事情节的短视频来说，开头的铺垫不要太多，一开始就要出现吸引用户的元素，形成一个小高潮，让用户明白故事的主题。接下来的剧情要快速推进，短视频创作者必须以秒为单位来控制叙事节奏，让剧情尽快发展到高潮。对于非剧情类的短视频，短视频创作者在开头就要把本期内容讲清楚，或者设置一个带有悬念的问题，先把用户的目光吸引住，不断渲染悬念，然后一步一步展示细节，最终揭晓答案。

5. 内容融入短视频平台生态

短视频作品是通过各个短视频平台展示给大众的。如果企业做内容策划时不考虑短视频平台的特点，自身短视频账号的发展就会受到阻碍。只有那些能融入短视频平台生态的优质内容，才能从万千作品中脱颖而出，获得巨大的影响力和传播力。

随着短视频营销的兴起，越来越多的企业开始进行短视频产业布局。流量至上的短视频策划思路正面临着空前的挑战，今后的短视频会在策划方面更加重视内容的广度和深度。这就要求短视频创作者能持续稳定地生产精品内容，这样才能在不断迭代的短视频市场中抢占先机。

 案例链接

"秋叶PPT"用原创知识为职场人士赋能

抖音账号"秋叶PPT"原创的实用性短视频内容对职场人士有着持久、强劲的吸引力，其在内容策划上主要具有以下几个特点。

（1）原创内容满足目标用户需求

在内容定位上，"秋叶PPT"选择介绍需求量较大的PPT的制作方法与技巧，这些内容有着广泛的受众群体，如职场人士、大学生、教师等，对于他们来说，PPT的制作方法与技巧是刚需。秉承传授知识的目的，"秋叶PPT"分享了上百个PPT的知识点与实用技巧，以一种轻松、场景化的方式让用户在观看短视频的过程中轻松掌握技巧，帮助用户提高制作PPT的实战技能水平。

（2）内容实用性强，快速解决用户问题

实用性强的"干货"更容易获得用户的认可。"秋叶PPT"的每则短视频都短小精悍，既能节约用户的时间成本，又能快速解决用户的问题。短视频创作者将一些容易被用户忽视的小技巧、小窍门融入内容，制作成短视频教程，在短视频的开头以提问或对比的方式瞬间抓住用户的注意力，然后深入讲解某个知识点或技巧。另外，短视频的标题简洁明了，用一句话高度概括要讲解的核心知识点，直击用户痛点，能有效激发用户的观看欲望，并给用户留下深刻印象，如图4-5所示。

（3）主题明确，解说方式灵活多样

要想在十几秒内抓住用户的注意力，短视频就需要带给用户较强的体验感。对于分享知识类的短视频来说，讲解知识的方式是影响短视频体验感的一个关键因素。"秋叶PPT"的短视频采用多种讲解方式，如直击痛点式、直奔主题式和图文快闪式等。

直击痛点式是指设计一个工作场景，在这个场景中先提出制作PPT的痛点，或者指出制作PPT时缺少经验的新手所采取的某种方法不是最简单的，然后由经验丰富的老师讲授一个耗时几秒就能解决此问题的妙招。直奔主题式是指在短视频中直接、精练地讲解某种制作PPT的简单方法，如图4-6所示。图文快闪式是指以图文快闪的方式讲解制作PPT的技巧，主要用一张张包含知识点的图文页面配上音乐进行讲解。

（4）内容生动，富有趣味性

教授知识的短视频通常是比较单调、乏味的，为了避免让自己的短视频显得枯燥无味，"秋叶PPT"短视频中的演员会使用幽默、调侃的语言演绎情景故事，借助情景故事讲解制作PPT的知识点和技巧，使传授知识的过程充满趣味。

（5）引导用户评论留言，互动性强

与用户互动是增强用户黏性的有效方法之一。"秋叶PPT"的短视频创作者会在评论区中与用户互动，或者回答用户提出的问题，或者针对短视频中的某个有趣的问题与用户展开讨论，这样在无形之中拉近了与用户的距离。图4-7所示为"秋叶PPT"在评论区中与用户进行的互动。

图4-5　短视频的标题简洁明了　　图4-6　直奔主题式　　图4-7　在评论区中与用户互动

4.2.3　短视频整体优化

要想让短视频营销的效果更加明显，短视频创作者在发布短视频前要对短视频进行整体优化，主要包括设置短视频的封面、标题、标签和文案。

1. 设计封面

封面又称头图，它是用户在接触一则短视频时第一眼看到的内容，会给用户留下第一印象。一个好看的短视频封面会让用户观看短视频的欲望变得更加强烈，从而增加短视频的点击率，如图4-8所示。

 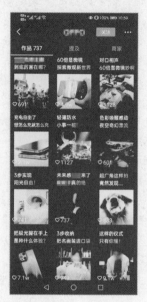

图4-8　短视频的封面

在设计短视频封面时，短视频创作者需要注意以下几点。

（1）封面要有足够的吸引力

① 封面中的人物表情要夸张，传递出丰富的情绪信息，从而引发用户互动；制造出鲜明的对比，对比效果越明显，就越容易刺激用户点击观看。

② 制造悬念，使用户产生好奇心；在好奇心的驱动下，用户大多会产生期待、欢欣等积极情绪，从而产生进一步行动的动力。

③ 封面中的画面要具有戏剧性。戏剧性是指人物的内心活动通过外部动作、台词、表情等直观地表现出来，直接诉诸用户的感官。戏剧冲突越剧烈，越能刺激用户的大脑，使其产生点击观看的欲望。

（2）封面与内容联系紧密

短视频封面要与短视频内容保持一致，具有较高的关联性，这样可以让用户非常清楚地了解短视频的内容。例如，在创作有关母婴的短视频时，短视频创作者可以将婴儿图片作为封面。

（3）封面保持原创

如今各大新媒体平台都在大力支持原创内容。封面作为短视频作品的一部分，也要有原创性。在设计短视频封面时，短视频创作者可以选取短视频内容中的某一个画面进行修饰，设计一种独具个性的封面，或者专门设计一个封面图，并打上标签，形成个人特色。

（4）封面要完整清晰

短视频的封面要完整。如果封面上有文字，要把文字放在最佳展示区域，不要让它被标题或播放按钮遮挡。封面的比例要合理、美观，不能存在拉伸变形的情况。短视频创作者要调整图片的清晰度、亮度和饱和度，让用户可以轻松读图，从而优化用户体验。另外，封面布局要简洁，层次要分明，以便让用户迅速抓住重点。

2．设置标题

标题是影响短视频播放量的重要因素，有时即使标题只有一字之差，短视频的播放量也会有巨大的差异。在设置短视频标题时，短视频创作者需要注意以下几点。

（1）字数适中

短视频标题的字数要适中，不宜过多，否则会显得非常冗杂，不利于用户了解短视频的主要内容，但字数过少也会影响机器算法提取信息的准确度。一般来说，短视频标题的字数控制在10～20字为宜，具体情况要视各平台的标准来定。

（2）宜用短句

短视频的标题应多用短句，并且应合理断句，要避免用特别长的句子，这样可以控制文字的节奏。标题除了采用陈述句式，还可以尝试采用疑问句、反问句、感叹句或设问句等句式，以引发用户的思考，增强其代入感。

短视频的标题要多用两段式或三段式，这样的标题不仅易于用户理解，能减少其阅读负担，还可以承载更多的内容，内容层层递进，使表述更为清晰。

（3）有针对性

标题内容要有针对性，要针对特定的目标用户群体，戳中目标用户痛点，只有这样才能吸引更多的用户点击观看。

（4）找准关键词

标题内容要找准关键词，才能够达到引发用户的好奇心、激发用户情感共鸣的目的。短视频创作者可以采用数据化描述或追热点的方式来确定关键词。

3．确定标签

标签是短视频创作者定义的用于概括短视频主要内容的关键词。标签越精准，短视频就越容易得到平台的推荐，从而直接触达目标用户。而对用户来说，标签是搜索短视频的通道，很多标签会在短视频下方展示，用户能够通过点击标签直接进行搜索。短视频创作者在为短视频贴标签时，应注意以下几点。

（1）合理控制标签的个数和字数

在新媒体平台发布短视频时，短视频创作者一般需要设置3～5个短视频标签，每个标签的字数以2～4字为宜。

（2）标签要精准，覆盖范围要合理

尽管标签代表着将短视频内容分发给不同的用户群体，但这并不代表短视频的标签类别越多，触达的用户群体类型就越多。在为短视频贴标签时，短视频创作者要挖掘出短视频内容的核心要点，提炼出其中最有价值、最具代表性的特性，以强化标签的认知度。也就是说，短视频的主要内容是什么，短视频创作者就给它贴上什么类型的标签。标签的覆盖范围既不能太大，也不能太小，而要合理。

4．撰写文案

在短视频营销策划中，内容是重心，文案只是"绿叶"，但有时一句极具感染力的文案也可以帮助短视频成为"爆款"。进行短视频营销策划时，创作者常用的文案类型主要有互动类、叙述类、悬念类、正能量类等。

在撰写短视频文案时，短视频创作者需要注意以下几点。

（1）抓住用户痛点

能够抓住用户痛点的短视频文案可以直击用户的内心，与其建立情感联系，从而提高短视频的完播率（视频的播放完成率，后文统称完播率），增加互动量。这就要求短视频创作者深入了解目标用户，并对其进行用户画像分析，找到其核心需求。

（2）构建场景

短视频文案要构建具体的场景，这样才会让用户有更强的代入感，其内容的说服力才会更强。

（3）描述细节

描述细节可以让短视频更具感染力，同时可以让用户根据文案联想到更多的信息，增强其对短视频的好奇心。

（4）通俗易懂

为了使短视频具有一定的传播影响力，其文案要通俗易懂，让用户能够快速了解短视频的主题内容。

 案例链接

"毒舌电影"短视频营销账号分析

"毒舌电影"是一个以提供电影评论和电影推荐为主的短视频账号，在抖音上有着不俗的表现，其短视频账号的粉丝量和短视频点赞量都较高，账号首页如图4-9所示。该账号有以下特点。

（1）选题具有策略性

针对抖音用户喜欢悬疑、传奇类题材影视作品的特点，"毒舌电影"发布了许多讲解这些题材影视作品的短视频。"毒舌电影"还善于结合热点。例如，2021年春节期间上映的电影《你好，李焕英》的票房一直居高不下，"毒舌电影"紧跟热点，发布了解说该影片中有关母爱细节的系列短视频，如图4-10所示，这3则短视频收获超过500万次的点赞，引发了用户的情感共鸣。

（2）个性化封面设计

"毒舌电影"通常会用3则短视频讲解一部电影，并会将短视频的封面设计成三连封面，即让讲解同一部电影的3则短视频的封面组成一个完整的画面，如图4-11所示。这样的封面图更具有视觉冲击力，也使原本割裂的分篇讲解形成了一个整体，让短视频更具完整性。

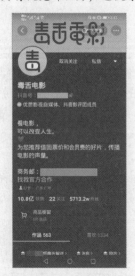  

图4-9 "毒舌电影"的账号首页　图4-10 《你好，李焕英》的影评　图4-11 短视频的三连封面

（3）内容定位清晰

在互联网时代，人们的生活节奏不断加快，对于大多数人来说，影视娱乐类内容是人们休闲娱乐消费的必备品。而短视频类型的影评恰好符合用户碎片化的消费需求，凭借自身短小精悍、内容丰富的特点，把影片精华内容及短视频创作者的观点传递给用户，使用户获得娱乐、放松。

"毒舌电影"运用短视频的形式为用户提供影视剪辑类内容，主题新颖、观点清晰，既满足了用户观看影视内容的需求，又打破了电影对观看地点和时间的限制，让用户无须花费一到两个小时的时间到电影院观看电影，而在几分钟内就能快速获取自己感兴趣的影视内容。

4.3 短视频营销推广

短视频营销较传统的图文营销方式具有更广泛的维度，如人物维度、画面维度、场景维度、情节维度等，不管从哪个维度来讲，都比图文形式更具冲击力，也更容易吸引用户的注意。短视频营销的最大优势在于它可以灵活地传达品牌形象，有助于扩大企业的品牌影响力。

4.3.1 聚焦用户需求，提高用户关注度

做短视频营销要做好账号运营，吸引大量用户关注。要想提高用户的关注度，短视频的内容就应贴近用户生活，满足用户需求。提高用户关注度的方法如下。

1. 营造愉悦氛围，满足用户的快乐需求

在快节奏的生活中，人们喜欢看有趣的、欢乐的内容来缓解压力、放松心情。如果一个短视频账号能够持续带给用户快乐的感受，那么获得他们的持续关注就不是一件难事了。能够持续带给用户快乐感受的方法有以下两种。

（1）选择轻松的、令用户感到欢乐的短视频题材。

（2）短视频内容中的主人公要具备鲜明的个性，表演风格与角色特征要保持一致，这样更容易使用户形成固有印象，赋予人物独特的内涵和意义，如抖音账号"疯产姐妹"，如图4-12所示。

2. 探索未知领域，满足用户的好奇心

人们往往对未知的领域充满好奇，而好奇心是人们共同的天性，区别只在于程度深浅和指向的对象。能够满足用户的好奇心的内容一般是稀奇的、新颖的或带有悬念的。要想激发用户的好奇心，短视频创作者要制造认识上的反差，例如，可以打破刻板印象来设置反转剧情，不让用户轻易猜到结局。当然，短视频创作者不能一味地标新立异，最容易激发人们好奇心的是那些贴近现实生活、既在情理之中又在意料之外的内容。这些内容能够让用户产生情感共鸣，吸引用户持续关注，如抖音账号"慧慧周"，如图4-13所示。

3. 确定学习目标，满足用户的学习模仿需求

在日常生活中，人们见到好的技巧和行为总是会不知不觉地模仿。例如，喜欢书法的人在看到优秀的碑帖、字帖时会认真临摹；喜欢折纸艺术的人在看到相关内容时会按照提示一步步去操作，期待能做出令自己满意的效果。而短视频的出现为用户提供了更真实、生动的学习模拟平台。那些能刺激用户产生学习和模仿需求的短视频内容，在吸引用户关注方面有着显著的

效果。无论是有亮点的技能、特长，还是值得学习的某项行为，都具有巨大的吸引力，这样的账号能吸引用户持续关注，如抖音账号"简笔画"，如图4-14所示。

图4-12 "疯产姐妹"的短视频　　图4-13 "慧慧周"的短视频　　图4-14 "简笔画"的短视频

4. 提供工具化内容，满足用户解决问题的需求

无论是在生活中还是在工作中，人们总会遇到不同的问题，如果短视频创作者能够为用户提供解决某一问题的方法或技巧，满足用户解决问题的需求，帮助用户更好地完成任务，就很容易获得用户的好感和信任，如抖音账号"秋叶Excel"，如图4-15所示。

能够帮助用户解决问题的短视频内容一般具有工具化特点，拥有较长的生命周期。当用户遇到相关问题时就会想到这类短视频，并会重新浏览自己收藏或者搜索到的短视频。它满足了用户在生活中的实际需求。这种工具化内容传播的知识是人们会在生活中反复用到的，所以工具类短视频账号的用户黏性很高，这对企业做深度营销非常有利。

5. 使用第一人称，提升用户信任感

人们通常对亲身经历、亲眼所见或亲耳所闻的事情会更加信任。短视频的画面生动，信息丰富，短视频创作者再使用能够体现亲身经历、亲眼所见和亲耳所闻的第一人称来叙述，就更能增强短视频内容的真实感，更容易赢得用户的信任，从而吸引用户关注，如抖音账号"拾荒开饭"，如图4-16所示。

短视频内容使用第一人称的表达方式不仅能增强用户的信服感，还有利于构建人格化形象，塑造个性鲜明的角色，吸引更多用户的关注，从而增强传播和营销效果。

6. 指引方向，给予心灵慰藉

很多短视频都以励志类内容为主题，或者把一些心灵鸡汤读物中的经典句子或者经典故事融入内容。用户在遭遇挫折时往往情绪低落，观看此类短视频能缓解情绪低落，受到心灵上的慰藉，增强信心。

无论在什么时候，人们都需要心灵安慰，需要自我激励。若短视频创作者能在这方面抓住目标用户的心理，提供他们想要的、能改善心理状态的内容，就能吸引更多的用户来关注自己的账号并自发地传播短视频。

图4-15 "秋叶Excel"短视频

图4-16 "拾荒开饭"短视频

4.3.2 巧用技巧，增强短视频推广效果

如何增加短视频的流量是短视频营销的关键问题之一。流量在很大程度上代表着企业品牌的影响力。掌握并运用一些推广技巧可以有效增强短视频的推广效果，企业或品牌商可以从以下推广方法中选择适合自身的推广技巧。

1. 借助名人效应，快速"引流"

利用名人效应是企业最容易想到的推广技巧。名人的知名度高，影响力巨大，因此，企业或品牌商往往会寻找一些知名人士担任产品或品牌的形象代言人。短视频也不例外，一些名人发布的短视频往往会被其忠实粉丝大量转发，让更多的用户也看到相关内容。这样一来，企业想传递的信息就被推广出去了。

这种推广方式虽然有效，但投入的成本比较高。一个人的知名度越高，其代言费也就越高。企业付出大量成本，能否赚回预期的流量收益是一个在策划阶段就需要考虑的问题。因此，一些新媒体营销人员会另辟蹊径，不选专业演员出镜，而走"草根化"路线，这样可以节省大量成本，凭借巧妙的剧情构思吸引流量。

2. 利用热点话题，引发热议

热点话题是指登上新媒体平台的热搜榜单的话题。这些话题一般会被平台优先推广，让更多的用户看到。一方面，短视频创作者借助热点打造话题性强的内容更容易引发用户的热烈讨论，其传播速度更快，传播范围更广；另一方面，热点可以助推短视频登上热搜榜单，使其可以借助平台推广获得巨大流量。许多营销号、自媒体为了"蹭热度"也会纷纷参与热点话题讨论，促使该话题在热搜榜单上的人气和排名更高。由此可见，利用热点话题引发用户热议是一个非常有效的推广手段。

热点涵盖社会生活的方方面面，包括不同的类型，如产品话题、节日话题、日常话题等。用户对于产品话题和节日话题都非常熟悉，其内容也很容易理解。短视频创作者运用产品话题时要注意设法营造新鲜感，以独特的角度切入，满足目标用户的切实需求，利用节日话题时要注意时效性。企业能否利用好日常话题让自己的产品和品牌一直保持较高的话题热度，是衡量其短视频营销水平的一个重要标杆。

用日常话题来引爆流量时，短视频创作者需要注意以下几点。

（1）话题要有差异性，能与同类内容产生区别。

（2）话题要能让目标用户对产品产生印象深刻的记忆点。

（3）话题要具备一些争议性，才能引起用户反复讨论。

（4）话题要瞄准用户的某种情感，触发用户的情感共鸣。

（5）话题要能够激发用户参与互动。

（6）话题不能让用户感到被冒犯，否则会让品牌名誉受损，降低用户的忠诚度。

3. 打造品牌人设，增强用户黏性

人设被用来描述一个人物的性格、外貌、生活背景等角色设计要素。人设常见于文艺作品，现在也被广泛运用于商业营销，尤其是短视频营销领域。凡是给用户留下深刻印象的短视频，其中的人物通常都具备较高识别度的人设。个性鲜明的人设能使短视频作品在无形中产生品牌影响力，从而被人们追捧和推广。

企业要想成功进行短视频营销，有必要通过建立人设来进行推广"引流"。如果能够打造别具特色的、专属的人设，形成固定的风格，那么这在引导用户群体关注和提高用户忠诚度方面是非常有效的。

4. 发起挑战赛，扩大传播范围

短视频挑战赛能够扩大短视频的传播范围，快速聚集流量，是一种独特的短视频营销模式，极易提高品牌认知度、获得用户的好感。人们天生对带有激励机制的活动感兴趣，区别在于每个人喜欢的类型不尽相同。挑战赛是一种典型的带有激励机制的游戏活动，能够激发人们的好奇心与好胜心，并使人们将相关的消息迅速传播出去。

5. 策划创意广告，优化视觉观感

随着短视频的发展，许多企业推出了精心制作的短视频创意广告，开辟了新的流量增长点。不同于普通人随手拍摄的生活类短视频，创意广告一般是由专业的广告公司制作的，其剧情设计、拍摄、剪辑、制作等方面都精雕细琢，企业力求通过这种方式提高短视频内容的品质并优化用户的视觉观感。

课堂讨论

请同学们讨论短视频企业号与个人号在营销推广方面的联系与区别。对于企业号来说，哪种方式能快速增强短视频推广效果？请举例说明。

4.3.3 多平台推广，构建"引流"矩阵

短视频营销除了要求内容优质，企业还要尽最大努力做好营销推广，只有覆盖更多的新媒体平台，让更多的用户看到短视频，才能保证短视频的曝光率，才能最大限度地实现短视频营销目标。

扫一扫，看微课

短视频"引流"矩阵构建

1. 多渠道分享短视频

在移动互联网时代，企业可以通过多种渠道方便、快捷地将短视频推

广到不同的社交平台上，吸引不同平台的用户群体观看。只要短视频内容有足够的吸引力，自然会被越来越多的用户关注和支持。

（1）"@"好友，实现站内精准分享

很多短视频平台都支持短视频创作者将短视频分享给自己的站内好友，通过"@"功能来推广短视频。短视频创作者在发布短视频内容时，@好友就能使其得到消息，从而把短视频精准地分享给特定的人，如图4-17所示。这种方式也常用在微博平台、微信朋友圈等进行短视频推广。在"@"好友时需要注意以下两点。

- **要选择人气较高的好友。**因为好友的人气越高，短视频被其分享之后产生的影响力也就越大。短视频创作者可以在分享短视频之前先考察好友的活跃度和人气值，再将其精准分享给人气较高的好友。
- **要选择互动较多的好友。**这类好友继续分享短视频的概率较高，有利于短视频被更多的用户看到。

（2）微信推广

短视频创作者可以将短视频分享至微信朋友圈，或推广至微信公众号。微信作为目前国内最大的社交平台之一，拥有非常庞大的用户数量，而微信朋友圈更是人们日常社交的主要场所，因此微信朋友圈可以作为短视频推广的主要渠道。虽然目前一些短视频平台上的将短视频直接分享到微信朋友圈的渠道已经关闭，但是短视频创作者可以自行操作，将短视频发布至朋友圈进行推广，发布时可以配上吸人眼球的文案，如设置悬念来引发用户的好奇心等，视频与文字的组合更具吸引力，从而引导更多用户点击观看。另外，短视频创作者也可以专门在微信公众号文章中宣传推广短视频，扩大短视频的传播范围。

（3）微博推广

微博作为国内主流的社交媒体平台，月活跃用户量已经突破5亿人，日活跃用户量超过2亿人，它也可以作为短视频分享的主要渠道。微博具有广场属性，适合做内容的裂变传播。短视频创作者将短视频分享到微博，有利于提高短视频的曝光率，吸引更多的用户观看短视频，如图4-18所示。

图4-17　"@"好友

图4-18　微博推广

（4）线下推广

短视频推广渠道除了线上新媒体社交平台外，还有线下推广渠道。短视频营销广告一般会发布于人员比较密集的场所，且所覆盖的受众有着明显的群体属性，因而推广比较精准。对投放于线下场景的短视频营销广告来说，精准推广是原则也是目标。通常来说，企业会在不同的地区投放不同的短视频营销广告，将其展示给不同的目标用户群体。线下推广渠道主要包括：社区电梯广告、地铁广告、城市大型商场内外的大型广告屏、公交候车厅、线下店等。

2. 构建短视频"引流"矩阵

为了更好地完成短视频营销推广目标，企业或品牌商可以构建短视频"引流"矩阵。"引流"矩阵包括两种模式，一种是单平台账号矩阵，另一种是多平台账号矩阵。

（1）单平台账号矩阵

单平台账号矩阵的运营模式主要有以下几种。

- **蒲公英型矩阵**。这种模式指在一个账号发布信息后，其他多个账号转发信息，再以其他账号为中心进行新一轮的信息扩散。这种矩阵模式适用于旗下品牌较多的企业。这种企业可以通过矩阵的整体优势扩大信息覆盖面，进一步加深粉丝对于企业品牌的印象。例如，核心账号"京东"另设"京东科技""京东客服""京东生鲜""京东超市"等账号。

- **"1+N"型矩阵**。这种模式是在一个主账号下再开设"N"个产品专项账号，以此构成完整的产品宣传体系。例如，抖音的"海尔"主账号下面另有"海尔冰箱""海尔洗衣机""海尔空调"等一系列海尔电器的产品账号。企业使用这种模式后，产品一旦在粉丝心中有了鲜明的特色，就更能激发粉丝的购买欲。

- **"AB"型矩阵**。这种模式以塑造品牌形象为目的，以"形象短视频账号+品牌短视频账号"的形式组建账号矩阵。通常一主一辅两个账号同时发力，确保账号定位清晰，避免信息混乱。

企业采用单平台账号矩阵模式时，要注意以下几点。

- **每个账号要有不同的内容定位**。不同的账号发布的短视频内容要有所区别，否则账号所发布的内容将无法得到短视频平台的推荐，账号之间也无法互相"引流"。

- **每个账号之间要具有一定的关联性**。矩阵中的每个账号在保证内容定位不同的前提下，还要能够因为某个点形成一定的联系，这样才能让矩阵中的各个账号通过这个联结点相互"引流"。

- **每个账号的风格要保持一致**。在矩阵运营的过程中，企业要注意矩阵内的账号不能太杂、过于混乱，风格必须保持一致，不能相差太多；同时要仔细斟酌短视频的内容，创作的内容要有足够的吸引力，以便吸引更多的粉丝。

（2）多平台账号矩阵

短视频营销要求企业既要找准垂直领域，又要充分利用多个平台同步推送信息，尽可能扩大短视频的覆盖面。除了短视频平台外，微博、微信、今日头条、门户网站、媒体客户端等平台也可以作为短视频推广的阵地。为了更好地构建"引流"矩阵，企业应对推广平台有所取舍，根据营销团队的规模大小，以及产品的特点、短视频内容的特点等，选择最有利于推广的平台进行营销推广。

一般来说，多平台账号矩阵是多平台同账号矩阵，这有助于加深用户的记忆。企业构建多平台账号矩阵要注意以下几点。

- **寻找适配的平台**。不同类型的短视频账号需要的平台类型不尽相同，企业应寻找适配的平台，要注意两点，首先是形式上的匹配，其次是内容上的兼容。

- **引导流量交流**。在选择了适配的"引流"平台之后，不同平台上的短视频账号已经具备了建立联系的基础。企业要想真正实现"引流"，还要在此基础上让不同平台上聚焦的流量产生交流。

- **维系平台联系**。不同平台间的粉丝形成联系和转化并不代表就完成了"引流"，重要的是维持其长期的联系，始终保持平台间的联系不中断。

 案例链接

小米公司的短视频矩阵营销模式

小米公司很早就在利用新媒体营销手段打造自己的品牌，在新媒体平台上建立了以品牌为中心，延展至产品、服务、企业领导的品牌及企业集群的矩阵模式。小米公司开展新媒体营销活动的主要平台是微博、论坛、微信、QQ空间、抖音等，在多个平台上发布消息，实时更新信息，并与粉丝互动。小米公司的短视频营销模式具有以下特点。

（1）形成传播矩阵

小米公司在新媒体平台上建立了"小米公司""小米手机""小米智能生活""小米电视""小米有品""小米直播间"等多个账号，以微博和抖音为例，聚集了众多粉丝，分别如图4-19和图4-20所示。

图4-19　小米公司的微博矩阵　　　　图4-20　小米公司的抖音矩阵

（2）差异化内容，趣味性强

小米公司的各短视频账号定位清晰，内容新颖、生动有趣，其内容具备以下特点。

- "秀"产品。运营者围绕产品的功能、亮点创作内容，花式"秀"产品，例如结合产品的功能，创作与手机相关的教程。创作的短视频内容趣味性强，同时又很好地展示了产品。
- 贴标签。运营者通过打造连续性主题内容或活动，使用户形成对品牌的标签化认知。
- 巧设"梗"。小米公司发布的短视频的结构巧妙合理，封面精致，引人注目。其内容通常是讲故事、讲段子，设计有趣的"梗"，从而给用户带来快乐，吸引用户持续关注。

- "蹭"热点。短视频营销中，"蹭"热点是不可或缺的方式。小米公司会选择时下最热门的挑战赛或最热门的音乐等，让创作的内容能获得更高的热度和曝光量。
- "曝"日常。除了关注产品质量、服务水平等以外，用户也会关注企业文化。小米公司就通过记录公司中员工的日常生活来展示企业文化。

（3）持续更新，高频互动

为了增强用户的黏性，小米公司的各短视频账号经常会在视频评论区与粉丝进行趣味互动，拉近与粉丝的距离。各短视频账号都保持着一定的更新频率，吸引用户持续关注。

4.4 短视频营销数据分析

企业做短视频营销离不开数据的支持。与传统的营销相比，短视频营销对大数据技术的利用更为充分，更容易实现以数据驱动的精准营销。通过数据分析，企业能够清楚地了解短视频营销状况和目标用户的接受程度，并以此为基础优化短视频的传播效果，增强短视频营销的影响力。

4.4.1 短视频数据分析的主要内容

企业要想清晰、准确地了解短视频的营销效果，不断优化和完善后续营销策略，就要对短视频内容评估数据和效果评估数据进行分析、解读。这些数据通常是短视频平台自动统计生成的，也有些是专业的第三方数据分析平台，如卡思数据、飞瓜数据等生成的。

1. 短视频内容评估

内容是短视频营销的重心，也是用户熟悉、接受产品或品牌的重要途径。企业要依据数据对短视频内容进行评估，以确定未来短视频的运营方向。

对于短视频营销来说，短视频内容评估的指标主要包括基础数据和比率数据。

（1）基础数据

基础数据主要包括推荐量、播放量、评论量、点赞量、收藏量、转发量、平均播放进度、播放时长等。

- **推荐量**。推荐量指平台得出的关于短视频会被推荐给多少用户浏览的数据，它标志着短视频被平台推荐的力度大小。推荐量越高，说明短视频的人气越高，也表明用户对短视频内容质量的认同度越高，还意味着短视频有机会被更多用户看到。推荐量在很大程度上影响着短视频的播放量。影响推荐量的主要因素是用户对短视频内容的关注度，以及短视频账号在最近一段时期内发布内容的情况。
- **播放量**。播放量指短视频被多少个用户点击观看，通常涉及累计播放量和同期对比播放量。通过播放量的变化对比，短视频运营者可以总结出一些基本规律，如标题的含金量、选题方向等。短视频运营者可以用自己的账号管理功能清楚地查看短视频的各项播放量数据。只有标题吸引眼球，内容优质，用户点击短视频观看的概率才更大。播放量是衡量短视频内容受用户欢迎程度的一个重要的直观指标。
- **评论量**。评论量主要指短视频被多少个用户评论过。一般来说，评论量越大的短视频吸引的流量越大，人气也就越高。评论量跟点赞量不同，评论量包括所有的好评和差评。评论量代表着用户的互动情况，反映出短视频内容引发用户共鸣、关注和争论的程度。

- **点赞量**。点赞量代表着短视频被多少用户喜欢和认可，是评估短视频内容的重要数据。只有短视频内容中存在用户欣赏、认可的点，或是其中有某种特殊技能，或是某种情怀触动了用户，或是基于共同的观点和立场，用户才会点赞。总之，点赞量越高，说明短视频越成功。点赞量反映了短视频内容的受欢迎程度。

- **收藏量**。收藏量表示的是有多少用户在观看短视频之后收藏该内容，以备后续观看。这一数据代表用户对短视频内容价值的肯定程度。短视频营销者要想增加短视频的收藏量，首先就要增加短视频的推荐量和播放量，并确保短视频的内容有实用价值，让用户观看后确实觉得有收藏价值。

- **转发量**。转发量指有多少个用户在观看短视频后将其转发出去，分享给更多人。转发量和收藏量都是衡量短视频内容价值的标杆，但相对于收藏行为，转发行为更多的是基于内容价值的适用性，用户转发短视频可能是因为认为短视频内容也是别人所需要的，或者短视频内容体现了自己所持的某种观点或理念，而收藏行为则是单纯以个人喜好为主要动机。转发量反映了短视频的传播度。

- **平均播放进度**。平均播放进度指所有观看短视频的用户的平均播放完成度，即用户一般在看到多少百分比的内容时就会关闭短视频。

- **播放时长**。播放时长指短视频播放的时间长度。播放时长具体还可细分为累计播放时长、每日播放时长、具体短视频的播放时长及平均播放时长等。具体短视频的播放时长代表着用户观看某个短视频的时间长度。用播放时长除以播放次数，就能得出平均播放时长。平均播放时长就是指所有观看用户平均用了多少时间观看该短视频。播放时长能比较准确地反映出短视频内容对用户是否具有足够的吸引力。运营者可以把平均播放时长和平均播放进度结合起来分析，找出用户通常会在什么时间点关闭短视频，该时间点的哪些内容是造成用户关闭短视频的原因。这样就能有针对性地改进短视频内容，增加播放时长。

（2）比率数据

短视频的基础数据是变化的，但比率数据一般是有规律可循的。这些比率数据是运营者进行数据分析的关键指标，是进行短视频选题调整和内容优化的重要依据。

- **评论率**。评论率=评论数量÷播放量×100%。评论率能体现出哪些选题更容易引发用户的共鸣，引起用户讨论的欲望。

- **点赞率**。点赞率=点赞量÷播放量×100%，这能反映出短视频受欢迎的程度。

- **转发率**。转发率=转发量÷播放量×100%。转发代表用户的分享行为，说明用户认可短视频传达的观点和态度。转发率高的视频通常带来的新增粉丝量比较多。

- **收藏率**。收藏率=收藏量÷播放量×100%，这能够反映用户对短视频价值的认可程度，同时用户在收藏后很可能再次观看短视频，从而可以提高完播率。

- **跳出率**。跳出率=播放时长小于3秒用户÷播放量×100%，即所有观看短视频的用户中播放时长小于3秒的用户占比。也就是说，该数据反映了有百分之多少的用户在点开短视频后就马上对其失去了兴趣并选择退出。当某个短视频的平均播放进度较低而跳出率较高时，说明许多用户只是被这个短视频的标题和封面吸引进来的。出现这种情况后，短视频运营者要注意提高内容本身的质量，使标题与内容保持一致。

- **完播率**。完播率=完整看完整个短视频的用户数÷点击观看短视频的用户数×100%，这是短视频平台进行统计的一个重要维度。提高完播率要注意两点：第一是调整短视频的节奏，努力在最短的时间内抓住用户的眼球；第二是通过文案或内容引导用户看完整个短视频。

企业进行短视频数据分析时，不仅要分析自己的短视频数据，还要分析同行的短视频数据和榜单上时的短视频数据，从各维度进行比对，可从宏观和微观角度把握趋势和内容方向。企业还可以进行可视化分析，即将数据、信息转化为可视化形式。最基础的可视化分析工具就是

Excel表格，企业可以将自己需要的数据类型进行整合，然后通过Excel表格进行展示，使数据更加直观和清晰。而对于一些较大量的数据的分析，运营者则可以借用其他的可视化分析工具。

2. 短视频营销效果评估

企业通过对短视频营销效果进行评估，可以洞悉短视频营销的影响力，主要从显示后访问量、品牌熟悉程度、品牌喜好程度、用户购买意愿和品牌联想度等方面进行分析。

（1）显示后访问量

显示后访问量就是在观看短视频的过程中或观看完后，对短视频中显示出来的企业、品牌和产品等进行搜索和访问的用户数量。显示后访问量越大，表明短视频营销效果越好。显示后访问量较前面讲的点赞量、收藏量和转发量等基础数据，更多是传达优质内容对用户的行动所产生的后续影响。例如探店类、旅游攻略类短视频提到美食、服饰、景点等，部分用户在观看后就会访问网站，查询了解相关的详细信息。

显示后访问量对于着力于提升知名度、改善品牌形象以及促进实现营销目标的企业来说，是一个必不可少的衡量短视频营销效果的数据。特别是对于一些只在短视频内容中展现主要亮点和重点优势的产品或服务，用户如果想要购买该产品或服务，必然会去了解更多的详细信息，此时去访问相关网站就成了必要的选择。

（2）品牌熟悉程度

用户无论是观看短视频还是观看后访问相关网站，一般都是针对某一具体的产品或服务，很难形成对品牌的全部认知。为了让用户更全面地了解品牌及其产品或服务，运营者要在短视频和网站信息中打造出能够吸引用户的卖点，引导用户了解该品牌的所有产品或服务。

品牌熟悉程度的评估内容主要包括3个方面，如图4-21所示。

图4-21　品牌熟悉程度的评估内容

通过对评估内容的判断，运营者可以把品牌熟悉程度分为以下5种。

- 品牌排斥，即用户没有购买该品牌产品的意愿，更不会产生购买行为。
- 缺乏品牌认知，即用户对该品牌存在陌生感，对该品牌的情况一无所知。
- 一般品牌认知，即用户对该品牌有大致的认知，但不全面。
- 品牌偏好，即用户在多个品牌中愿意选择购买该品牌的产品。
- 品牌坚持，即用户只信任该品牌，哪怕需要付出更多的时间和精力，也要选择该品牌的产品或服务。

如果分析得出的结果是用户的品牌熟悉程度大部分是品牌偏好和品牌坚持，那么该品牌的品牌熟悉程度评估结果是很好的，所能获得的营销效果也会很好。需要注意的是，运营者在评估短视频内容的品牌熟悉程度时，除了短视频内容本身外，还要考虑其他基础性变量的影响，如品牌所占的市场份额、品牌的上市时间和其他媒体广告的宣传等。

（3）品牌喜好程度

品牌喜好程度的评估比品牌熟悉度更进一层，因为只有用户通过短视频或其他方式对品牌有了一定的认知，才会产生喜欢或厌恶的评判。一般来说，人们通常把喜好程度分为5类，即非常喜欢、喜欢、一般、不太喜欢、不喜欢（厌恶）。用户会对自己通过短视频或其他内容形式所认知的产品产生不同程度的喜好，品牌喜好程度通常建立在两大方面的认知基础之上。

- 建立在用户对产品的整体评价和平时的使用情况之上。
- 基于产品本身的质量和其包装后在用户脑海中形成的品牌形象。

（4）用户购买意愿

用户会因为短视频内容中的某一个兴趣点而对品牌产生访问行为，访问了之后会因为对品牌的了解程度的不同而表现出不同的品牌熟悉程度，而后又在有一定认知的基础上产生不同的品牌喜好程度。接下来，短视频运营者就要尽量想办法让不喜欢品牌的用户喜欢上该品牌及其产品，将喜欢该品牌及其产品的用户转化为消费者，使其产生购买行为。

从喜欢到产生购买意愿是需要一定条件的，用户要具备一定的经济条件，或者是品牌的产品恰好是用户需要的，或者品牌的产品虽然不是用户需要的，但是是用户发自内心地喜欢的。

用户购买意愿评估就用于统计在观看短视频之后有意愿购买该品牌的产品的用户数量，是评估短视频营销效果的重要因素。运营者要想通过短视频内容激发用户的购买意愿，促成购买行为，就要在短视频中融入一定的诱因。具体来说，短视频影响购买力的流程包括以下4个阶段。

- 短视频通过标题、封面或其他内容引导用户点击观看。
- 用户打开短视频后，内容引起了用户的兴趣。
- 短视频提及的品牌或产品能够满足用户的某种需求。
- 用户觉得有需要且该产品具有购买价值，因而产生购买行为。

（5）品牌联想度

品牌联想是指用户在看到与该品牌有关的信息时就会联想到这一品牌。品牌联想度是对短视频营销效果评估的更高要求，是一种更具影响力的效果评判。在品牌联想度评估中，有两种方向上的联想：一种是横向联想，即从一个品牌联想到同类的更具影响力的领先品牌；另一种是纵向联想，即从一个概念、理念联想到其所代表的典型品牌。

4.4.2　短视频竞品营销分析

同类题材的短视频，即竞品短视频产生的营销数据对短视频运营者也具有很重要的指导意义。

1. 短视频竞品能量化评估指标

短视频运营者可以从短视频的基础数据，如推荐量、播放量、评论量、点赞量、收藏量、转发量等，分析同类题材短视频的营销状况。

（1）内容差异

即使是制作同类题材的短视频，不同短视频运营者的构思、创意也各不相同。有差异就会有比较，短视频运营者通过数据比较就可以分出高低，例如比较短视频的点赞量，短视频点赞量多意味着用户对短视频更感兴趣。因为对于同类题材的短视频来说，用户自然喜欢看那些创意别出心裁、视觉效果令人耳目一新、内涵意义深刻的短视频。

按照短视频平台的推荐方式，播放次数越多的短视频作品越容易得到推荐，从而被更多用户看到，这就涉及短视频的播放量和推荐量。短视频运营者可以在统计数据时找出那些热门短视频，分析其优势及特点，在自己创作短视频的过程中不断提升内容的质量并打造特色。而为了避免内容同质化，短视频运营者不妨尝试打破常规，反其道而行之，推出风格不一样的作品，增强内容的趣味性和实用性，以获得更高的热度。

（2）文案差异

不少短视频运营者把制作内容的重心放在拍摄手法和对滤镜、背景音乐的选择上。其实如果短视频具有良好的视觉效果，却没有获得预期的流量，短视频运营者通过数据看到短视频有一定的播放量，但点赞量和推荐量较低，就可能是文案出现了问题。短视频运营者要注意分析热门短视频的文案内容，可能其文案比同类题材的短视频更胜一筹。

（3）互动差异

评论量对短视频流量至关重要。评论量比较高，说明用户积极参与互动，短视频的其他数据自然会快速增长。为了在互动上获得竞争优势，短视频运营者可以从两方面来考虑。一方面设置有互动性的标题，例如使用"如果是你，你会怎么做？"或"你会怎么选择"之类的标题，直接向用户提问，引导他们思考和发表自己的意见；另一方面可以在评论区中多跟用户互动，及时回复用户留言，每一条回复内容都要精辟，以吸引更多的用户互动，平台也会因视频评论量多而增加流量推荐。

2．进行短视频竞品分析的流程

短视频运营者进行短视频竞品分析的流程如下。

（1）确定竞品对象

选择竞品对象时，运营者要按照同行业内产品在细分市场的服务重叠程度确定竞品层级，如直接竞品，即产品形式和目标用户群相同，品牌不同的竞品，也称核心竞品、品牌竞品；间接竞品，即产品形式不同，目标用户群类似的竞品，也称品类竞品、一般竞品；潜在竞品，即产品形式、品类不同、目标用户群类似，能满足用户相同需求的竞品，也称替代品。这样就能更合理地确定竞争对手，并建立长期跟踪分析机制，以此来把握市场、竞争对手的发展动向及自身的潜在危机。

（2）收集竞品的资料

在收集竞品的数据及信息时，短视频运营者要避免角色代入和主观地选择性收集，要以客观性、准确性的原则展开行动。

（3）进行科学对比

在分析竞品时，运营者要找到关键点并且进行深度分析和科学对比，通过分析找出自身与竞争对手之间存在哪些差异和怎样的差距。

- 市场分析关键点，即行业发展现状、市场分布、营收情况等。
- 商业模式关键点，即竞品的运营策略、盈利模式、布局战术、发展战略等。
- 产品策略关键点，即竞品的产品定位、目标用户特征、核心功能、用户的痛点及需求等。

通过对以上关键点进行分析，短视频运营者可以找出自身所欠缺的、急需大力改进的方面，明确哪些方面暂时不需要考虑改进，哪些方面是无论如何努力也赶不上的，把这些问题梳理清楚，逐步缩小与核心竞品的差距。

进行竞品分析是一个长期的过程，不同的短视频营销活动的竞品分析的目的、角度和方法是不相同的，运营者要根据分析目的合理地制订竞品分析计划，不能盲目、笼统地展开分析。

【实训：创作并发布营销类短视频】

1. 实训背景

做好短视频内容是营销推广的重点和关键，短视频运营者应在保证内容质量的前提下进行产品植入。产品植入一般有以下3种方式。

（1）简单植入

简单植入是指将品牌标识直接呈现在短视频中，例如在短视频中简单展示品牌Logo、品牌名称等。简单植入的营销方式大多表现为冠名、赞助等。由于使用该方式植入的品牌可以随意替换，品牌与短视频本身的联系并不紧密，所以营销效果也比较一般。

（2）整合植入

整合植入是指将产品或品牌信息融入短视频内容中，使用户在观看短视频的过程中可以自然而然地看到品牌信息，甚至可以借此引起关注和讨论，从而达到品牌传播的目的。整合植入的营销方式比较含蓄，但营销效果通常比简单植入更好。

（3）焦点植入

焦点植入的层次在整合植入之上，要求产品文化、品牌精神与短视频的内容十分契合，这些内容可以完美地通过短视频的情节展示出来，也可以把产品诉求同步表达出来，让用户可以深刻感知产品文化或品牌内涵。焦点植入不仅营销效果比简单植入和整合植入都更好，还十分有利于培养用户对产品和品牌的忠诚度，甚至有些企业会为自己的品牌量身定做品牌宣传片，从而实现营销推广的目的。

除了策划好短视频内容外，短视频的账号设置，封面、标签、文案等的设计都影响着短视频的营销效果。

2. 实训要求

以某品牌办公用品为例，注册抖音短视频账号，确定短视频的营销发展方向，打造品牌账号，吸引用户的注意，提高品牌知名度。注册并完善账号信息，策划短视频拍摄方案，完成短视频内容创作，并将其发布到抖音平台上。

3. 实训思路

（1）账号定位

找到合适的营销方向，做好抖音账号的定位，设计并完善账号名称、头像、简介等内容。

（2）确定选题

以办公用品为例，确定短视频的主题，找好内容的切入点，如产品的功能、用途等，角度要新颖，能够抓住用户痛点，引起用户共鸣。

（3）策划内容

根据实训背景，选择一种形式进行产品植入，内容要富有创意，既能体现其价值，又能展现短视频创作者的风格，并且该内容能够自然融入抖音平台生态。

（4）完成拍摄并发布

根据策划完成短视频拍摄，并将短视频发布到抖音平台上，同时做好短视频的整体优化，如设计好短视频的封面、标题、标签和文案内容。

（5）推广"引流"

进行多平台推广，构建"引流"矩阵，提高账号的知名度。

第5章 直播营销

学习目标

➤ 了解直播营销的优势、常见方式和商业模式。
➤ 熟悉直播营销活动前的筹备事项。
➤ 掌握直播营销话术的运用及互动活动的设计方法。
➤ 掌握直播营销活动的二次传播的常用方法。
➤ 掌握直播营销活动的复盘方法。

学习导图

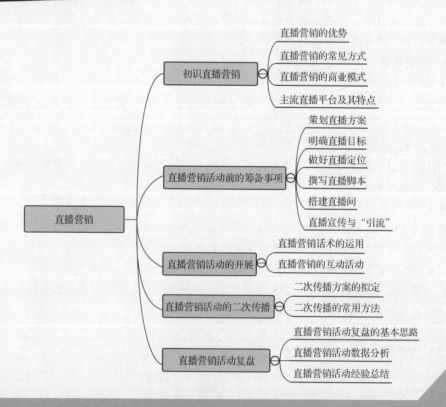

随着网络直播的迅猛发展，直播营销作为一种新媒体营销方式备受企业或品牌商的关注，目前各行各业都在争相入驻直播平台，竞相争夺网络流量。传统电商不断转型升级，直播营销方式成为经济领域新的增长点，拥有即时反馈和互动特色的直播营销给电商带来了新的行业突破口和赢利风口。认识直播营销，掌握直播营销活动的筹备、开展、复盘，才能把直播营销这一新兴营销方式更好地运用到各行各业中。

5.1 初识直播营销

直播指企业或个人以互联网技术为依托，以某个直播平台为载体，通过摄像头实时记录某个事件的发生、发展进程，并在互联网上进行实时呈现，用户在相应的直播平台可以直接观看并实时进行互动。

直播具有实时性强、互动性强、真实性强的特点。网络直播结束后，直播活动举办方还可以为用户提供重播、点播服务，这有利于扩大直播的影响范围，最大限度地发挥直播的价值。直播营销就是指企业或品牌商以直播平台为载体开展营销活动，以达到增强品牌影响力和提高商品销量的目的。

5.1.1 直播营销的优势

直播为企业或品牌商带来了新的营销机会。作为一种新兴的新媒体营销手段，直播营销具有以下优势。

1. 营销成本低，传播范围广

传统媒体营销方式的成本越来越高，如楼宇广告、电视广告等。随着新媒体的运用越来越广泛，企业或品牌商可以用较低的成本获取用户、销售产品。但随着淘宝、百度等平台用户的增加，无论是搜索引擎广告，还是电商首页广告，其营销成本都变得越来越高。而直播营销对设备、场地、物料等的需求较少，是目前成本较低的营销手段之一。

直播营销的话题效应强，它可以轻松引起传播和关注，且以视频作为媒介，便于二次传播和营销，因此具有传播速度快、传播范围广的特点。

2. 目标用户更精准，营销效果更直观

新媒体营销能够更加精准地定位目标用户，直播营销推广信息能够被更精准地推送给目标用户，有助于目标用户在特定的时间进入直播间观看直播。观看直播的这些用户具有较高的忠诚度，这有助于企业或品牌商实现精准营销。

在直播营销中，主播对商品的现场展示和介绍，以及直播间内很多人争相下单购买的氛围，很容易刺激用户直接下单购买商品。在直播过程中，直播运营团队可以查看直播间的实时数据，了解直播间内商品的实时售卖情况，及时掌握直播活动的营销效果，这有助于进一步优化营销策略。

3. 直接触达用户，与用户实时互动

在传统营销活动中，通常是企业或品牌商发布营销信息，用户被动地接收信息。在这个过程中，企业或品牌商无法立刻了解用户对营销信息的接收情况和对营销信息的态度。而直播具有良好的互动性，在直播过程中，企业或品牌商在向用户呈现商品的营销信息的同时，用户也可以针对营销信息发表评论、进行互动，分享自己的消费体验，将自己的意见实时反馈给企业，真正参与企业的商品生产或营销活动。这样既有利于增强用户的参与感，消除用户对品牌的距离感，还能轻松调动直播间的氛围，促使企业进一步优化商品和不断完善营销活动。

在直播营销活动中，针对某些商品的相关话题，用户、潜在消费者以及企业或品牌商三方之间可以产生互动，真正实现企业或品牌商与用户、用户与用户之间的深度互动，实现营销效果最大化。

4. 身临其境，用户体验更真实

在营销活动中，高质量的商品是企业或品牌商赢得用户信任的第一步。在传统的营销方式中，无论是图文广告，还是视频广告，虽然它们制作精良、极具吸引力，但有些用户往往会对其真实性保持一种怀疑的态度。因为它们都是提前制作好的成品，在制作的过程中经过了大量人为的编辑和美化。而通过直播，企业或品牌商不仅可以展示商品的生产环境、生产过程，让用户了解商品真实的制作过程，获得用户的信任，还可以展示商品的试吃、试玩、试用等过程，让用户直观地了解商品的使用效果，从而刺激用户的购买欲望。

课堂讨论

　　某位旅行"达人"通过手机拍摄自己在旅行中的见闻，其拍摄的视频内容涉及吃、穿、住、行等多个方面，然后他把视频发布到新媒体平台上。请同学们分析讨论上述行为是否属于直播营销，然后讨论直播营销都有哪些特点，为什么直播营销如此受欢迎？

5.1.2　直播营销的常见方式

直播营销具有场景真实的特点。为了吸引用户观看直播，直播运营团队需要根据实际情况选择比较有看点的直播营销方式。具体来说，常见的直播营销方式主要有以下几种。

1. 主播商品分享式

主播商品分享式直播营销就是主播在直播间里向用户分享和推荐商品，用户可以在直播间的评论区留言，告诉主播自己需要的商品，然后主播按照用户的需求推荐并讲解相应的商品，如图5-1所示。

2. 商品产地直销式

商品产地直销式直播营销是主播在商品的原产地、生产车间等场地进行直播，向用户展示商品真实的生产环境、生产过程等，主播通过讲解与镜头展示使用户近距离体验商品的生产过程，从而认可产品的质量并完成交易转化的一种直播方式。例如，在出海捕捞、农家土特产现做现发、水果蔬菜现摘现卖等直播中，除主播以外，工作人员也可以亲自向用户介绍产品，用自己的专业、专注和真诚打动用户，赢得用户的信任，如图5-2所示。

3. 基地走播式

基地走播式直播营销是指主播到直播基地进行直播。很多直播基地都是由专业的直播机构建立的，能够为主播提供直播场地、商品等。直播基地通常用于给其自身旗下的主播开展直播活动，或者租给外界的主播、商家。在供应链比较完善的基地，主播可以根据自身需求在基地中挑选商品，并

图5-1　主播商品分享式

在基地提供的直播场地中进行直播。

4. 现场制作/体验式

现场制作/体验式直播营销是指主播在直播场地对商品进行现场加工、制作，向用户展示商品经过加工后的真实状态。食品、小型家电、3C商品等适合采用这种直播营销模式。对于推广食品类商品的直播来说，主播可以在直播过程中加入烹饪食品的过程，如图5-3所示。这样既能向用户展示食品的加工方法，提高用户对食品的信任度，又能丰富直播的内容，增强直播的吸引力。

5. 知识教学式

知识教学式直播营销是指主播以授课的方式在直播中分享一些有价值的知识或技巧，如增强英语口语能力的技巧、化妆技巧、甜点制作技巧、运动健身技巧等，主播在分享知识或技巧的过程中推广一些商品，如图5-4所示。这样不仅能让用户通过观看直播学习某些知识或技能，也能让用户感受到主播的专业性，提高用户对主播推荐的商品的信任度。

图5-2　商品产地直销式　　　图5-3　现场制作/体验式　　　图5-4　知识教学式

6. 砍价式或促销式

砍价式直播营销是指主播站在用户的立场，利用自己的专业知识与技能，帮助用户以理想的价格获得目标商品。主播会在直播中为用户分析商品的优缺点，并告诉用户商品的大概价格，待用户提出购买意向后，主播再向供货方砍价，为用户争取更优惠的价格，价格协商一致后即可成交。砍价式直播营销能给用户带来很多好处，例如，可以让用户投入较少的时间与精力，用较少的钱买到称心如意的商品。

促销式直播营销是指主播与企业或品牌商合作，在直播中通过促销的方式向用户推荐商品，并吸引用户进行购买。在这种直播的过程中，直播运营团队一般会先设置一个优惠价格，然后设定促销时间段，给用户制造一种紧迫感与稀缺感，刺激其产生购物冲动，积极抢购，从而提高商品的成交率。

7. 开箱测评式

开箱测评式直播营销是指主播拆箱并介绍箱内商品。在这类直播中，主播要在开箱后诚实、客观地描述商品的特点和使用体验，让用户真实、全面地了解商品的功能等，从而达到推广商品的目的。

5.1.3　直播营销的商业模式

直播具有营销的功能，主播作为导购在直播中销售商品的同时，也在进行品牌营销、内容"种草"等。主播能为用户讲解商品的功能，介绍品牌价值，从而让用户加深对品牌的了解，并将普通用户转化为品牌的忠实用户。

企业或品牌商通过直播营销可以提高品牌的曝光度，带动产品的销售。如今直播营销已成为一种新兴的商业模式，是目前主流的网络营销方式之一。直播营销的常见商业模式主要有"直播+电商""直播+发布会""直播+企业日常""直播+广告植入""直播+活动""直播+访谈"等。

1. 直播+电商

"直播+电商"是最常见的直播营销模式之一，也是企业选择最多的一种直播营销模式，广泛应用于线上店铺，是由主播介绍店内商品，或传授知识、分享经验的一种营销方式。由于电商平台用户众多、流量集中，观看直播的用户目的明确，因此"直播+电商"模式能够快速实现流量变现，提高产品销量。

2. 直播+发布会

"直播+发布会"如今已经成为众多企业或品牌商争夺人气、制造热点的营销法宝。直播平台上的发布会地点不再局限于会场，互动方式也更加灵活多样、生动有趣，能够为企业的产品和品牌带来更多的流量和人气。相比于线下举办发布会，"直播+发布会"商业模式的营销成本更低，影响力更大，效果更好。

3. 直播+企业日常

在移动互联网时代，人们更加注重网上社交，新媒体营销方式只有变得更加人性化，才能获得更多用户的青睐。企业如果能通过直播的方式展示企业文化，如分享企业员工的工作日常、企业产品的生产日常、企业的理念等，相较于直接播放广告，或许更能引起用户的观看兴趣。"直播+企业日常"的商业模式已逐渐成为让企业与用户建立密切关系的社交与营销方式。

4. 直播+广告植入

在直播中，主播根据内容与场景适时植入广告，能够削弱通过其他形式直接插入广告的生硬感，而原生内容的形式更能获得用户好感。在直播场景下，主播可以自然而然地进行产品或品牌的宣传与推荐。例如，很多主播在直播中与粉丝分享化妆技巧，植入面膜、去油纸、保湿水、洁面乳等产品的广告，同时导入这些产品的购买链接，获得流量转化，从而取得了不错的营销效果。

5. 直播+活动

直播最大的优势在于其能够带给用户更直接的体验，甚至可以做到零距离互动。"直播+活动"的最大优势在于主播可以通过有效的互动将人气连接到品牌，通过实时互动为用户进行多角度的产品卖点解读，使品牌获得较高的曝光度。直播时的互动形式多种多样，如弹幕互动、产品解答、粉丝打赏、企业的独家情报分享、产品促销活动等。企业通过专属折扣链接、热门产品提前购、红包口令、新品预购等形式与用户互动，能让用户感受到企业对其重视程度，从而增强用户对企业的信任感并提高其忠诚度。

6. 直播+访谈

"直播+访谈"是指直播时主播通过访谈的方式，以第三方视角来阐述观点和看法，如采访行业中的意见领袖、特邀嘉宾、专家、路人等，利用第三方的观点来提高产品信息的可信度，这对于传递企业文化、提高品牌知名度、塑造良好的企业形象都有着促进作用。需要注意的是，使用这种直播模式时，一定要确保内容的真实性，在没有专家和嘉宾的情况下可以选择采访路人，以快速拉近主播与用户的距离。

5.1.4 主流直播平台及其特点

主流直播平台主要有三类：第一类是传统电商平台引入的直播模块，如淘宝、京东、拼多多、蘑菇街等电商平台的直播模块；第二类是短视频娱乐平台开通的直播"带货"功能，如抖音、快手等自建的直播电商平台；第三类是各种信息、游戏、社交类平台，如微博、腾讯、虎牙等平台。下面重点介绍几个主流直播平台及其特点。

1. 淘宝直播

淘宝直播是于2016年年初正式设立的。淘宝直播自成立至今，成交额持续高速增长，2018年的成交额已过千亿元，2019年的商品交易总额超过2 000亿元，2021年的商品交易总额目标为5 000亿元。在2019年的直播电商份额中，淘宝直播以58%的电商份额占据绝对优势。

由于淘宝本是电商平台，淘宝直播的专业性、导购属性和用户购物欲望更强。可以说淘宝直播是直播营销的主战场，具有巨大的用户流量，成交量更是与日俱增。淘宝通过直播入口，可以直接将商品、用户聚集在同一个场景中。对于品牌而言，淘宝直播是理想的线上销售场景。淘宝具有丰富的商品品类，其直播营销的主要品类包括服装、美妆、母婴、美食、珠宝等，如图5-5所示。某淘宝直播间的场景如图5-6所示。

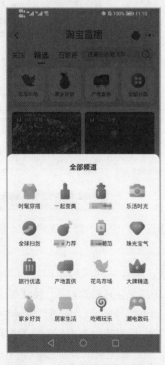

图5-5 淘宝直播的商品品类

图5-6 某淘宝直播间的场景

2. 抖音直播

抖音最初是一款音乐创意短视频社交软件，用户群体以年轻人为主。随着平台的发展，抖音持续探索流量变现路径。在2018年"双十一"期间，抖音开通购物车分享功能后，某账号一天售出的商品达10万件，直接转化销售额突破2亿元，这验证了抖音的直播变现能力。2020

年4月1日，罗永浩联手抖音开始直播卖货，在3个多小时的直播中，他最终引导商品交易额超1.7亿元，累计观看人数超4 891.6万。

抖音直播具有互动性强、粉丝黏性强、营销数据可视化、内容原创等优势，吸引了不少自媒体和企业。抖音对于内容的要求较高，即使是商业直播，大多数主播也不是单纯地销售产品，而是强调内容的设计感和品牌创意。抖音设立这种门槛对于需要覆盖多线用户、打造品牌认知的产品来说，有利于形成口碑效应。现在抖音已与MCN机构、直播工会建立起一种较为良性的生态环境，也通过阶段性的耕耘在直播领域形成了针对的用户类型丰富、内容风格多样的产品生态。

目前，抖音已形成以直播、兴趣点（Point of Interest，POI）、购物车和抖音小店为核心的产品矩阵，连接线上与线下，给直播商家赋能。截至2020年10月，抖音直播的商品链接有将近96%来自抖音小店。以某一抖音账号为例，其抖音直播间如图5-7所示，直播商品链接如图5-8所示，抖音小店商品如图5-9所示。

图5-7　抖音直播间　　　　图5-8　直播商品链接　　　　图5-9　抖音小店商品

3. 快手直播

与抖音相比，快手更注重下沉市场，均匀分发流量，很受三四线城市用户的喜爱。快手于2016年年初上线直播功能，当时直播仅为快手的附属功能。2018年年底，快手牵手电商，开始向直播领域发展。2020年3月，快手推出"品牌C位计划"和"原地逛街"品牌招募活动，完美日记、林清轩、李宁等品牌齐聚快手直播卖货，最终获得超过3亿人次的关注度，销售额超过5 000万元。快手小店购物车目前已经对接了淘宝、天猫、京东、拼多多等主流电商交易平台及自建小店等。

快手直播的主要用户集中在三线及以下的城市和乡镇，产品价格较低。下沉市场用户的黏性很强，有助于提高转化率。快手对于下沉市场的高渗透率恰恰避开了一二线城市的流量红海，使快手直播在三线及以下城市和乡镇将营销力度发挥到最大。

快手直播的玩法不同于淘宝直播和抖音直播，快手独有的社区文化可以给用户带来非常好的情感体验。快手平台的很多主播与大量工厂、原产地和产业链密切合作，这些主播的直播内容也紧紧围绕着产品的属性。例如，主播会直播果园、商店等场景，强调产品源自"自家工厂"。这种直接展现产品源头和产地的卖货方式可以让用户更直观地了解产品，从而提高其对产品的好感度和对主播的忠诚度。

4. 微博直播

微博目前也已正式进军直播电商，推出了"微博小店"。"微博小店"虽名为"小店"，但五脏俱全，不仅有商品管理功能，还有数据推广服务，并有购物津贴、返佣激励、在线商学院、专属直播等配套权益。"微博小店"致力于打造具有微博特色的"内容—粉丝—用户—变现"经济模式，虽有广阔的发展空间，但由于微博上有大量用户存在重热搜、轻电商的特点，"微博小店"运营起来并不轻松。

5. 拼多多直播

拼多多基于社交电商基因，发家于拼单团购，主打三四线城市市场，原产地直播、农业直播的发展势头迅猛。拼多多一开始并没有足够重视直播，直到2019年11月才开始内测直播电商项目"多多直播"。2020年1月"多多直播"正式上线，直播内容涵盖衣物、鞋类、钟表等，直播主体主要是拼多多商城的商家或线下门店。

为了宣传造势，拼多多重点打造原产地直播模式，在全国多个地区开展了多场活动，开启市长或县长直播、万人团、产地直发等模式，协助各地打造农业新品牌。截至2020年4月底，"市长、县长产业带直播"的累计商品订单数超过1 800万件，为各个企业带来的粉丝数超过167万人次。

课堂讨论

　　请同学们分享并讨论在日常生活中接触的直播都有哪些，自己最感兴趣的是哪种直播方式，经常在哪些平台上观看直播；讨论直播行业今后的发展方向如何，哪种形式的直播将在未来的发展中占据主导地位。

5.2　直播营销活动前的筹备事项

直播运营者要做好各项准备工作，这样直播营销活动才能顺利开展。

5.2.1　策划直播方案

开展直播营销活动要求直播运营者不仅要有完整的营销思路，还要策划好营销方案。直播运营者要将抽象的思路转换成具体化的文字表达，以方案的形式将其呈现出来，以保证直播营销活动顺利开展。

直播营销策划方案要简明扼要。一份完整的直播方案通常要具备以下内容。

（1）营销目标：明确直播需要实现的营销目标，如品牌宣传、产品推广、产品销售等，以及期望吸引的用户人数和想要取得的产品销量等。

（2）直播简介：对直播的整体思路进行简要描述，包括直播的形式、平台、特点、主题等。

（3）直播人员分工：对直播运营团队中的人员进行分工，并明确每个人的职责。

（4）直播时间节点：明确直播中的各个时间节点，包括直播前期筹备的时间点、宣传预热的时间点、直播开始的时间点、直播结束的时间点等。

（5）直播成本预算：说明整场直播活动的预算情况，以及直播中各个环节的预算，以合理控制成本。

5.2.2　明确直播目标

直播运营者要明确直播目标，确认直播是为了做品牌宣传、给活动造势还是销售商品。直播运营者在明确直播目标时要遵循SMART原则，尽量让目标科学化、明确化、规范化。SMART原则的具体内容如下。

（1）具体性（Specific）：指要用具体的语言清楚地说明直播要达成的目标，直播的目标要用特定的指标来衡量，不能笼统、模糊。

（2）可衡量性（Measurable）：指直播目标应是可数量化的或者可行为化的，应该有一组明确的数据来衡量目标是否达成，例如，利用此次直播使店铺的日销售额提高20%。

（3）可实现性（Attainable）：指目标要客观，直播运营者付出努力是可以实现的，例如，上一场直播吸引了20万人观看，因此这一次将观看人数设定为25万人是可实现的。

（4）相关性（Relevant）：指直播的目标要与企业设定的其他营销目标相关，例如，很多企业会在电商平台运营网店，将某次直播的目标设定为"使网店24小时内的订单转化率提高500%"。

（5）时限性（Time-bound）：指目标的达成要有时间限制，这样目标才有督促作用，避免目标的实现被拖延，例如"从直播开始的24小时内，新品的销量突破10万件"。

5.2.3　做好直播定位

直播运营者可以从以下3个方面做好直播定位。

1. 做好人设定位

主播的人设越鲜明，他就越容易获得用户的认可，直播平台上的头部主播一般有自己的人设定位，如"口红一哥李某"等。人设定位有助于主播快速建立个人品牌，增强个人影响力，放大个人价值，获得巨大流量。无论是美妆KOL、母婴"达人"，还是美食主播，这些人设都容易吸引用户。

不是每个主播都有人设，但是成功的主播必然有自己的人设定位。为了打造鲜明人设，主播要根据个人爱好及特征，提炼出一两个核心关键词作为人设标签。

主播打造人设主要有以下几种方法。

（1）取一个好的账户名称

只有主播的账户名称被用户记住，他才有继续打造人设的可能性。取一个好的账户名称是主播获得用户关注、被用户记住的有效方式。一个简单、特征明显的名称更容易让人印象深刻。同时账户名称要与主播所在的领域密切相关，能够引发用户联想，从而吸引一批具有黏性的粉丝。例如，"演说家带货""Rap饶舌君"等，主播可以给自己贴上个人标签，定位越清晰，目标用户就越精准。

（2）深耕于垂直细分领域

主播要依据自己的才华和天赋选择擅长的领域，只有找到能够尽情施展才华的领域，才能更快地获得成功。主播要选择一个领域坚持做下去，积累经验，厚积薄发。一个主播只有在其所处的领域积累了足够多的专业知识和经验，才有可能达到顶尖水平。一分耕耘，一分收获，主播在打造人设时要投入很多时间和精力。一般来说，花费的时间和精力越多，主播能产生的影响力也就越大。

（3）善用"背书"

主播除了自身要足够勤奋且坚持直播，也要善用行业专家为自己"背书"，以便积累前期的资源和粉丝。

（4）构建自己的粉丝池

粉丝是直播营销的基础，主播只有拥有自己的粉丝群并做好粉丝运营，不定期地给粉丝发送福利，促进粉丝裂变，才能构建自己的粉丝池。

2. 做好内容定位

随着主播越来越多，直播行业的竞争越来越激烈，直播运营者只有做好直播内容的精准定位，才有可能取得预期的营销效果。而直播内容定位并不是围绕主播进行的，而是围绕目标用户群体进行的。

直播内容定位要以用户画像为依据。直播运营者要弄清楚直播的目标用户是谁，他们的年龄、性别、职业、需求等是什么，从这些元素中确定直播能给用户提供什么、是否能满足他们的需求。直播并不是单纯地卖什么产品就播什么内容，或者将直播内容的选择寄托在粉丝提问上，那样的内容方向都是与正确方向有所偏移的。

直播运营者做内容定位时，需要注意以下几个方面。

（1）坚持输出原创内容

直播运营者做直播营销要养成原创的习惯，要学会搜集各种素材，在创作内容时关键素材可以帮直播运营者找到方向、打开思路。素材可以是自身的经历、热点事件等。直播运营者还要分析竞争对手的视频或直播并向其学习，取长补短，将学到的经验和自己的理解结合起来，将其灵活运用到自己的内容中。

（2）内容精而专，体现差异

直播运营者要专注于某一个领域并持续输出优质内容，深耕于细分垂直领域，向精而专的方向发展。每一个细分领域都有小而美的内容，直播运营者要单点切入，做到极致，并且在内容垂直化过程中体现自己内容的差异，赋予直播内容个性和灵魂。

（3）确保内容有价值

在这个"内容为王"的时代，用户越来越注重内容的价值。直播平台越来越多，内容呈现形式百花齐放，直播营销行业越来越需要精细化运营。确保直播内容的价值是直播营销制胜的关键。

直播运营者要有对内容的执着和要求，明确正确的价值观，坚守底线；要秉持不管什么内容，都要言之有物，对用户有所帮助的宗旨；还要根据用户的认知水平创作通俗易懂、故事性强、生动有趣、画面感强的内容。

3. 做好产品定位

直播营销的产品定位是在综合考虑用户需求、自身功能和竞争对手的情况的基础上做出的。直播运营者要想做好产品定位，要从以下几点出发。

（1）满足用户需求

无论在哪个平台进行直播营销，直播运营者都要保证产品优质且性价比高，最好选择大品牌的产品，并且产品的价格要低于用户预期，让用户觉得产品质优价廉，这样才能激发其购买欲望。直播运营者还要判断产品是否能够满足目标用户的需求，不同的用户群体需要的产品类型各不相同。例如，如果用户群体以男性居多，主播可以选择科技数码、游戏、汽车配饰、运动装备等产品；如果用户群体以女性居多，主播可以选择美妆、服饰、居家用品、美食等产品。

（2）与主播的人设相契合

产品要与主播的人设、账号定位相关联，一方面是因为主播对这样的产品较为熟悉，另一方面是因为这样符合用户的预期。产品与主播塑造的人设契合度较高，有助于提高产品的转化率。例如，主播是美食"达人"，就可以选择食品类产品；主播是美妆博主，就可以选择护肤美妆用品。

（3）突出产品特色

直播间内的产品要具有新、奇、特的特点，不仅应品相精美、实用性强，还要利于直播互动。直播运营者在做产品定位时要考虑有新鲜感的东西，避免同质化。产品的外形要美观，毕竟直播购物多是冲动消费，外形精美的产品更容易激发用户的购买欲望。而可观赏、可互动的产品在直播间足够博人眼球，可以营造热烈的直播氛围，因此更容易刺激用户购买。

请同学们讨论是否所有产品都适合采用直播营销的方式，哪些产品更适合进行直播营销推广，如何增强直播营销的针对性？

5.2.4　撰写直播脚本

优质的直播脚本能够帮助主播把控直播节奏，保证直播营销活动顺利开展，达到直播营销的预期目标，并使营销效果最大化。直播脚本包括整场直播活动的脚本和单品直播脚本。

1. 整场直播活动的脚本

一场直播通常会持续几个小时，在直播过程中，主播要讲什么、在什么时间互动、在什么时间推荐产品、在什么时间送福利等，都要提前安排好。因此，直播运营者要提前撰写好整场直播活动的脚本。整场直播活动的脚本是对整场直播活动的内容与流程的规划与安排，其重点是规划直播活动中的玩法和直播节奏。

通常来说，整场直播活动的脚本的具体内容如下。

（1）直播主题：从用户需求出发明确直播的主题，避免直播内容没有营养。

（2）直播目标：明确直播要实现何种目标，是积累用户、提高用户进店率，还是宣传新产品等。

（3）主播介绍：介绍主播和副播的名称、身份等。

（4）直播时间：明确直播开始、结束及各活动节点的时间。

（5）直播中的注意事项：向用户说明直播中需要注意的事项。

（6）直播的具体流程：直播的流程细节要非常具体，应详细说明开场预热、产品讲解、优惠信息、用户互动等各个环节的具体内容、如何操作等，例如，主播在什么时间讲解第一款产品、具体讲解多长时间、在什么时间抽奖等，直播运营者要尽可能把流程规划好，并让直播的人员按照规划来执行。

（7）直播的人员安排：明确参与直播的人员的职责，例如，主播负责引导关注、讲解商品、解释活动规则；助理负责互动、回复问题、发放优惠券等；后台或客服人员负责修改商品价格，与粉丝沟通，刺激粉丝下单等。

2. 单品直播脚本

单品直播脚本是指针对单个产品的脚本。在一场直播中，主播通常会向用户推荐多款产品，主播必须了解每款产品的特点和优惠措施，以更好地将产品的亮点和优惠活动等信息传达给用户，刺激用户的购买欲望。因此，为了帮助主播明确产品的卖点，熟悉每款产品的福利，直播运营者最好为直播中的每款产品都准备一份对应的单品直播脚本。

直播运营者可以将单品直播脚本设计成表格的形式，将品牌介绍、产品卖点、直播利益点、直播时的注意事项等内容都呈现在表格中，这样既便于主播全方位地了解产品，也能有效地避免在人员对接过程中产生疑惑。

5.2.5　搭建直播间

做直播营销前，直播运营者要选择直播场地，布置直播间，准备直播设备。

1. 选择直播场地

直播场地分为室外场地和室内场地，常见的室外场地有公园、商场、广场、景区、游乐场、商品生产基地等，常见的室内场地有店铺、办公室、发布会场地等。直播运营者要根据直播营销活动策划的需要选择合适的直播场地。

2. 布置直播间

直播运营者在选定直播场地后要适当布置直播间，为直播营销活动创造良好的环境。

（1）区域划分

选择好直播场地后，直播运营者要规划直播区域。一个规划合理的直播场地通常包括直播区、产品摆放区、后台区等，不同区域有着不同的功能。直播区是主播直播时所在的区域，可以展示直播间背景、直播产品、道具等；产品摆放区主要摆放直播中需要讲解的产品样品，如果产品数量较多，直播运营者可以安排货架，将产品按照类别整齐地归置好，方便主播进行展示；后台区是直播的幕后工作人员所在的区域，用于放置直播使用的计算机、摄像头等设备。

（2）背景布置

直播间的背景要简洁、干净，直播运营者可以在背景墙上添加店铺或主播的名字，或品牌Logo，让直播间更具辨识度。一般来说，直播间的背景颜色以浅色或纯色为宜，如灰色、米色等。如果直播空间很大，为了避免直播间显得过于空旷，直播运营者可以适当地丰富直播间的背景，如适当摆放沙发、书柜、绿色植物等，但要遵循简约原则，所选摆件要与直播间的风格相契合。

（3）灯光布置

直播间的灯光布置也非常重要，因为灯光可以营造气氛，塑造直播的画面风格。直播间常见的灯光配置包括主灯、辅灯、顶灯等。主灯为主播的正面提供光源，应该正对着主播的面部，尽量使用散光源，这样会使主播面部的光线充足、均匀，并使其面部肌肤显得柔和、白皙。辅灯为主播的左右两侧提供光源，能增强主播整体形象的立体感，让主播的侧面轮廓更加突出。一般来说，使用一个主灯会配置两个辅灯，它们分别位于主播的左右两侧。顶灯的光线要明亮，直播运营者可以选择现在流行的LED灯。

3. 准备直播设备

在直播筹备阶段，直播运营者要将直播时会使用的计算机、手机、摄像头、灯具、路由器等直播设备调试好，以免在直播过程中发生故障，影响直播活动的开展。直播辅助设备包括直播产品、直播活动的宣传物料、直播辅助道具等。

直播运营者在直播开始前就应当准备好产品，以便主播在直播过程中能够快速地找到产品并进行展示。直播活动的宣传物料包括直播宣传海报、直播宣传贴纸等各种能够在直播镜头中出现的宣传物料。直播辅助道具包括产品照片、做趣味实验要用到的工具、计算器等。主播巧妙地使用辅助道具能够更好地展示产品，便于用户理解直播内容。

5.2.6 直播宣传与"引流"

为了获得良好的营销效果，在直播活动开始之前，直播运营者要对直播活动进行宣传。宣传要有针对性，尽可能多地吸引目标用户来观看。直播宣传与"引流"的主要方式如下。

1. 选择不同的宣传渠道

直播之前的多渠道宣传是十分必要的，观看直播的人数越多，直播的营销效果才会越好。直播运营者要在直播之前充分借助品牌官网、直播平台、社交平台、线下实体店等进行多渠道宣传，吸引更多人关注直播。

（1）品牌官网。品牌官网是用户了解产品的最佳途径，许多用户在购买某品牌的产品之前会到该品牌的官网进行浏览。有一部分用户可能并不关注直播，但他们常浏览心仪品牌的官网。直播运营者可以通过品牌官网进行直播宣传预热活动，吸引关注该品牌的用户前来观看直播。

（2）直播平台。直播平台是企业或商家与用户沟通的重要渠道，直播运营者可以通过直播平台进行直播宣传预热活动。以淘宝平台为例，其首页有直达淘宝直播间的入口，直播运营者可以将自己的直播预告发布在淘宝直播的广场上。淘宝平台会将足够优秀的直播预告内容推广到直播广场上最显眼的地方，吸引更多用户观看。

（3）社交平台。社交类平台有很多，如微信、微博等。直播运营者可以将直播的宣传信息发布在社交平台上进行预热，还可以采用付费宣传的方式进行高效的宣传推广。

（4）线下实体店。企业或商家通常有线下实体店，直播运营者可以把直播预告放到线下实体店中。许多习惯于在线下实体店购物的用户，他们或许没有接触过直播，但对产品是有需求的，所以他们极有可能进入直播间。

2. 运用合适的宣传形式

选择合适的宣传形式是指直播运营者要选择符合平台特性的信息展现方式来推送宣传信息，例如在微博平台上采用"文字＋图片"的形式，如图5-10所示，或者采用"文字＋短视频"的形式，如图5-11所示；在微信群、微信朋友圈采用微信公众号文章的形式，如图5-12所示；在抖音、快手等平台上采用短视频的形式。

图5-10　微博"文字＋图片" 　　图5-11　微博"文字＋短视频" 　　图5-12　微信公众号文章
　　　　　的形式　　　　　　　　　　　　的形式　　　　　　　　　　　　的形式

3. 宣传频率要适宜

在新媒体时代，用户在浏览信息时有较大的选择余地，可以根据自己的喜好来选择自己需要的信息。因此，如果直播运营者过于频繁地向用户发送直播活动的宣传信息，很可能会引起用户的反感，导致他们屏蔽相关信息。为了避免这种情况的发生，直播运营者要设置适宜的宣传频率，可以在用户能够承受的最大宣传频率的基础上设计多轮宣传活动。

 案例链接

雷军直播"带货"首秀

2020年8月16日20时，小米集团董事长雷军开启了首次直播"带货"，新抖平台数据显示，该场直播的累计观看人数达7 477.33万人次，在线人数峰值近200万人次，获得了超1.3亿次点赞，如图5-13所示，直播两小时带来的销售额超过一亿元。截至2020年8月17日0时56分，销售额已超过2亿元。

该场直播展示的产品主要有号称"小米十年技术集大成者"的旗舰新品——小米10至尊纪念版，以及新款Redmi K30至尊纪念版和98英寸的Redmi智能电视等，其中小米10至尊纪念版在直播间一上架即被抢购一空。雷军讲解的用户最爱的20款小米"爆款"产品如图5-14所示。

图5-13 直播数据

图5-14 直播产品

这次直播取得成功的原因有以下4点。

（1）直播准备

要想取得直播成功，做好充分的准备是前提。雷军在这次直播中的状态很好，讲了各种"段子"、抛"梗"，更是完美解答网友的问题，并且给每一个产品都进行了讲解。虽然这是雷军的首场直播，但整个直播过程非常顺利，气氛也很好。

（2）直播宣传

在直播前，雷军在小米直播间曾宣称想在MIUI十周年和小米手机九周年当天和大家聊聊天。8月15日，雷军也在微博上为这次直播宣传造势，如图5-15所示。在直播过程中，抖音平台的热榜、开屏都做了相应的宣传推广，最终使直播间的同时在线观看人数稳定在100万人以上。

（3）产品价格

对于直播"带货"来说，最重要的就是用户的消费。即使观看人数再多，如果用户不消费，这样的直播营销也不算是成功的。而雷军深知此道理，牢牢地把握住了消费者的消费心理，当天直播间内的产品包含各个价位，1 000台售价为19 999元的电视在1分钟内售罄。

（4）积极互动

主播与用户积极互动是活跃直播间氛围的方式。在直播中，有用户向雷军提问："什么时候出透明手机？"雷军坦言，这暂时有点难度，但用户可以先购买带透明后盖的小米10至尊纪念版。

在直播中，有用户称想要雷军的签名，问以后能不能出一款雷军的签名版手机。雷军笑着说道："我有这么多粉丝，如果你们想要我的签名版手机，请在直播间里发送这样的信息，让我也高兴一下。"这种融洽的直播间氛围是吸引粉丝的重要因素。而掀起直播高潮的还有1元抢电池、圆珠笔，10元抢体重秤和小夜灯的福利活动环节。

图5-15　直播前的宣传造势

5.3 直播营销活动的开展

直播运营者做好直播准备工作后，直播营销活动正式开展。而直播重点考验的是主播的综合能力，这主要涉及直播营销话术的运用和各项互动活动的实施。

5.3.1 直播营销话术的运用

在直播中，直播营销话术的运用是否得当直接影响着直播的营销效果。直播营销话术是对商品特点、功能、效果、材质的口语化表达，是吸引用户在直播间停留的关键，也是促成商品成交的关键。主播在运用直播营销话术时，要注意以下要点。

1. 用词规范

直播营销正在朝着规范化的方向发展，一系列规范直播参与者行为的政策、法规相继出台，因此主播的直播营销话术要符合相应的政策要求，在介绍商品时不能使用违规词，也不能夸大其词。主播在设计话术时，要避开争议性词语或敏感性话题，以文明、礼貌为前提，既能让表达的信息直击用户的内心，又能营造融洽的直播间氛围。

2. 话术专业

直播营销话术的专业性体现在两个方面：一是主播对商品的认知程度，主播对商品认知得越全面、越深刻，在进行商品介绍时就越游刃有余，越能彰显自己的专业性，也就越能让用户产生信任感；二是主播语言表达方式的成熟度，经验丰富的主播具有更成熟的语言表达方式，他们知道如何说才能让自己的语言更具有说服力，能以专业的语言表达能力来赢得用户的信任与支持。

3. 态度真诚

在直播过程中，主播不要总想着讨好用户，而要保持一种与用户交朋友的心态，以真诚的态度和语言介绍商品。真诚的力量是巨大的，真诚的态度和语言容易使用户产生共鸣，提高主播与用户之间的亲密度，这样用户才有可能配合主播进行互动。

4. 感染力强

为获得高成交率，直播营销话术的设计重点是主播在介绍商品时的语言要通俗易懂，并应搭配丰富的肢体语言、面部表情等，使自身的整体表现具有很强的感染力，能够把用户带入设置的场景中。

5.3.2　直播营销的互动活动

在直播营销过程中，主播不能只顾着自己说话，还要引导用户热情地互动，以"炒热"直播间的氛围。直播间的热烈氛围可以感染用户，吸引更多用户观看直播。直播间的互动玩法有很多，如弹幕互动、派发红包或优惠券、设置抽奖环节、与知名人士合作、开展促销活动等。

扫一扫，看微课

直播营销的互动活动

1. 弹幕互动

弹幕是字幕形式的评论，它以"飘"在屏幕中的形式出现，所有观看直播的用户都可以看到这些内容。主播在直播过程中要随时关注弹幕的内容，并挑选一些能够渲染直播间气氛或能够促进商品销售的内容与用户进行互动，特别是用户的一些提问、建议、赞美等，如"能不能介绍一下这件商品的尺码、颜色？""能不能看一下商品的生产日期？""组合购买商品有没有优惠？"等。

2. 派发红包或优惠券

给用户具体、可见的利益是主播聚集人气、与用户互动的有效方式之一。在直播期间，主播向用户派发红包或优惠券的步骤一般分为3步。

（1）提前策划好派发时间。主播可以提前告诉用户派发时间，如5分钟或10分钟后准时派发，并引导用户邀请朋友进入直播间，这样不仅可以活跃气氛，还会增加直播间的流量。

（2）让用户在站外平台抢红包或优惠券。除了在直播平台上派发红包或优惠券外，主播还可以在支付宝、微信群、微博等平台上向粉丝派发红包或优惠券，并提前告知用户，但用户接收红包或优惠券的条件是加入粉丝群。这一步是为了向站外平台"引流"，便于在直播结束之后让直播的影响力能持续发酵。

（3）在直播过程中派发。到达策划好的时间后，主播或助理就要在平台上派发红包或优惠券。为了营造热闹的氛围，主播最好在发放之前进行倒计时，让用户产生紧张感。

不同的直播间派发红包或优惠券的方式有所不同，每个主播都要找到适合自己的派发红包或优惠券的方式。

3. 设置抽奖环节

在使用直播间抽奖这一互动玩法时，主播一定要设计好抽奖流程，虽然抽奖是利他性的，但其最终结果是为了增强直播的营销效果。

奖品一般是在直播间里推荐过的商品，可以是"爆款"商品，也可以是新品；抽奖不能集中抽完，而要将奖品分散在直播的各个环节中；主播要通过设置点赞数或弹幕数达到一定的标准才抽奖的方式把握直播的节奏。

抽奖的具体形式主要包括签到抽奖、点赞抽奖、问答抽奖和促销抽奖。

（1）签到抽奖。主播要每日定时开播，在签到环节，用户应连续来直播间签到、评论，并将评论截图发给主播，主播核对无误以后，再让用户进行抽奖。

（2）点赞抽奖。主播在进行点赞抽奖时，可以设置每增加多少点赞量或点赞量到多少就抽奖一次。这种活动的操作比较简单，但要求主播有较强的控场能力。

（3）问答抽奖。主播可以在促销活动中根据商品详情页的内容提出一个问题，让用户在其中找到答案，然后在评论区评论，主播从评论区中答对问题的用户中抽奖。问答抽奖可以提高商品点击率，增加用户对商品的兴趣，延长用户的停留时间，提高转化率。

（4）促销抽奖。促销抽奖可以分两次，第一次在主播介绍商品之后、促销活动开始之前进行。主播在介绍商品时要做好抽奖提示，这样可以让用户更仔细地了解商品信息，增加下单数量，同时延长用户的停留时间。第二次在促销活动之后、介绍新商品之前进行，主播要把控好抽奖和介绍新商品的节奏。

4. 与知名人士合作

主播要经常在直播间与其他主播或名人进行合作，一般分为与其他主播"连麦"、邀请名人进入直播间两种形式。

（1）与其他主播"连麦"

在抖音、快手这两个平台上，主播之间"连麦"已经成为常规的营销方法。"连麦"是指正在直播中的两个主播进行连线通话。主播与其他主播"连麦"可以为自己和对方的直播间"导粉""引流"，还可以连线竞赛，活跃直播间的氛围，刺激用户消费。

（2）邀请名人进入直播间

一些影响力较大的头部主播有能力邀请名人进入直播间，且这些名人往往与品牌宣传有很大的关联，名人与主播在直播间进行互动能够实现双赢。很多企业领导都看准了直播的影响力和营销力，纷纷开始站到直播镜头前，如董明珠、雷军、丁磊等，且大多数企业领导参与的直播都获得了成功。

5. 开展促销活动

在直播营销中，主播的本质角色就是销售人员，其目的就是把商品销售出去。对于电商直播来说，开展促销活动是"炒热"直播间氛围的有效方式。

主播可以根据自身情况设计以下促销活动。

（1）纪念促销。纪念促销是指利用人们对于特殊的日期或者节日的一种心理进行促销活动。纪念促销的形式有节日促销、会员日促销、纪念日促销及特定周期促销等。

（2）引用举例式促销。引用举例式促销是指主播在促销时重点介绍商品的优势、功能和特色，或者对商品的使用效果进行介绍，并对比商品使用前后的效果。在介绍新品时，主播往往会以折扣价销售，如"新品九折"等。

（3）限定促销。限定促销是指利用人们"物以稀为贵"的心理，为用户创造一种该商品比较稀有的氛围，使用户认为该商品与众不同。

（4）组合促销。组合促销是指将企业或商家可控的基本促销措施组成一个整体的促销活动，如搭配促销、捆绑式促销、连贯式促销等，以满足用户的多样化消费需求。

（5）奖励促销。奖励促销是指让用户在接受营销信息的同时获得奖励。用户在获得奖励以后，心中会产生一种满足感和愉悦感，对主播的信任度就会大幅度提高。奖励促销的形式有抽奖式促销、互动式促销、优惠券促销等。

（6）借力促销。借力促销是指借助外力或者别人的优势资源来实现自己的营销目标。相对于广告等营销手段，借力促销可以起到以小博大、事半功倍的作用。借力促销的形式大致有利用热点事件促销、名人促销等。

（7）主题促销。促销的主题是整个促销活动的灵魂，好的主题可以给用户一个充分的购买理由。促销的主题要符合促销需求，应用简洁、新颖、有亲和力的语言来表达，在保持品牌形象的基础上做到易传播、易识别、时代感强、冲击力强。主题促销的形式大致有首创式促销、公益性促销、特定主题式促销等。

（8）时令促销。时令促销分为两种，一种是季节性清仓销售，即在季节交替时进行一波大甩卖，或者针对滞销款商品，以"甩卖""清仓"的名义吸引愿意以低价购买商品的用户；另一种是反时令促销，例如，一些企业在盛夏时节销售滞销的冬季服装。主播在直播时可以与这些商家合作，推广商家的季节性商品或反时令商品，很多用户往往会因为商品便宜而购买。

请同学们分享并讨论，自己观看的直播中有哪些活动令你印象特别深刻？主播有哪些特点？他是否使用了专业的营销话术？在观看直播时，你有没有与主播进行互动？互动的方式是什么？你最喜欢的互动方式是什么？

5.4 直播营销活动的二次传播

直播运营者不仅要重视直播营销活动，还要重视直播营销活动的二次传播。运营者可以通过分享直播内容进行二次传播，从而扩大直播的影响力。

5.4.1 二次传播方案的拟定

直播结束并不意味着直播营销工作的结束。在现场直播结束后，运营者可以对直播活动的视频进行二次加工，并在新媒体平台上进行二次传播，最大限度地增强直播效果。为了保证直播活动二次传播的有效性，运营者要提前拟定二次传播方案。二次传播方案的拟定分3个步骤。

（1）明确目标

拟定二次传播方案首先要明确实施二次传播要实现的目标，如提高品牌知名度、品牌美誉度，增加商品销量等。直播营销活动的二次传播要实现的目标并非是孤立的，而应当与企业或品牌商设定的整体市场营销目标匹配。

（2）确定形式

明确了传播目标以后，运营者要选择合适的传播形式，将直播活动的二次传播信息发布到网络上。目前常见的传播形式有视频、软文两种，运营者可以选择其中一种形式，也可以将两种形式组合起来使用。

（3）发布信息

确定了传播形式以后，运营者要将制作好的信息发布到合适的新媒体平台上，通过二次传播实现多平台"引流"，扩大直播的影响范围，增强营销效果。视频形式的信息可以发布在抖音、快手、微信视频号、微博等平台上，软文形式的信息可以发布在微信公众号、知乎、百家号等平台上。

5.4.2 二次传播的常用方法

二次传播的常用方法有两种，一种是直播视频传播，另一种是直播软文传播。

1. 直播视频传播

在直播结束后，通过视频的形式分享直播活动的
现场情况是直播活动二次传播的重要方式。直播视频
传播主要有3种方式，如图5-16所示。

图5-16　直播视频传播的方式

（1）整场直播内容

运营者可以将整场直播录制下来，这样直播完成
后就可以回放录制的内容，错过直播的用户可以通过
观看直播回放视频来获取直播内容。为了获得更好的
传播效果，运营者可以在制作直播回放视频时为其添
加上片头、片尾、名称、主要参与人员等重要信息。

（2）直播画面集锦

直播画面集锦是指运营者将直播录制下来后，删除没有太大价值的内容，选取关键的、精
彩的直播画面制作成视频，并为视频添加旁白或解说。

（3）直播片段截取

运营者还可以从直播中截取有趣、温暖、有意义的片段，并将其剪辑制作成精彩的短视频
发布到新媒体平台上。

2. 直播软文传播

直播软文传播是指将直播活动的细节撰写成软文发
布在相关媒体平台上，以图文描述的形式向用户分享直
播内容。运营者在撰写直播软文时，可以从不同角度的
切入点编辑内容，如图5-17所示。

图5-17　直播软文的切入点

（1）分享行业资讯

对于主题严肃的直播，运营者可以撰写行业资讯
类软文对直播活动进行二次传播，在行业资讯类软文
中插入直播画面或直播视频片段，从而吸引更多的业
内人士关注或者回看直播。

（2）提炼信息

提炼信息是指将直播活动的核心内容，如新品的主要功能、企业未来的发展方向、产品的
未来研发方向等信息进行提炼，并以此为内容撰写软文。

（3）分享主播的经历

运营者可以用第一人称撰写一篇类似日记、工作日志的软文，在软文中回顾直播过程。相
较于其他叙事视角，第一人称更容易拉近主播与用户的心理距离，这样的软文更容易引起用户
的阅读兴趣。

（4）分享体验

分享体验是指从用户的角度出发，以用户的身份撰写一篇描述观看直播后的体验或感受的
软文。由于这种推广软文不是从运营者或主播等工作人员的角度来写的，而是以用户的视角来

写的，体现的是用户的亲身感受，所以更具有说服力。

（5）分享直播心得

分享直播心得是指运营者以工作人员的角度来撰写一篇分享直播的幕后故事的软文。

 **课堂讨论**

请同学们讨论，视频直播为什么具有巨大的传播力？如何让直播内容在网络上形成裂变式传播？怎样对直播营销活动进行更好的宣传与推广，从而提高企业或品牌商的知名度和扩大影响力？

5.5 直播营销活动复盘

通过直播营销活动复盘，运营者可以了解本次直播营销活动的营销效果，对于效果超过预期的直播营销活动，运营者要分析各个环节的成功之处，为后续直播活动积累成功经验；对于效果未达预期的直播营销活动，运营者要总结此次直播的失误之处，并寻找改善方式，以免在后续直播中再次出现相同或类似的失误。

5.5.1 直播营销活动复盘的基本思路

复盘是指运营者在直播活动结束后对本次直播营销活动进行回顾，通过相关数据分析此次直播营销活动的成败得失，评判直播效果，总结直播营销活动的经验教训，为后续的直播营销活动提供更多有价值的参考信息。

直播营销活动复盘的基本思路如图5-18所示。

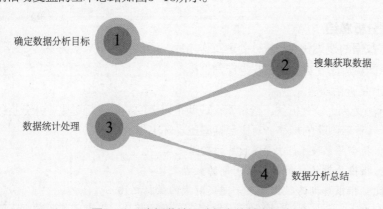

图5-18 直播营销活动复盘的基本思路

1. 确定数据分析目标

直播营销活动复盘要依据数据进行分析，运营者首先要确定数据分析目标，才能有针对性地进行分析，从而使下一次直播营销活动的效果得到全面的优化。

2. 搜集获取数据

有了数据分析目标，运营者接下来就要获取足够的数据。获取数据的渠道有直播账号后台、平台提供的数据分析工具，以及第三方数据分析工具。

（1）直播账号后台

直播账号后台通常会有直播数据统计，运营者可以在直播过程中或直播结束后通过账号后台获得直播数据。

（2）平台提供的数据分析工具

为了帮助企业更好地销售商品，一些平台提供了数据分析工具，如淘宝平台的数据银行、生意参谋等，这些工具能够为运营者提供直播营销活动的相关数据，然后运营者就可以根据这些数据分析直播营销效果。

（3）第三方数据分析工具

随着直播营销的发展，目前市场上出现了很多专门为用户提供直播数据分析服务的第三方数据分析工具，运营者可以利用这些工具收集自己需要的数据。第三方数据分析工具有很多，例如飞瓜数据、蝉妈妈等。

3. 数据统计处理

数据统计处理是指对收集的数据进行排查、修正和加工，以便进行后续分析。通常来说，数据统计处理包括两个环节，第一个环节是数据修正，第二个环节是数据计算。

（1）数据修正

无论是从账号后台或第三方数据分析工具获取的数据，还是人工统计的数据，都有可能出现异常，所以运营者要对收集的数据进行排查，发现异常数据后进行修正，以保证数据的准确性和有效性，保证数据分析结果的科学性和可参考性。

（2）数据计算

通过数据修正确保了数据的准确性以后，运营者可以根据数据分析的目标对数据进行计算，以获得更丰富的数据分析信息，激发更多的数据分析思路。数据计算包括数据求和、平均数计算、比例计算等。为了提高工作效率，运营者可以使用Excel等软件对数据进行计算。

4. 数据分析总结

在完成了数据的搜集获取与统计处理工作之后，运营者接下来就需要对数据进行分析，目前最常用的方法是对比分析法和特殊事件分析法。

（1）对比分析法

对比分析法又称比较分析法，指将两个或两个以上的数据进行对比，并分析数据之间的差异，从而揭示其背后隐藏的规律。对比包括同比、环比和定基比。

- **同比**：指今年第N月与去年第N月的数据之比。
- **环比**：指报告期的数据与其前一期的数据之比。
- **定基比**：指报告期的数据与某一固定时期的数据之比。

通过对比分析，运营者可以找出异常数据。异常数据并非指表现差的数据，而是指偏离平均值较多的数值。例如，某主播每场直播的新增用户数为50~100个，但某一场直播的新增用户数达到200个，这次的新增用户数与之前的相比偏差较大，因此属于异常数据。运营者需要对此类数据进行仔细分析，并查找其出现异常的原因。

（2）特殊事件分析法

很多直播数据出现异常与某个特殊事件有关，如淘宝直播首页或频道改版、主播变更直播标签、主播变更开播时间等。因此运营者在记录日常数据的同时也要记录这些特殊事件，以便在直播数据出现异常时找到这些特殊事件与数据变化之间的关系。

5.5.2 直播营销活动数据分析

在直播数据复盘的过程中，运营者要进行数据分析，在回顾直播流程时用量化的数据总结直播表现。直播间的后续操作需要依靠数据指引方向，运营者可以借助数据分析结果来制订相应的执行方案并进行测试，以优化下一次的直播营销活动。下面以第三方数据分析工具"蝉妈妈"为例来介绍如何对抖音直播间的数据进行分析。

1. 粉丝画像数据

粉丝画像数据包括性别分布、年龄分布、地域分布、粉丝活跃时间、观众来源等指标。图5-19所示为抖音某主播的粉丝年龄分布分析，图5-20所示为该主播的观众来源分析。

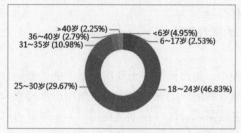

图5-19 粉丝年龄（岁）分布分析

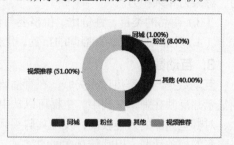

图5-20 观众来源分析

通过以上数据分析结果我们可以看出，在该主播的粉丝年龄分布上，18～24岁的粉丝占比最高，占粉丝总数的46.83%；其次是25～30岁的粉丝，占比是29.67%，这说明该主播的粉丝主要是年轻粉丝；在观众来源上，通过视频推荐进入直播间的观众最多，占比是51%，这说明在直播宣传预热、推广"引流"中，视频推广的力度最大、效果最好。

2. 流量数据

流量数据主要包括人气数据、在线流量、粉丝团人数等指标。

（1）人气数据

人气数据包括观看人次、人气峰值、平均在线、本场音浪、累计点赞、"涨粉"人数、转粉率和送礼人数。其中，转粉率可以根据公式"转粉率=直播"涨粉"人数÷观看人次"得出。图5-21所示为某直播间的人气数据。

人气数据 ❓			
165.1万 观看人次	**7.2万** 人气峰值	**3.9万** 平均在线	**8.2万** 本场音浪
累计点赞 **2,290.2万**	"涨粉"人数 **10.2万**	转粉率 **6.16%**	送礼人数 **2万**

图5-21 人气数据

（2）在线流量

在线流量包括累计观看人次、人气峰值和峰值时间，如图5-22所示。

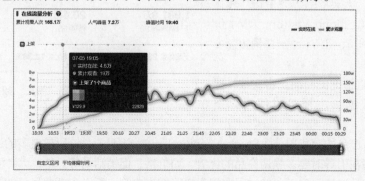

图5-22 在线流量

（3）粉丝团人数

粉丝团人数包括本场新增粉丝团、粉丝团增量峰值和峰值时间，如图5-23所示。

主播可以巧妙地运用优化技巧来提高直播间的流量，具体方法如下。

（1）优化商品，多上架一些"引流""爆款"商品。

（2）主播在推荐商品时要充分运用自己的引导力、感染力和亲和力。

图5-23　粉丝团人数

（3）商品的类目、性价比、价格要与目标用户匹配。

（4）主播可以改善直播间的布置，优化用户的观看体验。

3. 互动数据

互动数据与弹幕热词相关联，在直播营销过程中，用户评论中出现次数最多的关键词会突出显示并反映在弹幕热词中。主播可以从中直观地看到用户的互动内容，了解用户都喜欢聊什么、对哪些商品的兴趣较高，发现其购买倾向和主要需求。这样在下次直播时，主播就可以准备更多的相关话题，以活跃直播间的氛围，或者在直播中持续推荐用户感兴趣的商品。

弹幕热词数据包括弹幕总数、弹幕人数和观众互动率，观众互动率=弹幕人数÷累计观看人数。

4. 转化数据

转化数据主要有浏览互动数据、引导转化数据和直播"带货"数据。

（1）浏览互动数据

浏览互动数据包括商品展示次数和商品点击次数。商品展示次数指商品向用户展示的次数，直播间的弹窗、用户点击进入购物袋或购物车浏览商品都算作展示。商品点击次数指用户实际点击商品的次数，也就是说，用户进入商品详情页查看一次相关信息才能算作一次次数。

（2）引导转化数据

引导转化数据包括商品详情页访问次数和我的橱窗访问次数。假如商品详情页访问次数为10，订单量为3，就说明购买转化率为30%，这是一个比较高的转化率，可见商品对点击进入商品详情页的用户有很强的吸引力。

（3）直播"带货"数据

直播"带货"数据包括本场销售额、销量、客单价、上架商品、"带货"转化率和独立访客（Unique Visitor，UV）价值，如图5-24所示。UV价值=总销售额÷访问人数。

要想增加直播间的商品点击次数，提高商品转化数据，主播可以使用以下方法。

📊 带货数据		
1,981.8万 本场销售额（元）	**20.4万** 销量（件）	**96.97** 客单价（元）
上架商品 **23**（件）	带货转化率 **12.38%**	UV价值 **12.01**

图5-24　直播"带货"数据

（1）丰富产品的存货单位（Stock Keeping Unit，SKU），给用户更多的选择余地。

（2）主播在引导时要多强调商品的优势，如价格、促销活动等。

（3）从商品详情页到下单的过程由用户自己做出决策，所以主播要尽量缩短下单链条。

5.5.3 直播营销活动经验总结

直播营销活动经验总结主要是指运营者通过对多场直播活动进行分析，总结出能够增强直播营销效果的关键信息，并将这些信息记录下来，为后续开展直播营销活动提供有效的参考。直播营销包括直播卖货和品牌营销。直播营销的优势在于通过"面对面"的实时交流，用更为直观的方式与用户进行交流、互动并展示商品，营造富有感染力的场景，使用专业的直播营销话术，帮助企业或品牌商获取更多的用户。打造热门直播有偶然的因素，也有必然的规律，打造热门直播的3个要素分别为人、商品、卖场。

（1）人

运营者在开展直播营销活动时，重要的是找到影响用户并将其转化为消费者的关键人。这个关键人可以是网络头部IP、中腰部"达人"，也可以是企业的上层领导、工厂员工、店铺店员等。但是，他们在不同卖场、不同商品的影响下，"带货"效果存在较大的差异。

网络头部IP最大的价值在于其覆盖面更广，可以用极强的曝光能力创造社会效应，推动品牌面向更多用户，在直播营销中多用于品牌宣传。中腰部"达人"在垂直领域中影响力较强，能够用更接地气、真实的用户记录增强用户对商品或品牌的信任感。运营者可以在多场景中打造多元内容，促进用户产生共鸣，这样"种草"效果会更明显。

（2）商品

商品是直播营销的核心，非常受用户欢迎的直播营销中的商品一般具有"多、快、好、省"的特点，如图5-25所示。

多：库存量较大，品类丰富

省：价格在200元以下

商品特点

快：快消品、下单快、物流快、购买流程较少

好：质量好、外形好、效果好、主题好、成分安全

图5-25 受欢迎的商品的特点

容易打造出热门直播商品的组合方式包括独具特色的商品+IP"达人"+商品原价，一般的商品+IP"达人"+中腰部"达人"，知名品牌的商品+店员+中腰部"达人"，以及大品牌的商品+店员+低折扣等。

（3）卖场

从实体商品市场到淘宝、拼多多，再到以快手、抖音为代表的社交视频平台，不同的时代产生了不同的卖场。运营者要想做好直播营销，选择合适的卖场很重要，要准确了解不同卖场的人群及特点。

各新媒体平台直播营销的特点如下。

• **微博**：微博橱窗+直播"带货"，建立开放的舆论场所，适宜销售服装和生活日用品。

• **抖音**：头部主播相对集中，日用百货、服装等商品的销售占比较大，商品价格集中在100元以内。

• **淘宝直播**：商家、"达人"内容推动流量留存，大主播在直播时能促使商品大量销售；女性用户的消费欲望较强，服装是第一优势品类，珠宝、亲子用品等位居其后。

- **快手：** 以去中心化的社交分发模式为主，主播相对多元、分散，原产地、产业带、"达人"品牌等提供的商品通常是热卖商品。

- **腾讯直播：** 打造微信公众号+小程序+视频号直播的营销矩阵，用私域的方式来调动微信生态内的资源，适合与用户关系较紧密、受信任的主播进行商品推广，目前母婴类商品的卖货效果极佳。

- **拼多多：** 以低价"白牌"商品居多，以促销打折为主要营销手段，直播采用"低价产品或大牌促销+商家解说+折扣"的形式，能够很好地激发用户产生购买行为。

- **小红书：** 流量精准、用户活跃度高、女性用户多，直播营销多选择品牌商品，以及紧跟时尚潮流的商品。

 案例链接

主持人跨界直播

2021年4月23日，李小萌在抖音开启了直播"带货"，数据显示该场直播长达9小时，累计观看人数达106万，人气峰值达1.6万，单场直播销售额为1 025.5万元。这场直播成绩斐然，让李小萌"涨粉"2.7万人次，用户在直播间停留的平均时间长达4分58秒，可见用户对直播的兴趣与对主播的信任很强。

（1）"爆款"商品分析

蝉妈妈数据显示，该场直播共上架88件商品，客单价高达433.48元，UV价值为9.67元，"带货"转化率为2.23%。直播间的所有商品都来自"中国黄金"品牌，以项链和吊坠为主。这场直播的商品安排也考虑了不同用户的需要。不同价位的黄金饰品可以满足不用用户的需求。

（2）直播间用户分析

数据显示，李小萌直播间的用户中，女性用户占比达75.67%，31~40岁用户的占比最大。这个年龄段的用户一般有一定的经济基础，对于黄金类投资单品有较高的热情。因此，这场直播吸引的用户群体比较精准，如图5-26所示。

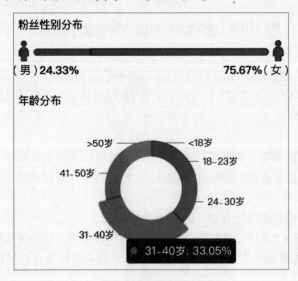

图5-26　用户画像

本场直播产生了4.6万条弹幕，发布弹幕的人数达到9 553人。通过弹幕热词可以看到，免单福利吸引了大批用户，"萌姐""支持""想要"等弹幕热词都能体现用户对于主播的信任。

（3）直播成功经验总结

李小萌口齿伶俐、应变能力强，对用户心理和直播节奏把控得很好。而每一场直播的成功都离不开强大的运营团队，他们需要实时监控直播间情况，及时做出调整，还需要强大的供应链支撑，强强联合才能够发挥最大的潜力。严格把控直播间商品的品质，为粉丝提供刚需商品，服务好用户才能长久地留住用户。

【实训：策划并现场演练直播营销活动】

1．实训背景

直播营销通常包括场景、人物、产品和创意4个要素。

• 场景是指直播时的气氛。

• 人物是指直播的主角，可以是主播或直播嘉宾，他们通常以展示内容的方式与用户互动。

• 产品要与直播中的道具或互动有关，主播或直播嘉宾通常会以植入软广告的方式达到销售产品的目的。

• 创意则是优化直播效果、吸引用户观看的方式，如开箱测评、砍价促销、互动提问等。

2．实训要求

以某品牌服饰为例，策划一场"6·18"直播促销活动，以增加该品牌淘宝旗舰店的服饰销量。

3．实训思路

（1）确定直播主题

组织策划直播营销活动，首先需要明确营销目的，而此次服饰直播营销活动的目的是增加该品牌淘宝旗舰店的服饰销量，主要针对线上用户进行直播营销活动方案的设计。服饰的直播营销活动可以通过视觉感受吸引用户的注意，再通过主播试穿、场景搭建、主播讲解商品并与用户实时互动等环节，带给用户更好、更真实的体验，从而激发用户的购买欲望，促使用户下单。

（2）进行活动策划

一般来说，直播营销活动分为以下3个环节。运营者在不同的阶段中可以围绕直播场景、人物、产品和创意元素进行活动策划。

• 在直播的开头帮助用户感知产品。

• 在直播过程中，引起用户的兴趣。

• 在直播快结束时，促使用户接受营销内容。

每个环节的内容安排与使用的营销技巧都不同。运营者应撰写好活动脚本，注意营销话术的运用及互动环节的设计，如通过弹幕互动、发放直播红包等活动，吸引用户的注意，活跃直播间的氛围。

（3）活动宣传推广策划

分析主打服饰的目标用户人群，根据目标用户人群主要聚集的平台选择线上宣传形式。针对服饰的特点和目标用户人群制作营销海报、撰写活动宣传文案，选择多个平台，如微博、微信公众号及短视频平台进行宣传。

（4）搭建直播间，筹备直播物资

从直播场地、直播道具和直播设备3个方面搭建直接间并筹备直播需要用到的物资。

（5）进行直播营销活动的演练

由同学分别扮演主播、直播嘉宾、模特、副播等，大家一起进行现场直播营销活动的演练。

第6章 音频营销

● 学习目标

➤ 了解音频营销的优势。
➤ 认识主流音频平台并了解其特点。
➤ 掌握音频营销的策略。
➤ 了解音频数据分析的主要内容。
➤ 掌握音频数据分析与应用。

● 学习导图

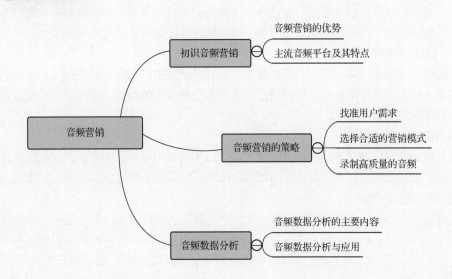

目前，我国音频市场已经进入自传统音频、数字音频之后的音频生态发展阶段。其中，以喜马拉雅为代表的、生态发展更为完善的平台不仅能吸引更多主播入驻，还更容易获得用户认可，最终获得广告主青睐，实现商业价值的增加。

6.1 初识音频营销

音频营销就是以音频为主要传播载体的营销方式。通俗地说，音频营销就是通过音频来进行商业推广，是一种新兴的网络营销模式。音频是个专业术语，人类能够听到的所有声音都可被称为音频。而音频营销中的音频主要是指网络上互动交流的语音、歌曲、朗诵、朗读及其他形式的录音等。

6.1.1 音频营销的优势

音频营销具有以下优势。

扫一扫，看微课

音频营销的优势

1. 全场景式伴随

音频是一种不受场景限制，在一定条件下能够时刻向用户提供补充信息、帮助用户实现认知突破和丰富自我的媒介。因此音频营销的伴随属性是全场景式的，不管是在开车、通勤、做家务、运动的过程中，还是在睡觉之前，用户都可以收听音频节目。对于广告主来说，这种多场景和伴随属性让他们有了更多的广告投放选择。

2. 具有闭屏的特点

闭屏是指关闭手机屏幕。现在用户会被很多开屏媒体，如微信、微博、短视频和直播等吸引，但是很容易在看到广告时有意忽略，或者急不可耐地等待关闭按钮的出现，然后以最快的速度关闭广告，因此广告费用的浪费现象比较严重，曝光不等于被用户接受。而音频广告具有独占性，用户在收听时很少跳过广告内容，这种闭屏特点可以让音频广告更有效地将品牌信息和营销内容传达给用户，其曝光量几乎等于接收量，这也是音频的最大优势之一。

3. 互动性更强

在传统的广播电台中，用户在收听很多节目时是被动的，无法选择广播电台播出的内容。但在音频平台中，用户不仅可以根据自己的喜好来选择收听的内容，还可以通过互动评论的方式表达对内容的看法和感受。

4. 品牌形象更清晰

与其他的新媒体营销方式相比，音频营销可以更清晰地呈现品牌形象，使品牌更具拟人化和个性化特征，从而加深用户对品牌的记忆和理解，并增强品牌忠诚用户的认同感。

5. 高净值用户多

以喜马拉雅为例，第三届喜马拉雅"123狂欢节"的付费收入达4.35亿元，月均每用户平均收入（Average Revenue Per User，ARPU）达90元。对广告主而言，音频营销也因此更具有价值。仍以喜马拉雅为例，其2020年总收听人次高达5.2亿，活跃用户日均收听时长为170分钟。

6. 广告接受度更高

企业可以结合产品的特性、使用功能、相关行业知识等，为用户定制节目，这种广告内容更加感性、"走心"，从而使用户对广告有更高的接受度，企业更容易提高目标用户的转化率。

6.1.2　主流音频平台及其特点

当前，我国主流的音频平台主要有喜马拉雅（见图6-1）、蜻蜓FM（见图6-2）、荔枝（见图6-3）。

图6-1　喜马拉雅

图6-2　蜻蜓FM

图6-3　荔枝

扫一扫，看微课

主流音频平台及其特点

1. 喜马拉雅

喜马拉雅成立于2012年8月，于2013年3月上线移动端版本，原计划首年达到1 000万的用户规模，但实际上仅半年即达成千万用户目标。2014年5月初，喜马拉雅的已激活用户数突破5 000万大关。根据市场最新数据，喜马拉雅的用户量达6亿，2021年1月，其月活跃用户达7 221.6万。喜马拉雅的活跃用户日均收听时长达155分钟，以73%的行业占有率高居第一。

喜马拉雅作为国内音频行业中付费内容订阅的代表，近年来引入了大量优质IP，所带来的收益也较为亮眼。例如，喜马拉雅在2016年上线了一款由《奇葩说》团队创作的付费音频节目《好好说话》，上线当天该音频节目的销售额就接近500万元，全年销售额突破4 000万元，付费用户有20万人。除此之外，喜马拉雅在这些年陆续引入大量名人或团队来丰富平台的付费内容种类，吸引了更多用户关注该平台。

由此可见，喜马拉雅的内容生产模式为专业生产内容（Professional Generated Content，PGC），即由专业团队制作内容，以知识付费为主要盈利模式，但平台每一年都要花费巨大成本来获取IP内容，成本效益低。虽然喜马拉雅的音频内容订阅业务展现出强劲的市场竞争力，但其音频直播业务需要进一步丰富和发展。

喜马拉雅在2020年4月推出"春生计划"，采用多档激励机制吸引优质直播公会加入：平台投入10亿流量并计划打造100家月收入超过百万直播公会。同时，主播的基础分成从原本的33%上升至50%，直播时长要求从60小时减少至30小时。此外，主播的直播时长若达到20天40小时或每月直播流水达标，主播将会额外获得25%～75%的分成。该直播分成措施为喜马拉雅吸引到了众多一线直播公会入驻。由此可见喜马拉雅在进一步丰富和发展音频直播业务上的决心。

除此之外，近年来喜马拉雅也在进一步加强音频智能生态的建设，涉及领域包括汽车、智能家居、智能音箱、智能穿戴等。例如，购买智能AI音箱小雅Nano可获得1年喜马拉雅VIP会员资格，小雅Nano除了能提供丰富的音频内容外，还附带AI语音识别功能，可进一步优化用户在喜马拉雅平台的使用体验。根据喜马拉雅的官方数据，小雅Nano推出后，用户收听喜马拉雅的时长从原本的128分钟上升至180分钟。由此可见，音频硬件的推出增强了喜马拉雅的用户黏性。

总体来看，喜马拉雅对音频直播业务的进一步发展将丰富其在上游音频业务的布局，缓解其营收结构单一的问题；而在音频智能生态上的建设，说明开拓下游市场应用将会是喜马拉雅未来的主要发力点。

2．蜻蜓FM

蜻蜓FM是我国首个音频媒体平台，于2011年9月上线，以"更多的世界，用听的"为口号，致力于为用户和内容生产者搭建生态平台，汇聚广播电台、版权内容、人格主播等优质音频IP。

蜻蜓FM提前布局有声书市场，在行业内首次提出专业用户生产内容（Professional User Generated Content，PUGC）战略，大规模邀请传统电视、广播的主持人和各领域内有专业建树的意见领袖、自媒体人入驻。2018年，蜻蜓FM推出内容矩阵，包括文化名家、女性、新青年、财经、儿童成长、原创自制、超级广播剧、影视IP等，构建全新的、高品质的音频内容，这也是蜻蜓FM为满足不同场景下用户的差异化需求所做的全场景生态中的内容部署。同年，蜻蜓FM加速布局有声书产业，与纵横文学开展合作，并开启有声书主播选秀"天声计划"。

2019年，蜻蜓FM完成全场景生态1.0布局，用户规模达到4.5亿，平均每个用户每天收听时长达到155分钟。其全场景生态的渠道布局包含移动互联网生态和物联网生态。在移动互联网生态中，蜻蜓FM与华为、vivo、小米、百度、今日头条等开展合作；在物联网生态中，蜻蜓FM已嵌入智能家居及可穿戴设备3 700万台、汽车800万辆。

蜻蜓FM依托自身的优势，围绕汽车领域，构建了音频界首个音频汽车MCN矩阵，不仅能够产出优质的汽车音频内容，还能结合主播自身的优势，生产包括直播、视频、图文等内容，全方位、立体化地打造MCN矩阵内容。

在内容生产模式上，蜻蜓FM提出"做出来、走出去、拿回来"的模式，建立起一套完整的内容生态机制。

（1）做出来——即打造优质、"爆款"的内容，对内容制作的硬实力提出极高的要求，蜻蜓FM一向以高品质立足，在此基础上还会加大内容方面的投入。

（2）走出去——在蜻蜓FM已经建成的全场景音频生态基础上，寻找更多外部的生态合作伙伴，与终端厂商进行流量的联合运营，放大"爆款"内容的价值。

（3）拿回来——在用户和合作伙伴对蜻蜓FM的"爆款"内容生产能力有强认知之后，不论是流量还是收入，都会产生自然的回流，进一步反哺平台和主播，推动产出更多的优质内容。

在商业模式方面，蜻蜓FM提出"会员全站畅听"模式，即将蜻蜓FM所有的内容整合为统一的会员模式，取消单点付费，为所有会员打通平台上的付费内容。

在蜻蜓FM提出会员全站畅听模式之前，长音频行业中流行单点付费的商业模式，这种模式可以让平台获得较大的短期流量和收益，但长时间使用则会导致版权方与平台博弈、用户规模停滞与平台的内容生产能力削弱等问题。会员全站畅听模式则从用户、平台和上游、主播等多个层面打破了这个困局，可以让平台从原本单一的单点视角转变为以用户为中心的视角，从以前注重单一的项目，到现在开始思考用户在不同场景下需要的内容和服务。

在这种模式下，平台可以更好地专注于用户的个性化服务，做好内容的长尾服务，从而拉长用户价值周期，提高平台的整体ARPU值，挖掘更多的新用户，从而扩大行业规模，为上游的内容提供方带来更多收益，从而形成行业的良性循环。

3．荔枝

荔枝（原名"荔枝FM"）是一个用户生成内容（User Generated Content，UGC）音频社区，以"帮助人们展现自己的声音才华"为目标，重塑了传统音频行业中原本割裂的音频制作、存储、分发产业链，让每一个人都可以通过手机进行一站式的创作、存储、分享和实时互动，让人们用声音记录和分享生活，由此积累了大量的用户和内容创作者。

荔枝以年轻用户为主，"90后""00后"用户群体占比超过90%，该用户群体的付费意愿强且活跃度高，是高价值的互联网流量。他们成长于移动互联网时代，有着强烈的表达创作欲望，兴趣广泛，有着独特的圈层文化，也是线上娱乐消费的主力人群。

在此基础上，荔枝探索了多样化的商业模式，如直播社交、付费内容、粉丝会员、游戏联合运营、物联网（Internet of Things，IoT）场景拓展等，尝试在良性的社区生态中衍生更多的商业化空间。不过，荔枝的主要收入来自音频收入。音频收入在荔枝整个收入中的占比一直很高，且逐年攀升，剩下较少占比的收入则由广告、播客等其他方式产生。在2020年荔枝的收入组成当中，音频收入占比超过了98%。

这样的收入组成意味着用户的付费意愿至关重要，只有用户付费意愿强，荔枝的收入才能越来越高。财报透露，荔枝在2020年下半年取得的盈利主要得益于付费用户的增长和品牌商的增加。

虽然过于倚重音频收入的收入组成限制了荔枝的赢利，但荔枝坚持UGC方向的做法使自己免去了被内容成本压制的苦恼，而荔枝是用"声音"留住用户的，说明用户与主播之间建立了情感联系，用户黏性较强，用户更换平台的可能性不大。虽然从资本角度来讲，荔枝与喜马拉雅等竞争者难以匹敌，但从用户角度来看，荔枝的平台模式恰好使其避开了与行业巨头的正面碰撞。

目前，在我国音频领域的用户中，男性占比为60%左右，其中以36～40岁的人群为主。而荔枝的用户画像则与此不同，其中56%为女性，且半数以上的用户为"90后"。与强调专业化或娱乐化的其他音频平台相比，荔枝的内容更倾向于情感和陪伴，这也是其用户黏性较强的原因之一。因此，荔枝在音频领域与其他平台形成了差异，这也成为荔枝自身的"护城河"。

课堂讨论

请同学们下载以上3款软件，通过试听对比这3款软件有何异同，讨论分析它们各自的特点与优势分别是什么。

6.2 音频营销的策略

音频营销的策略主要有找准用户需求、选择合适的营销模式和录制高质量的音频。

6.2.1 找准用户需求

洞察用户需求应该是新媒体运营者的"职业本能"，只有了解什么是用户真正的需求，才能在这个时代通过营销制胜。因此，就音频新媒体而言，主播及新媒体运营者首先要挖掘在线音频用户真正的需求，这样才能有的放矢。

图6-4所示为艾媒数据中心发布的2021年我国在线音频用户偏好收听内容类型的调查结果。该调查显示，在线音频用户主要收听的内容类型为娱乐内容，其次是知识学习、生活内容、资讯内容和音乐电台等。这在一定程度上反映出我国在线音频用户的泛娱乐化休闲需求较大。

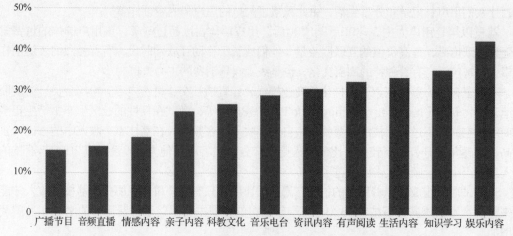

图6-4　2021年我国在线音频用户偏好收听内容类型

要想促进音频行业的发展，行业人士就要进行内容生态的建设，如今喜马拉雅、蜻蜓FM和荔枝等在线音频平台通过品牌营销等方式积极开拓付费市场，促进音频行业内容的消费升级。随着用户对品质化、功能性内容的需求不断增强，其付费意愿也将逐渐增强。

在音频付费内容方面，以前平台以提供知识类内容为主。随着在线音频市场的发展，伴随着用户年轻化、休闲方式碎片化的特点，除了知识类内容以外，用户对情感节目、脱口秀等泛娱乐化节目的需求不断增加，泛娱乐在线音频付费市场有望进一步扩大。

课堂讨论

　　请同学们讨论分享自己在音频软件上最常听的节目类型，并说明自己是否有付费行为，再谈一谈促使你付费的因素是什么。

6.2.2　选择合适的营销模式

随着科技的发展和娱乐方式的多样化，很多独具特色的音频平台不断出现，其在丰富人们生活的同时，也成为广大企业或商家开展内容电商营销的重要渠道。在各种移动场景中，单纯的视频节目很难完全满足用户的碎片化需求，而伴随属性较强的音频节目恰好能满足用户的碎片化需求。

与传统广播不同，在线音频的营销不是纯粹建立在声音媒介上，而是基于依托于智能交互设备与互联网传播的富媒体，这也意味着在线音频的营销手段更加丰富。音频营销的核心在于打造适合用户的产品场景及增强用户黏性，其强互动性和内容的多元性可以让广告投放变得更加智能、有效且可追踪，这正是音频营销的价值。

音频营销模式主要有以下几种。

1. 插入广告

在音频中插入广告是利用音频内容进行营销推广的方式之一，与在视频中植入广告相似，通常会取目标受众集中的音频节目进行广告植入，例如，以年轻女性群体为主的音频节目内容往往会插入美妆类产品、女装类产品的广告。这类营销模式将产品推广内容与音频内容巧妙结合在一起，从而取得精准的传播推广效果。

以喜马拉雅为例，喜马拉雅将这类广告称为声音流广告。用户在听音频时，很难跳过音频节目中的广告，这样一来，在用户独占场景中插入的广告的触达率较高。此外，声音流广告的时长只有15～30秒，时间短，不容易引起用户的反感，而且喜马拉雅可以根据产品的属性挑选音色与之匹配的配音演员录制广告，这在无形中也为产品增添了魅力。

 案例链接

喜马拉雅声音流广告

某目标受众以男性为主的国际啤酒品牌尝试了喜马拉雅的声音流广告，那么声音流广告的真实效果如何呢？怎样才能客观评价声音流广告的效果呢？

声音流广告的营销效果评估体系由13个指标组成，分别从品牌内容互动效果、目标受众触达效果和受众行为转化效果等全方位地监测和评估用户的行为，如表6-1所示。

表6-1　声音流广告的营销效果评估体系表

评估体系	具体内容
品牌内容互动效果	品牌认知度提升率、品牌喜爱度提升率、转化意向率提升率
目标受众触达效果	完播率、亮屏率、点击率、品牌再认度、广告评价、广告后行为
受众行为转化效果	浏览率提升率、搜索率提升率、加购率提升率、购买率提升率

在品牌再认度上，喜马拉雅的声音流广告达63.4%，超过视频贴片广告的50.5%和信息流广告的41.9%，使该品牌与用户建立了更深的关系。在广告喜好度和广告后行为上，有42.3%的用户表明喜欢该啤酒品牌的声音流广告，74%的用户有明显的购买、查询和推荐的行为。

该啤酒的品牌互动大大增强了营销效果，品牌认知度从6%提升至47%，品牌喜好度从13%提升至42%，品牌推荐意愿从17%提升至26%。声音流广告对品牌认知度、品牌喜爱度和品牌购买意愿的提升率均大幅超过视频贴片和信息流广告的提升率。

该啤酒的声音流广告在浏览率上略低于视频贴片广告，但在加购率和下单率上明显反超视频贴片广告，加购率提升率比视频贴片广告高出2.3%，下单率高出6.5%，如图6-5所示。另外，从站外"引流"率来看，声音流广告与视频贴片广告持平，但优于信息流广告；而从站内转化率看，声音流广告优于视频贴片广告。由此可以看出，声音流广告能高效地将用户"引流"到电商平台，并且能较好地促进站内销售转化。

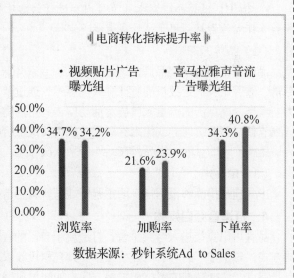

图6-5　电商转化指标提升率对比

除了在音频中插入广告外，插入广告的方式还包括在音频直播中插入广告。以荔枝为例，人气主播在直播时，其直播背景可以设计成与企业品牌相关的内容，主播在直播期间也可以在公屏上发布与产品有关的信息，还可以根据用户需求定制互动活动，如在直播间发红包，红包里可以是优惠抵扣券等。

2. 与主播合作

品牌与主播合作，摒弃一般广告的硬性植入模式，可以发挥主播的个人影响力和号召力，强化品牌与目标用户的深度沟通。与主播合作的方式之一是合作定制节目，根据品牌和产品的特点，通过设定粉丝特权加速营销转化。

例如，专业防晒伞品牌蕉下的"小黑伞"就曾植入某音频主播的节目中，整期节目是围绕外出游玩展开的，主播引导没涂防晒霜的用户去购买防晒伞。这期节目是主播专门创作的，节目风格一如该主播以往的风格，主播介绍了"小黑伞"的特性、优惠活动、购买方式等信息。

要想通过与特定主播合作定制节目、植入节目的方式实现营销转化，品牌方就要设定用户特权，在"小黑伞"的广告植入中，用户找到客服，说明自己是主播的粉丝后还有额外赠品，这就展现了用户的专属感。

3. IP营销

IP营销是指采用IP整合营销、品牌开课、IP共建的方式发挥IP在品牌营销活动中的作用。这种以针对品牌定制的优质音频IP节目为媒介，在潜移默化中传递品牌价值的方式，减少了品牌营销活动与用户的疏离感，更容易被用户接受。

（1）IP整合营销

IP整合营销是指品牌IP通过音频IP的粉丝效应实现品牌曝光，而音频IP通过品牌IP的赞助支持给粉丝发放福利，以增强粉丝的黏性。

IP整合营销主要涉及冠名、植入、互动和衍生等形式。

- **冠名：**冠名主要有口播冠名、专辑文字描述、配套硬广等。
- **植入：**根据品牌信息、调性及需求与节目内容实现深度绑定。
- **互动：**制作线上的具有创意的H5内容，也可以定制线下主题活动。
- **衍生：**根据品牌需求及节目内容进行创意延展，授权企业使用合作冠名节目的冠名称号和节目宣传素材，用于站外线上线下宣传。

（2）品牌开课

品牌开课是指围绕品牌主题邀请名人、专家开课，或在平台上挑选与品牌调性契合的付费专辑，然后购买一定数量的听课券或优惠券，通过节目赠送给品牌的目标用户。而平台会在各类高曝光、高点击的流量入口展示活动广告。用户需要通过集赞、抽奖、社交分享等方式传播音频节目，获取听课券或优惠券以后才能免费或低价收听付费节目。这种方式能够有效地达成传播品牌信息的目的，为品牌在站外带来二次曝光。

（3）IP共建

IP共建是指品牌根据自身的主题调性与音频平台强强联合，双方共同孵化IP。

4. 打造音频自媒体

品牌可以直接进入音频平台，打造属于自己的音频自媒体，这是一种很好的拓展营销渠道的方式，对于推广品牌、增强粉丝黏性具有积极效果。当然，企业在打造音频自媒体时要结合自身特点，选择精准的定位和发展方向，如知识攻略型、"达人"互动型、幽默搞笑型、活动传播型、情感美文型等。

以喜马拉雅为例，喜马拉雅推出了品牌电台功能，这是基于广告主建设品牌的需求，运用音频节目的组织形式打造的音频营销模式。品牌方打造好品牌电台后，既可以自行负责音频内容的制作，也可以选择由喜马拉雅邀请合适的主播制作相关内容。而在宣传推广层面，喜马拉雅利用大数据算法生成的用户画像信息，可以实现精准推荐和投放，并推动品牌和喜马拉雅用户之间进行沟通交流。

5. 平台活动

各大音频平台都会推出相应的平台活动来吸引巨大的流量、为品牌赋能。例如，喜马拉雅一年一度的内容消费狂欢节"123狂欢节"已成为声音内容的行业盛会，品牌只要成为"123狂欢节"的赞助人，就可以享受巨大流量红利，进一步优化品牌形象。

喜马拉雅还推出了趣味短视频配音功能，用户可选择多种类型的热门配音素材，跟随字幕模仿或进行创意配音，体验角色扮演和配音的魅力。平台还为品牌举办配音挑战赛，让用户自发传播配音挑战赛的相关信息，自发为品牌发声。

 案例链接

VIPKID配音挑战赛

喜马拉雅为在线少儿英语品牌VIPKID定制的"青少儿英语配音挑战赛"是一个"听说"俱佳的营销大事件。声音是语言的第一载体，而配音能够通过营造沉浸式的体验，通过传递语言的美感来激发人们的学习兴趣。喜马拉雅为VIPKID定制的配音挑战赛将英语知识点融入充满趣味和艺术感染力的配音内容当中，寓教于乐，能有效激发儿童的主动性，让他们能够身临其境地学一口地道的英语。

荔枝曾开展跨平台H5音频互动活动，围绕品牌或产品进行主题定制，为品牌定制跨平台音频互动活动。用户按照活动要求上传音频作品、投票分享，实现与品牌的深度互动。另外，荔枝还面向全平台举办公益主题比赛、歌唱比赛、脱口秀比赛等，品牌以冠名形式露出，吸引众多主播参与比赛、赢取奖励。荔枝每年会举行年度活动，如每年的"荔枝声音节"、9～10月的大学生音乐比赛、年底的年度盛典、荔枝城市代言人活动等。

6.2.3 录制高质量的音频

音频新媒体内容的主打特色是声音优势，因此主播要录制高质量的音频。为了做到这一点，主播可以从以下几个方面出发来提升音频节目的品质。

1. 备好稿子

主播应备好稿子，以保证录制音频的过程流利、顺畅。主播最好提前看一遍甚至几遍稿子，而不只是粗略浏览，最好还能把不确定的字音核查清楚，这样就不至于在正式录制时出现停顿、一句话读不通顺、断句过多等情况。

2. 投入感情

为了避免让听众产生冷冰冰、严肃和刻板的感觉，主播在录制音频时要投入感情，这样可以提高音频质量。

3. 放松身心

主播在讲话时不要带有浓厚的背诵痕迹，而要放松身心，让自己保持身心愉悦，尝试用自然的方式讲话。

4. 控制语速

很多新手主播会出现拖音的问题，其原因有很多，例如眼睛跟不上嘴巴、嘴巴跟不上眼睛、自认为读得太快等。主播可以在录制完成以后与自己喜欢的节目作对比，调整语速，循序渐进，保持适中的语速，让自己渐入佳境，自然发挥。

5. 避免"喷麦"

"喷麦"也叫"爆麦""炸麦"，一般出现在主播读爆破音时。录制音频时出现"喷麦"一般是由于主播的嘴巴距离录音设备太近，控制好距离即可避免该问题。主播可以使用耳麦录制音频，这样音频的音质会更好。

6. 音量适中

主播的音量不能过大或过小。如果音量过大，震耳欲聋，主播就要有意识地压低嗓门，渐渐形成习惯；如果音量过小，声若蚊蝇，主播就要在录制音频之前放声朗读5分钟以上，打开喉咙。

7. 减少噪声

录音设备非常敏感，旁边有人说话、附近的道路上有车开过，或者有任何比较大的响动，这些情况下产生的噪声都有可能被录入。主播可以采用以下措施来减少噪声。

（1）录音时关闭门窗，同时不要在太狭窄或太空旷的地方录音。在过于狭窄的地方录音会让声音听起来很闷，在过于空旷的地方录音会使声音听起来自带混响效果。

（2）在录制过程中如果遇到杂音，要先停下来，等杂音过去以后重录一遍，录完以后剪辑即可。

（3）录音时身体不要有太大幅度的移动，以避免出现杂音。

（4）不要穿摩擦声太大的衣服录音，否则不经意的动作发出的声响就会被录入。

（5）耳机线不要触碰到手机。主播可以握住耳机线，或者待在耳机线碰撞不到其他东西的地方，从而避免杂音的出现。

如果设备自带杂音，可能是设备的听筒存在故障，或者电路有问题，这时主播要及时检查维修设备，或者重新购买更适合录音的设备来录制音频。

8. 避免口水音

主播要注意让口腔的湿润度处于合适的水平，有经验的主播经常采用以下小妙招：吃苹果、多喝温开水、打开口腔、注意保持嘴巴与话筒之间的距离、观察自己容易发出口水音的字词并尽量规避它们，或者调整舌头的位置来避免口水音。

6.3 音频数据分析

要想更好地进行音频营销，运营者要善于进行音频数据分析，每日查看音频数据，根据数据的变化趋势调整营销策略。

6.3.1 音频数据分析的主要内容

以喜马拉雅为例，运营者可以登录喜马拉雅，点击头像右侧的"主播工作台"进入界面，该界面包含数据、节目、收益等相关的信息。运营者可以点击"数据"，查看详细的细分数据。

音频数据分析的主要内容如下。

1. 总体概览

总体概览主要包括核心数据、来源分布、播放趋势、我的排名等，如表6-2所示。

表6-2　总体概览

指标	说明
核心数据	包括播放量、粉丝数、订阅数、完播率，每一类数据都展示每日、每周或每月的变化比率
来源分布	展示播放量、粉丝数、订阅数、完播率、分享、下载量、评论数、收听时段等数据的贡献来源占比，包括App、Web/H5、开放平台和其他来源，以环形图展示
播放趋势	展示作品在某一时间段内的播放增加数的变化趋势，以折线图展示
我的排名	有两个维度，一是全部主播，二是有声书，展示主播在某一时间段内的排名变化，以折线图展示

2. 专辑数据

专辑数据用来分析节目质量，主要有核心指标、专辑排名、收听时段、留存分析等，如表6-3所示。

表6-3　专辑数据

指标	说明
核心指标	包括订阅数、播放量和完播率，这三项数据都展示昨日、较前一日和总计等3类数据，主播可以很清晰地看到专辑数据的变化情况
专辑排名	以折线图展示专辑在某一时间段内的排名变化趋势
收听时段	以折线图展示专辑节目在一天各个时间点的收听率变化趋势
留存分析	用表格的形式记录首次收听时间（时间范围为1周），新增听众数量，以及1周后、2周后乃至9周后的听众留存率

3. 声音数据

声音数据是对特定的音频作品进行数据分析，展示的数据有发布时间、播放量、评论数、完播率和跳出分析。

4. 听众分析

听众分析包括地域分布、性别比例。地域分布以横向柱状图展示，可以清晰地呈现出各地区的听众数量占比，让主播更好地了解听众的人员构成，从而为主要的听众提供符合其地域特色的作品。性别比例用饼状图展示男女听众的数量占比，可以让主播了解自己的听众的性别比例，为占比更高的性别群体提供其更感兴趣的内容，从而提高音频作品的播放量。

6.3.2　音频数据分析与应用

下面以某位喜马拉雅主播的界面为例来介绍具体的音频数据分析与应用。

进入"总体概览"页面，即可看到该主播的核心数据，其中播放量为12 991次，粉丝数为27人，订阅数为43人，完播率为62.88%，如图6-6所示。从粉丝数和订阅数看出，该主播是一个新手主播，粉丝量不多，订阅数也不高，但完播率还不错，近期播放量总体呈现出增长趋势。

图6-6　核心数据

在该主播作品的播放量"来源分布"中，"其他"的占比明显比别的来源项更高，这说明该主播经常把作品分享到微信等，通过好友助力来增加播放量，而App、Web/H5等带来的播放量加到一起才与"其他"带来的播放量大致相同，如图6-7所示。因此，该主播要不断优化节目的内容、标题，吸引更多平台内的用户关注。

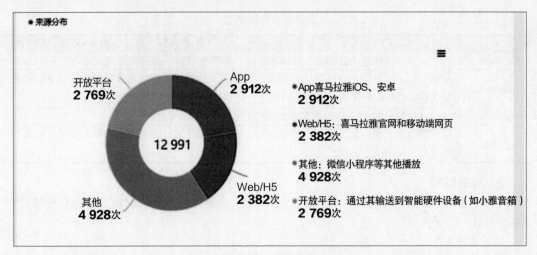

图6-7　来源分布

　　在选择的时间段内，该主播的最高播放量增加数出现在9月1日，之后播放量增加数直线下滑，后呈波动变化，如图6-8所示。从该时间段整体来看，该主播的播放量增加数首尾持平，这说明该主播在9月1日更新了节目，且节目质量受到用户认可，但后期并未更新节目，而9月1日更新的节目时效性较强，在后期无法贡献更多的播放量。

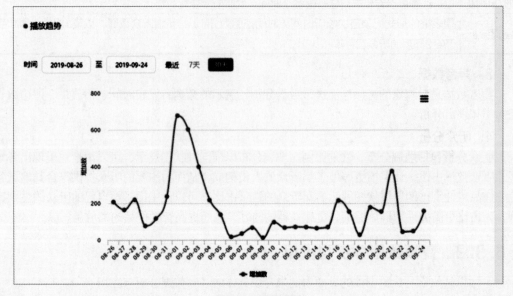

图6-8　播放趋势

　　由于该主播是新手主播，发布的作品量较少，因此在喜马拉雅的所有主播中排名靠后，但该主播也曾凭借优质的作品获得巨大的播放量，从而快速提升排名，但在后期排名又有下降，如图6-9所示。该主播可以分析自己排名最高的时间段内发布的作品的特征，在以后发布更多具有相同特征的作品，以获得平台和用户的认可。

　　该主播的某个专辑获得的订阅数很少，但播放量较前一日有了较大的提升，完播率也提升了不少，如图6-10所示。订阅数很少说明主播的专辑标题和专辑介绍可能不是很有吸引力，但播放量和完播率有所提高，说明内容质量较高，逐渐获得用户的认可。主播可以完善专辑标题、介绍，并对外宣传推广自己的专辑，增加"公域流量"，将其转化为订阅用户。

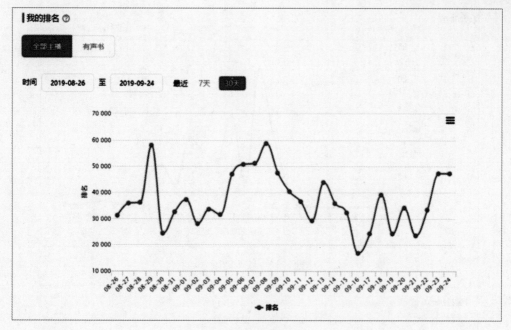

图6-9　我的排名

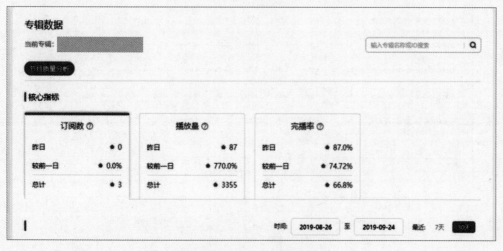

图6-10　专辑数据

　　该主播的专辑收听率较高的收听时段主要分布在早上9点到10点、中午12点到下午3点以及下午5点，如图6-11所示。因此，该主播可以在这些时间段发布新作品，尽量避开晚上7点到11点竞争激烈的时间段。

　　关于留存分析，该主播的听众留存率较低，听众在1周后的留存率在第3周至第39周只有5%左右，如图6-12所示。这说明前期积累的粉丝在后期流失严重，因此该主播要多发布作品，提高发布作品的频率和作品质量，强化个人定位，并且可以创建社群维护粉丝。

　　关于声音数据，该主播的音频作品普遍播放量较低，完播率也不高，如图6-13所示。播放量不高的原因主要在于标题没有吸引力，过于平淡，无法吸引用户点击收听；而完播率不高的原因可能在于音频的内容吸引力不足，或者是主播的声音不够好听，又或者是其内容没有悬念，张力不足。该主播要在以上这几个方面进行改进。

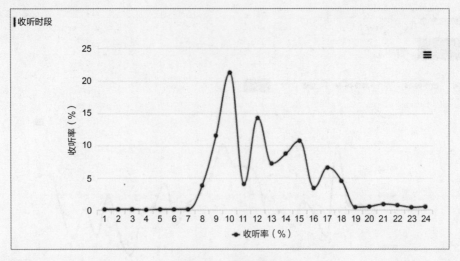

图6-11　收听时段

首次收听时间	新增听众	留存率								
		1周后	2周后	3周后	4周后	5周后	6周后	7周后	8周后	9周后
第39周 2019-09-22～2019-09-29	8	0.0%	0.0%	0.0%	0.0%	0.0%	0.0%	0.0%	0.0%	0.0%
第38周 2019-09-15～2019-09-22	40	5.0%	0.0%	0.0%	0.0%	0.0%	0.0%	0.0%	0.0%	0.0%
第37周 2019-09-08～2019-09-15	20	5.0%	5.0%	0.0%	0.0%	0.0%	0.0%	0.0%	0.0%	0.0%
第36周 2019-09-01～2019-09-08	19	5.3%	10.5%	5.3%	0.0%	0.0%	0.0%	0.0%	0.0%	0.0%
第35周 2019-08-25～2019-09-01	23	8.7%	4.3%	13.0%	8.7%	0.0%	0.0%	0.0%	0.0%	0.0%

查看更多 ▾

图6-12　留存分析

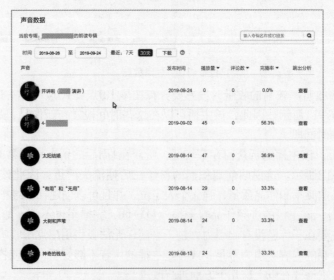

图6-13　声音数据

关于听众分析，该主播的听众中，男性占58.2%，女性占41.8%，男性听众占比较高，但男女性别比例相差并不太大，如图6-14所示。

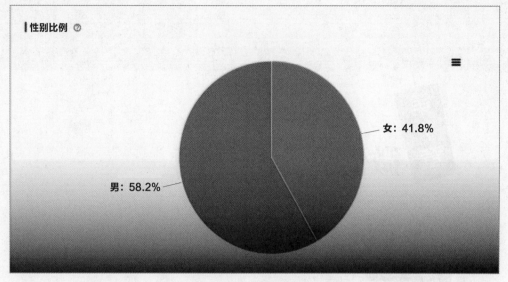

图6-14 性别比例

【实训：喜马拉雅平台的作品发布与分析】

1. 实训背景
音频是一种不受场景限制，在一定条件下能够随时随地向用户提供补充信息，帮助人们实现认知突破和自我丰富的媒介，其营销价值在新媒体时代得到空前放大。与其他的新媒体营销方式相比，音频营销的优势在于声音能够清晰地呈现品牌形象，使品牌更具拟人化和个性化特征，从而加深用户对品牌的记忆和理解，并增强品牌忠诚用户的认同感。

2. 实训要求
选择某个音频平台，录制音频并分析各项数据。

3. 实训思路
（1）选择平台

选择喜马拉雅平台，注册账号，取一个合适的昵称。

（2）录制音频

备好稿子，投入感情、放松身心地说话，语速适中，音量适中，嘴巴与话筒保持合适的距离，同时布置安静的环境以减少噪声。

（3）分析数据

观察作品的各项数据，如总体概览（核心数据、来源分布、播放趋势、我的排名）、专辑数据（核心指标、专辑排名、收听时段、留存分析）、声音数据（发布时间、播放量、评论数、完播率和跳出分析）、听众分析（地域分布、性别比例），通过数据分析找出自己的不足，发现自己的优势，扬长避短，不断提升作品质量，吸引更多的粉丝。

第7章 微信公众号营销

学习目标

➤ 了解微信公众号的营销优势及微信公众号的基本设置。

➤ 掌握微信公众号的品牌构建策略、内容推送策略、营销活动策划和"涨粉"策略。

➤ 掌握微信公众号文案的写作技巧和排版技巧。

➤ 掌握微信公众号用户分析、内容分析、菜单分析和消息分析等数据分析方法。

学习导图

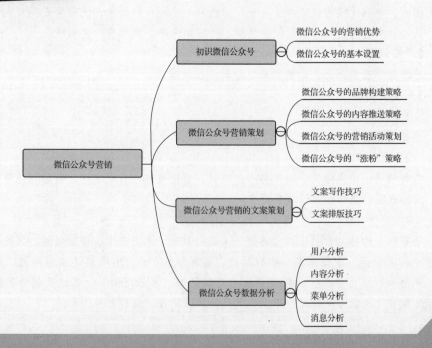

微信公众平台凭借潜在用户数量多、营销成本低廉、营销定位精准、营销方式多元化及人性化、触达率高等优势快速成为企业开展社会化营销活动的"标配",并且创新了营销模式,让企业或个人可以通过提供用户需要的信息推广自己的产品或品牌,扩大自身的影响力。

7.1 初识微信公众号

扫一扫,看微课

微信公众号的
营销优势

微信公众号是开发者或商家在微信公众平台上申请的应用账号。通过微信公众号,开发者或商家可以在微信平台上与特定群体以文字、图片、语音、视频等形式进行全方位的沟通与互动,形成一种主流的线上线下微信互动营销方式。

7.1.1 微信公众号的营销优势

微信公众号是目前运营者在微信上开展内容营销活动的主要渠道。微信公众号分为两类,即订阅号和服务号,如图7-1所示。

任何组织和个人都可
以申请,每天可群发
一条信息,认证后可
自定义菜单。

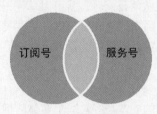

订阅号　服务号

只面向企业或组织机构,
申请后自带自定义菜单,认
证后有高级接口,每周可群
发一条信息。

图7-1　微信公众号类型

微信公众号营销具有以下五大优势。

1. 可以实现精准化营销

微信公众号营销的最大优势是可以瞄准用户的真正需求,所有的消息推送、产品宣传和销售都按照用户的需求进行,以此来精准获取用户,实现精准化营销。

传统的营销方式,如报纸、杂志、广播、电视等,都是"撒网式"宣传,只负责发布信息,对于能被多少人看到、被多少人接受则不会有太多的关注。即使是互联网时代比较流行的搜索引擎营销等,也多是单方面的信息传递,企业主动向用户传递信息,而用户只能被动接收企业推送的信息,无法根据自己的需求更好地接收信息,更无法实现消费。很多营销方式在获取用户的能力上是不定时、不定量的,既无法保证数量,又无法保证质量。如果一个企业在营销活动中无法引导用户,这就意味着它所做的一切可能是无用功。

微信公众号的运营者可以通过后台的管理功能对用户进行数据分析,分析用户的增长情况和用户属性,以此来调整自己的运营策略,不断进行改进和修正,使内容更符合微信公众号的定位、更有针对性、更符合用户的选择和需求,因此其营销活动会开展得更容易。

2. 可以承载海量信息

微信公众号可以承载大量的、类型多样的信息。虽然系统对微信公众号信息的群发数量有严格的限制,但这丝毫不会弱化用户的阅读需求,而微信公众号的信息是不断累积的,在运营者不删除信息的条件下不会因为时间的推移而消失。例如,一位新用户在2020年关注了一个早在2016年就开通的微信公众号,但他只需要通过查看历史消息,就可以阅读该微信公众号自2016年以来发布的所有信息。

运营者可以对消息进行自由而灵活的编辑。微信公众号的素材形式多样,包括文字、图片、视频、声音等，再加上相互之间的自由组合，运营者可以通过更丰富、更多样化的形式向用户展示信息。

3. 推广形式多元化

微信公众号可以将线上和线下、PC端和移动端很好地结合起来，大大拓展了营销渠道。营销渠道的拓展使推广形式变得越来越多样化。微信公众号的推广形式主要有以下几种。

（1）促销活动

促销活动是微信公众号营销的重要表现形式，是吸引用户参与、促成交易的重要手段，有抽奖、赠礼、打折和免单等形式。这些促销活动除了可以吸引用户参与外，还可以提高用户对企业的关注度，为以后的营销活动奠定更加牢固的基础。

（2）投票活动

投票活动是指用户在官方微信公众号设定好的页面进行投票，票数最多者即可获得一定奖励。为了获得奖励，用户会主动为自己拉票，让朋友、同事、亲友和其他微信好友为自己投票，这在无形中就帮助微信公众号进行推广宣传。

（3）扫描二维码

用户只要扫描二维码并成功关注微信公众号，就可以享受一定的优惠，或者得到赠品。用户对于这种推广形式的接受度较高，因为行动成本很低，只要关注官方微信公众号就可以获得优惠。对于大多数用户来说，只要企业可以提供适合自己的商品，他们一般都会尝试关注其官方微信公众号。

4. 可以降低营销成本

对于企业来说，运营微信公众号的成本与经营线下实体店相比要低得多。微信公众号相当于一个简易版的App或微网站，微信已经把底层构架与功能设计好了，企业一般可以直接使用，各种功能也不用付费，只要注册一个微信公众号，企业就可以在微信平台上与特定用户群体沟通，而且开展微信公众号营销活动的成本也较低。

5. 与用户的互动更有效

微信是一个社交平台，所以微信公众号的运营要注重互动。良好的互动能不断吸引新用户加入并留住老用户。很多运营者喜欢使用微信公众号的自动回复功能，这是微信公众平台的一个优势，只要通过后台设置，系统就可以根据用户互动时发送的关键词进行有针对性的回复。但是，自动回复功能也有无法解决的问题，而且类似于机器人回复，会让用户在心理上产生抵触，因此运营者要多采用人工回复的方式进行互动，这样的互动可以使用户的体验变得更好。

运营者在采用人工回复的方式时，要注意以下几点。

（1）精选互动内容，选择互动方式，给用户独特的体验，力争做到互动内容和方式有差异，深入用户内心，满足用户的实际需求。

（2）把握互动时机，最好每天发一次消息。但运营者要把握分寸，对于发布的内容要严格把关，不能为了完成每天群发一次消息的任务而随意发布内容，这样会使企业的官方账号丧失权威性。

（3）掌握互动频率，不要把微信公众号当作群发内容的管理器，也不要在群发消息时一次推送过多内容，这样只会适得其反，内容的打开率会非常低。

（4）提示分享、转发、收藏，在一篇文章中做一个页脚，引导用户点击该页脚，然后将文章分享到朋友圈。这种文章的发送频率最好控制在一周一篇。

（5）充分利用评论功能，以增加与用户的互动，增强用户黏性。

7.1.2 微信公众号的基本设置

在正式运营微信公众号前，进行微信公众号的基本设置是一个非常重要的步骤，在名称、头像、欢迎语、自动回复、菜单栏等方面进行精妙的设计是微信公众号吸引用户关注的重要条件。

1. 名称

用户在微信中搜索微信公众号时，一个好的微信公众号名称可以给用户留下深刻的印象，这是企业在正式运营微信公众号之前获取用户关注的一个有效途径。一个好的微信公众号名称可以快速"圈住"目标用户群体，名称即使没有直接体现目标用户群体，也要体现比较适合哪类群体关注。如果一个新号设置了一个高搜索率的名称，无异于获得了非常有价值的推广资源，可以极大地降低推广成本。

微信公众号的取名方式有展示企业或产品名称；展现功能和服务；展现区域特征；表明行业内容；冠以"百科"字眼；利用修辞手法；展现令人惊奇的内容。企业、机构或个人在为微信公众号取名时，可以任意选取其中一种方式或综合使用其中几种方式。

在取名时，运营者要规避以下几个方面的问题。

（1）如果企业自身还没有形成品牌知名度，就不要使用生僻词汇，而应使用常见的、搜索率高的词汇，以增强微信公众号的宣传效果。

（2）微信公众号的词汇选取的范围不要太大、过于宽泛，而应在行业、功能等宽泛的词汇前加上地域名称、企业、产品、特征等能具体体现账号运营内容的词汇。一般来说，名称中的词汇越宽泛，重复性越高，微信公众号的竞争也会越大。在一些热门领域中，选择在细分领域中深耕反而能另辟蹊径，吸引更精准、更优质的用户。

（3）不要刻意为了追求新奇而选取一些不能被用户所理解和认同的词汇，微信公众号名称要符合道德规范、风俗习惯和文化标准。

2. 头像

微信公众号的头像是体现企业、机构和个人等账号主体特征、功能的重要标志之一，代表了微信公众号的个性和风格，展现了微信公众号的品牌形象，同时还方便用户对微信公众号进行认知和识别。一个优秀、吸引眼球的头像可以给用户带来视觉上的冲击，获得文字描述所不能实现的效果。

微信公众号的头像主要有以下几种。

（1）品牌Logo。这适合于拥有品牌的企业或个人。

（2）个人头像。这是很多自媒体人、名人常用的头像。

（3）文字。这通常是设计精美的中文、中英文组合或文字与Logo组合。

（4）卡通形象。很多自媒体人、创意公司、行业名人会为自己设计一个专属的卡通头像，这样的头像具有极高的辨识度。

一个好的头像一般要具备以下特点：清晰、辨识度高；适合微信公众平台，符合微信公众号主打的风格和主题。

3. 欢迎语

在微信公众平台上，欢迎语是指用户首次关注微信公众号时系统自动回复的一段文字，是运营者通过微信公众号后台的自动回复功能设置的，属于被关注回复。欢迎语是用户关注微信公众号后给其留下第一印象的内容，因此运营者设置一段别出心裁的欢迎语，可以有效地提高用户对微信公众号的好感度，并增强用户黏性。

欢迎语一般要符合以下要求。

（1）体现热情和重视用户的态度。选择关注微信公众号的用户一般对该微信公众号提供的信息和服务有一定的兴趣，所以当他们点击关注以后，运营者要在欢迎语中体现热情和重视用户的态度，让用户充分感受到被尊重和受欢迎，这样会增加用户对公众号的好感，最终促进用户进一步阅读文章。

（2）做行动提示。用户在关注微信公众号后，首先要做的可能是了解更多有关微信公众号和与遇到的问题有关的内容，所以运营者要在欢迎语中进一步引导用户接下来要如何做，帮助用户更快地了解微信公众号。

（3）设置相关链接。运营者要在欢迎语中设置相关链接，积极帮助用户解决遇到的问题。

4. 自动回复

自动回复除了被关注回复外，还有关键词回复和收到消息回复。

（1）关键词回复

关键词回复是一种在一定规则内限定关键词的自动回复功能，只有当用户发送的信息包含运营者设定的关键词时，系统才能产生回复。关键词回复必须遵守以下规则：设置规则的数量上限为200条，每条规则的名称不可超出60个汉字，每条规则内的关键词不能超过10个，每条关键词不能超过30个汉字，每条规则的回复不能超过5条，每条回复不可超过300个汉字。

（2）收到消息回复

收到消息回复是一项能对用户发出的信息进行自动回应的功能设置，其表现形式往往包括文字、语音、图片等。通过设置这项功能，运营者可以即时回应用户，从而增加用户与微信公众号的互动。

5. 菜单栏

微信公众号拥有设置自定义菜单的功能，运营者在微信公众号后台左侧的"功能"选区中，单击"自定义菜单"按钮，即可在右侧区域查看并编辑微信公众号的自定义菜单，如图7-2所示。运营者可以根据需要设置自定义菜单、拟定菜单名称，并设置相应的响应动作，即设置用户通过点击菜单按钮收到的系统反馈，包括发送消息、跳转网页或跳转小程序。

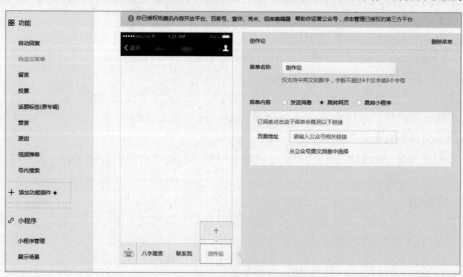

图7-2　菜单栏

请同学们分享讨论自己关注了哪些微信公众号，并分析这些微信公众号在名称、头像、欢迎语、自动回复和菜单栏等方面有何异同。

7.2 微信公众号营销策划

运营者要想做好微信公众号营销，需要提前做好营销策划、定好方向，不能盲目地发布内容，否则会导致用户群体的属性不统一，以致营销效果不佳。

7.2.1 微信公众号的品牌构建策略

微信公众号运营的核心是帮助企业或个人打造属于自己的品牌。既然是打造品牌，运营者在运营微信公众号之前要进行周密规划，循序渐进，毕竟微信公众号代表企业或个人的形象，在营销宣传方面发挥着重要的作用。运营者不能急于求成，首先要明确自己的定位，这是微信公众号的品牌构建策略的最主要内容。

明确微信公众号品牌的定位要从以下几个方面着手。

1. 需求定位

进行微信公众号的需求定位是运营微信公众号的关键所在，没有需求定位的微信公众号是没有实际存在意义的。需求定位可以为以下工作提供依据：给微信公众号起名、围绕主题编辑内容、围绕主题寻找用户和盈利点等。与微信主打社交功能不同，微信公众号强调为用户提供内容或服务。例如，每天为用户推送一篇文章，或分享行业经验，或提供优惠券，或提供旅游信息咨询等，这些内容或服务都是切实为用户提供帮助、满足用户需求的，这样的微信公众号才能留住用户、持久发展，并为企业或个人带来效益。

对于需求定位，运营者只需要掌握一点，那就是从用户的角度出发，对目标用户的心理进行分析，多站在用户的角度思考其需求。切忌生硬地为企业或个人进行宣传推广，盲目追求用户数量。

2. 价值定位

差异化的价值才能留住用户，这就要求企业或个人给微信公众号进行差异化的价值定位。微信公众号是服务于企业，还是进行自我表达？想要达到什么营销效果？如果是服务于企业，是想做企业对企业（Business To Business，B2B）业务，还是企业对用户（Business To Consumer，B2C）业务？如果是进行自我表达，是想做行业自媒体，还是个人自媒体？这些都是价值定位的大方向。

对于企业来说，微信公众号的定位与企业定位应当相符，微信公众号的运营活动是围绕企业定位开展的，以企业的用户、流水和业务的增长为最终目标。在确定价值定位的方向后，企业还要通过一个具体的模式来验证价值定位的可行性。企业选择的模式主要分为社会化电商类、行业垂直自媒体类、自媒体类、企业对外展示类等，这些模式的侧重点区别很大，有的重视促销，有的重视内容，有的重视互动。

以社会化电商类微信公众号模式为例，其差异化价值定位的核心内容如表7-1所示。

表7-1　社会化电商类微信公众号模式的差异化价值定位的核心内容

差异化价值定位的核心内容	说明
产品故事	讲述产品故事，减少企业在各类渠道及媒体上耗费的广告费用
创始团队的故事	讲述生动、形象的创始团队的故事，这些故事可以提高用户信任度，拉近用户与企业的距离
推送内容	提供与产品相关的信息，或者与目标用户相关的信息，以及信息类增值服务，切忌一直推销自己的产品
用户社群互动	为用户提供感兴趣的讲座、把用户"引流"至线下活动、组建用户微信群等；社群互动有利于收集用户的意见
促销福利	促销福利为用户带来的差异化价值是在物质方面真实可感知的，很容易获得用户的认可

3. 优势定位

要想在同类微信公众号中脱颖而出，运营者就必须对微信公众号进行优势定位，不能随波逐流。在对微信公众号进行优势定位之前，运营者要知道用户对微信公众号产生反感情绪的原因，例如，微信公众号总是推送垃圾信息或广告，提供的信息不实用、没有新意、不重要，消息提醒不够人性化，信息不准确，内容篇幅过长，信息时效性不强等。

总体来说，微信公众号需要定位自己的优势，只要比竞争对手更有深度、更可靠、更新颖，切实抓住用户需求，就能吸引用户。优势定位决定着微信公众号在移动渠道的核心竞争力的强度，以及用户的黏度，从而决定着微信公众号的影响力和变现能力。

4. 用户画像

用户画像是真实用户的虚拟代表，是建立在一系列真实数据之上的目标用户模型。清晰的用户画像有利于运营者把握微信公众号的内容推送方向，以在后期进行精准推广，而且与微信公众号的盈利模式密切相关。构建用户画像的实质是为用户"贴"标签，将用户抽象化并找到他们外部及内在的特征，以基于用户特征推送他们需要的内容。

用户画像的维度主要有6个，如表7-2所示。

表7-2　用户画像的维度

维度	说明
地域	不同地区的用户在文化、习俗、喜好等方面会有一定的差异性，如南方用户和北方用户的生活习惯、风俗、喜好就有很大差异，一、二线城市用户与三、四线城市用户的生活观念、消费水平、接受能力也不同。因此，微信公众号在面向不同地域的用户开展运营活动时，要有针对性，采用适合当地用户的互动方式
年龄	不同年龄阶段的用户的需求是不一样的：年轻人通常喜欢新鲜事物，接受能力强，如网络热点、流行时尚等信息对年轻人有强大的吸引力；中老年人则通常对生活周边、健康养生等内容比较感兴趣
性别	女性用户通常更喜欢娱乐、服装、鞋包等领域的内容；男性用户通常更喜欢科技、汽车、数码等领域的内容。因此，根据用户的性别，运营者要对运营内容进行相应的调整

续表

维度	说明
受教育程度	用户的受教育程度不同，其所接受的风格和内容等通常会不同
收入	只有用户能够承受产品的价格，产品推广才能带来成交量，用户才能成为产品的核心用户
行业	所处行业不同，用户的关注点就不同，推广内容要与用户所处的行业相匹配，运营者要为目标用户设计他们关注的内容

7.2.2 微信公众号的内容推送策略

微信公众号内容的推送需要考虑很多方面，包括选择合适的推送形式、选择适当的推送时间、选择合适的封面图、提高推送效率等。

1. 选择合适的推送形式

微信公众号的推送形式主要是文字，但如果长期推送文字信息，很容易使用户产生视觉疲劳，所以运营者要试着采用多样的内容形式，如文字、图片、视频、音频和互动游戏等。

（1）文字。运营者可以以文字形式推送笑话、故事或对企业品牌的总结等内容。

（2）图片。运营者可以以图片形式展示精彩的画面，如名人海报、风景图画、专业的精修图及表情包等。其中，专业的精修图和表情包可以通过幽默的效果产生强大的传播效应。

（3）视频。如果运营者在图文消息中插入一段短视频作为补充，用户不仅可以有效地接收信息，同时还可以减轻阅读压力。微信公众号文章中可以插入的视频长度不得大于1小时，如果超出限制，运营者就需要在腾讯视频平台上传该视频，再把腾讯视频的链接地址复制到微信公众号文章中。

（4）音频。运营者可以在微信公众号文章中插入与文章风格相适应的音频作为背景音乐，或者插入朗读文章的音频，为用户带来多元化的视听感受。

（5）互动游戏。运营者在微信公众号文章内插入相应的互动小游戏，可以激发用户的积极性，提高互动率。运营者可以通过微信小程序直接添加互动游戏，或者使用H5制作工具制作互动游戏。

2. 选择适当的推送时间

晚上7点到11点，微信公众号内容的阅读量普遍高于晚上7点之前的任意一个时间段的阅读量。大多数用户更喜欢利用晚上的空闲时间阅读微信公众号内容。不过，并非所有的微信公众号都要选择在这个时间段推送内容。

如果微信公众号的名称上带有时间提示的字眼，如"晨读""十点""午间""夜话"等，而且运营者已经将用户的阅读习惯培养好，就不要改变推送的时间，坚持原来的习惯就好。

如果微信公众号推送的是常识、笑话等轻松、休闲的轻内容，适合用户利用碎片化时间进行快速阅读，运营者就要考虑在全天合适的时间点发布，以有效利用用户的碎片化时间。

微信公众号的内容如果属于深度阅读内容，最好在晚上9点以后发布，这时夜深人静，最适合用户进行思考。

 课堂讨论

请同学们分享并讨论，自己一般在什么时间段阅读微信公众号文章？喜欢阅读什么类型的内容？有哪些印象特别深刻的文章？

案例链接

"十点读书"

　　2019年3月14日，"十点读书"的粉丝数正式突破1 500万，其粉丝数在2月13日就突破了1 400万，也就是说，29天内该账号"涨粉"100万，日均"涨粉"3.5万。很多微信公众号还在追逐"10W+"的时候，"十点读书"的日均阅读量就已达700万。

　　好名字价值百万，"十点读书"就是一个极佳的例子。"十点"和"读书"两个词语识别起来没有任何门槛，组合在一起就极具辨识度，而且极具提示性：10点到了，今天"十点读书"推荐什么内容了？打开微信公众号看一看吧。

　　虽然口号是"深夜十点，陪你读书"但"十点读书"一般会在晚上9点左右发布新消息，这样到了晚上10点时，用户正好可以及时阅读"十点读书"发布的文章，形成在10点读书的习惯。

3. 选择合适的封面图

　　运营者在运营公众号时虽然每天只能群发一次消息，但一次可以发布多篇文章，这就涉及多图文的封面图设置。多个图文内容中，只有第一个图文内容的封面图是大图模式，其他图文内容的封面图都是小图模式。如果封面图细节较多，会被严重挤压，不容易被用户看清，所以对于第二个及后边的图文，封面图最好选择精练的"背景+文字"形式，让用户可以快速锁定内容。如果是图片，要保证缩小后图片不模糊，让用户可以看清具体内容，如图7-3所示。

图7-3　选择合适的封面图

4. 提高推送效率

在微信公众号的后台，运营者可以选择新建图文消息，或直接选择已编辑好的素材并保存、群发。因此，运营者可以提前规划文章内容，把创作好的内容放在素材库中，等到推送内容时直接选择素材即可。

有时运营者没有随身携带计算机，但又不能停止更新，这时就可以使用订阅号助手，在手机上群发消息，从而节省时间和精力。

7.2.3　微信公众号的营销活动策划

在新媒体营销中，一个成功的营销活动可以在短时间内带来巨大的流量，同时使用户保持活跃，维护忠实的用户群体。微信公众号的营销活动策划可以分为活动目的、活动主题、目标人群、活动切入点、活动形式和活动预估等。

1. 活动目的

活动目的是营销活动策划的起点，以目的为导向，运营者才不会在活动中被各种突如其来的干扰因素打乱节奏，才能利用现有的资源完成运营目标。

活动目的要根据实际情况来确定：如果微信公众号刚起步，活动的首要目的就是增加曝光量，吸引用户关注；如果微信公众号已经具备一定的用户数量，活动的主要目的就是增强用户黏性，保持用户的活跃度，待时机成熟再通过合适的商业模式促进用户转化，增加产品销量。

2. 活动主题

活动主题是为了达成活动目的而提出的点子，能为活动宣传提供着力点。有了活动主题，后续的环节都要以活动主题为线索，围绕活动主题来展开。一般来说，活动主题体现在微信公众号推送的文章标题中。

3. 目标人群

运营者要分析活动的目标人群，看哪些人更有可能参与活动，不同的人群有不一样的关注点，例如，妈妈们特别喜欢分享关于孩子的内容，因此"你心中最可爱的宝宝"之类的投票活动对她们来说就具有很强的吸引力。

4. 活动切入点

活动切入点是指活动要从哪些角度切入，例如，运营者可以结合时间节点、时事热点，基于产品本身或者用户的需求和兴趣点等角度切入。

5. 活动形式

活动形式是指活动具体的创意表现形式，主要有留言抽奖、邀请好友关注、红包抽奖、投票评比、答题猜谜、有奖调研、征文征稿等，如表7-3所示。

表7-3　活动形式

形式	说明	特点
留言抽奖	运营者可以根据当下热点、近期活动、时间节点等准备一个互动话题，让用户在微信公众号文章的留言区写留言进行互动，进而随机抽选或按点赞数排名选取中奖用户	简单易行，可控性强，只要话题的互动性足够强，用户的参与积极性一般都会比较高

续表

形式	说明	特点
邀请好友关注	运营者通过奖品吸引用户参与活动，用户邀请特定数量的好友关注后即可获得奖品	微信公众号"涨粉"的一种常用方法，运营者可借助第三方工具或者自主开发功能。因为活动规定必须要邀请足够的人数，所以活动成本可控
红包抽奖	运营者可设置关注抽奖或线下扫码抽奖，用户有机会获得现金红包或实物礼品	发红包是聚集人气的有效方法，也是回馈用户的常见方法
投票评比	投票一般是比赛制，运营者通过提供物质或精神方面的奖励，吸引用户报名参加活动，然后用户可以利用微信公众平台自带的投票功能进行拉票，运营者将根据最终票数决定获奖者	有利益驱使、有好友社交互动作为支撑，一般来说，投票评比的"涨粉"和宣传效果不错
答题猜谜	这种活动形式是指运营者通过文字、图片或视频设计谜题，用户将答案发送到微信公众号后台参与互动，答对谜题即可获得奖品	这类活动的参与门槛较低，可以充分调动用户的参与积极性
有奖调研	根据微信公众号的定位，运营者有时需要结合合作方的需求，利用第三方工具或自身的调研系统设置调研问卷，号召用户参与调研并填写信息，然后随机抽取中奖用户	这类活动可以提高用户的参与度，增强用户黏性，还可以引发用户对平台、品牌的思考并加强认同感
征文征稿	运营者设定主题，让用户参与创作，筛选出的内容可以在微信公众号上发布和推广，并给予作者一定的奖励	这类活动的参与门槛较高，适合用户质量较高和用户黏性较强的微信公众号

6. 活动预估

活动预估主要包括活动成本预估、活动效果预估和活动风险预估，如表7-4所示。

表7-4　活动预估

预估	具体说明
活动成本预估	活动成本指活动开展过程中的各项费用，包括日常维护成本、宣传成本、用户获取成本、活动奖励成本等，运营者要根据实际情况来预估活动成本，并以明晰的方式将其列出来
活动效果预估	运营者要做一次保守的效果预估，不管是向企业管理者提供反馈，还是控制预算，活动效果预估结果都是很有价值的参考指标。运营者首先要核算大概有多少曝光量，再按照以往的经验估算转化比例，进而预估活动效果
活动风险预估	运营者要在活动上线前制订一份风险控制方案，也就是活动的预备方案。运营者要未雨绸缪，列出活动中可能会出现的风险点，并根据每个风险点给出对应的备选方案

案例链接

裂变运营助力微信公众号"涨粉"

小步在家早教是专注于家庭亲子早教启蒙的平台，其产品定位：为0~6岁儿童的家长提供家庭早教的全面指导，包括儿童能力发展训练、亲子互动内容、父母成长计划等。其产品的主要形态有App、微信公众号、小程序和其他短视频平台。其微信公众号的名称是"小步在家早教"。

在其为"拉新"和二次传播开展的各种活动中，最主要的活动是"邀请有礼"和"免费得玩具"。"邀请有礼"的活动形式是邀请好友报名免费参加学习营试听课，课程为早教试听课，活动时间为11月6日到12月10日，邀请1人、3人、5人或8人的用户可以获得不同等级的酬赏。这一活动的亮点有以下3点：一是老用户邀请好友报名早教营的步骤简单、不烦琐，新用户直接扫码即可进入抢课页面，然后扫码进群，班主任会进行提醒，引导新用户加其个人微信号；二是活动门槛设置合理，4个酬赏等级匹配不同的奖品，最低为成功邀请1人，活动门槛不高，活动参与人数可控；三是裂变分享海报有3张，海报文案抓住不同用户的痛点，给用户提供的分享文案也有多个选择，在整个过程中用户只需跟着操作，分享的操作成本很低，班主任还会温馨提醒用户将裂变分享海报分享到几个群就能提高成功率。

"免费得玩具"的活动目的是让微信公众号"涨粉"，再次沉淀用户，同时为早教试听课储备流量。活动方式为用户成功邀请好友助力即可获得两个玩具大礼包。

以上两种方式都可以促进"小步在家早教"的粉丝裂变增长，为下一步的营销活动储备流量。

7.2.4 微信公众号的"涨粉"策略

粉丝的数量在一定程度上也决定了微信公众号的获利能力，因此运营者要吸引足够多的粉丝。常用的微信公众号"涨粉"策略有以下几种。

1. 大号"互推"

大号"互推"是指建立微信公众号营销矩阵，两个或两个以上的微信公众号达成协议，互相推荐对方的账号，以达到共赢的目的。大号"互推"主要表现为运营者在自己的微信公众号文章中推荐一个或几个微信公众号。需要注意的是，"互推"的微信公众号尽量不要与自己的微信公众号为同一类型，以免双方存在竞争关系，而应寻找具有互补关系的微信公众号，这样获得的粉丝才是有价值的。大号"互推"是一种快速"涨粉"的方法，可以帮助运营者在短时间内获得大量的粉丝。

2. 策划活动"引流"

企业可以通过策划一些有趣的活动来调动用户的积极性。在活动策划中，最重要的一个环节就是对目标群体和活动目标进行分析，例如，企业的目标人群有哪些？他们最需要什么？什么最能吸引他们？本次活动的最终目的是什么，是为了增强用户黏性，还是增加销售额？企业只有对自己的目标用户和营销目的进行专业而精准的定位分析，才能策划出吸引用户的活动方案，进而留住用户，增强黏性。

3. 官方网站"引流"

随着人们对微信的使用越发普遍，二维码扫一扫活动越来越多，但二维码可能存在安全风险，这引起了用户的警惕。如果企业通过官方网站等正式渠道发布微信公众号的二维码，可以大大消除用户的疑虑，促使微信公众号"涨粉"。

4. 通过原创吸引用户

运营者在微信公众号上发布文章并声明原创以后，如果将文章授权给其他微信公众号推送，文章来源就会显示在其他微信公众号中，用户点击可以直接查看原创作者的微信公众号，很多喜欢某篇文章的风格的用户会沿着这个路径关注原创作者的微信公众号。

5. 内部引导用户关注

内部引导用户关注是指运营者在文章的开头和结尾提醒用户关注微信公众号。内部引导用户关注的形式有以下几种。

（1）纯文字样式：使用纯文字制作的静态或动态的样式，具有很好的表达能力，可以彰显微信公众号的宗旨，起到烘托和宣传的作用。

（2）图文样式：图文样式一般是指把引导标语和微信公众号的Logo结合起来，图文并茂，趣味性更佳，更吸引人。

（3）底部引导样式：底部引导关注样式一般采用二维码，用户在看完文章以后可以及时扫码关注微信公众号。

6. 外部导流

由于通过内部引导关注来"涨粉"的速度比较缓慢，很多微信公众号会通过外部导流的方式来"涨粉"。常见的外部导流渠道有腾讯社交广告、门户类网站、论坛、问答类平台、视频类平台、直播平台、微博等。

7.3 微信公众号营销的文案策划

营销文案不是广告，但其目的与广告一样，所以用户难免会把营销文案当作广告。为了削弱用户的抵触心理，创作者在撰写微信公众号的营销文案时要注重用户的感受，从文案写作和文案排版两个方面来吸引用户，下面介绍文案写作技巧和文案排版。

7.3.1 文案写作技巧

为了撰写高质量的微信公众号营销文案，创作者应当选择优质的选题，然后拟订精练的标题，创作吸引人的开头，撰写相关的正文，最后设置可以令人回味无穷的结尾，从而吸引更多人关注微信公众号。

1. 选题

要想让文案被更多人看到且让人愿意看，创作者在确定选题就要考虑三大底层概念：一是覆盖人群，二是痛点的大小，三是社交原动力。

（1）覆盖人群

覆盖人群是指话题的潜在阅读人数，这是确定选题最重要的一个底层概念。有的选题能覆盖1 000万人，再加上文章写得好、传播得快，文章就很容易获得几万甚至几十万的阅读量，但有的选题只能覆盖10万人左右，文章写得再好也不可能有20万人阅读。因此，运营者要有这个意识，在有多个备选选题时，优先选择覆盖人群更广的选题。

（2）痛点的大小

优质选题要直击用户最大的痛点。用户的痛点有很多，有的痛点大，有的痛点小；有的痛点只有一小部分人有，而有的痛点几乎所有人都有。痛点的大小决定了用户的情感共鸣有多强。例如，对于初入职场的年轻人来说，升职、加薪比办公环境的痛点更大，因此在面对这样的用户群体时，讨论升职、加薪的文章比讨论办公室环境的文章能够获得更高的阅读量。

（3）社交原动力

与传统媒体相比，新媒体的最大优势就是社交属性强。在新媒体时代，无社交，不媒体，没有社交属性的内容在传播时将会寸步难行。一个优质的选题，其本身就要具有极强的社交原动力，即选题本身能够让用户产生天然的分享欲望，其内容可以充当社交的辅助工具。

一般来说，促使用户转发文章的动机主要有表达观点、利他心理、站队心理、寻找谈资、塑造形象等。如果选题能够极大地满足用户的一种动机，该文章就有成为"爆款"的潜质。选题如果能够同时满足用户的几种动机，就是一个社交原动力极强的选题。

2. 标题

在新媒体写作中，标题的重要性已经被众人熟知，一个好的标题应当能够高度概括内容、反映写作主题，同时要给用户确定性的信息，并且可以吸引用户眼球，减少用户的选择成本。

拟定好标题的核心技巧如下。

（1）激发好奇心

人类天生具有好奇心，每个人在面对未知事物的时候都想要去寻找答案。因此，激发好奇心是拟定标题最常用、最好用的一种技巧。如果标题能激发用户的好奇心，用户会自然而然地阅读文章。创作者在写作时，会写到很多故事、事件、经历、观点或人物，其中会有一些与众不同的东西，创作者可以把这些东西按照新鲜、奇怪、反常、疑问等特性进行罗列，然后从中选择最博人眼球、最让人有阅读欲望的内容。

（2）激发认同感

标题如果能够替用户说出他们最想说的话，表达他们最想表达的观点和态度，就可以极大地激发他们的认同感、安全感、满足感和愉悦感。用户一看到这类标题就会觉得很赞同，会产生"我就是这么想的""说得好"等内心活动，所以他们不但愿意点击这样的标题，而且愿意转发和评论文章。

（3）激发危机感

如果标题能够激发用户的危机感，让用户联想到自身的危机，文章就容易成为"爆款"。人们对危机保持敏感是为了更好地存活，当我们看到交通事故、自然灾害、食品安全等内容时会忍不住打开，这是因为我们感受到了威胁。

（4）展示价值

现在是一个信息爆炸的时代，内容供大于求，所以用户的选择有很多，不可能把所有的内容都看完，他们更倾向于阅读与自己有关、对自己有价值的内容。因此，文章的内容和标题都要向用户展示价值，提供利益，满足用户的需求。

（5）展示新闻看点

每个人都生活在一个人与人相互联系、相互协作的社会环境中，都要密切关注社会和群体的动态，因此人们必须对外部环境的变化保持敏感。同时，了解新闻也可以让人们更好地进行社交，尤其是在社交媒体上，新闻成了人与人之间沟通的桥梁。因此，标题可以展示新闻看点，为用户提供最新动态，为其增加谈资，帮助用户更好地进行人际交往。

3. 开头

足够精彩的开头能吸引用户继续阅读下去。要想写好开头，创作者需要掌握以下技巧。

（1）激发好奇心

激发好奇心是"爆款"文章开头最常用的一种技巧，因为好奇心是人类共有的。如果开头可以激起用户的好奇心和探索欲望，用户就会继续阅读文章以寻求答案。

激发好奇心的方法主要有以下几种。

- 提出用户忍不住去思考的问题，例如，"所有当代人都面临两个问题：信息超载和知识碎片化。这两个问题该怎么解决？"
- 讲一个反常的事情或颠覆常理的观点，例如，"那些特别喜欢麻烦别人的人，往往过得很好，也很招人喜欢。"
- 设置悬念，例如，"互联网公司的历史就是创富史。然而，不见得每个创业公司背后都有一个完美的期权故事。"

（2）展示重要性和价值

在互联网时代，每天都有大量新的内容诞生，而用户的时间和注意力是有限的，只能选择性地阅读文章，并要求在阅读过程中收获价值。因此，创作者要在文章的开头展示文章的重要性和价值。

在开头说明文章探讨的问题很重要，创作者可以描述用户的痛点。例如，"早上醒来，我顺手拿起手机看看天气预报，心中窃喜，终于降温了，可以把自己打扮得美美的去上班了。然而，我发现休假一个星期后，裙子拉链拉不上了；换条休闲裤吧，它怎么又变成了紧身裤呢？这真让我欲哭无泪！"

创作者可以在开头用简练的语言总结文章的主要内容，展示文章的精华，让用户感受到文章的价值。例如，"销售新人提升业绩的8种方法。"

（3）运用用户思维

创作者应运用用户思维，展示文章与用户的关联，让用户感到这篇文章是为自己而写的。创作者要换位思考，明白某个事物如果与自己没关系、对自己毫无用处，哪怕再有价值自己也不会关注。例如，"掐指一算，离'六一儿童节'不远了。'六一'既是孩子们期盼的收礼物节，也是家长们抓耳挠腮的购物节。为了不让小朋友失望，为了给家长朋友们节省脑细胞（上班、带娃已经够累了），这时候我们就要发挥自己应有的价值了。"

4. 正文

文章的标题和开头已经把用户吸引过来了，创作者接下来要做的就是通过正文的内容继续吸引用户阅读，用丰富的信息满足用户的阅读需求。

在组织正文的内容时，创作者要注意以下几点。

（1）增加信息总量

一篇好的文章一般是信息总量比较大的文章，要为用户提供足够多的知识，全面解释某个概念，详细描述故事。而如果内容过于"短平快"，提供的信息十分有限，就意味着该篇文章价值不大，用户分享的动机也会弱很多，进而影响文章的传播。

因此，创作者要把不该省略的信息补全，如文中提到的陌生概念要为用户解释清楚，否则用户就会非常迷惑，让其自己动手查阅则会增加阅读成本，影响阅读体验，甚至会使其失去耐心，直接停止阅读文章。创作者还要在文中增加论点维度和论据数量，尽量添加案例，否则文章会显得太单薄、空洞。

（2）增加价值密度

价值密度是指内容在单位时间、单位篇幅内，如一分钟，可以提供多少价值。内容的价值密度越大，用户获取价值的效率也就越高。因此，创作者在创作完文章后要进行检查，聚焦主题，删掉无关内容，让主体内容与主题相关。另外，创作者要优化重复的内容，整合相近的观点、相同的案例，不要用不同的说辞表达同样的意思，以免内容显得啰唆。

（3）强化内容的逻辑

写作要有逻辑，一篇逻辑严谨的文章会给人条理清晰、符合规律的感觉，更能让人信服。让文章更有逻辑的方法有以下几种。

- **结论先行**。先说结果，再说原因；先说目标，再说方法；先说总体，再展开论述。
- **归纳分类**。如果创作者提供了很多信息，但没有将其归纳分类，就会让用户觉得特别混乱。因此归纳分类可以使文章变得逻辑清楚，使用户在阅读文章时一目了然。
- **调整排序**。逻辑很多时候体现在信息的排序上，如果信息排序混乱，用户看完后会难以理解。信息的排序方法有按重要程度排序、按因果关系排序、按结构关系排序、按时间顺序排序和按推进步骤排序等。

5. 结尾

写文章不能虎头蛇尾，如果一篇文章的标题、开头和正文都足够精彩，但用户读到最后发现结尾平淡无味或草草了事，其阅读体验会瞬间变差，这可能会让整篇文章失去二次传播的机会。

要想促进用户主动分享，创作者在写文章结尾时可以运用以下技巧。

（1）引起共鸣

引起共鸣的方式有引用金句、强化主题。金句可以最大限度地引起用户共鸣、调动用户的情绪，而且用户可以直接将金句分享朋友圈，操作简单、转发成本低。而强化主题是指提炼一句话或几句话来点题，表达整篇文章的中心思想和核心观点。

（2）强化价值

结尾强化文章的价值可以增强用户的阅读获得感，强化价值的方式有再次强调文章的价值、梳理总结文章的重点。

（3）制造话题

在社交媒体上，话题就是社交货币，创作者如果在结尾处制造话题，就相当于为用户提供了社交货币，从而能够促进文章在朋友圈、微信群传播。制造话题的方式有强调观点，引发用户站队；通过话题引发讨论；提出问题，引导用户参与。

7.3.2 文案排版技巧

对于一篇文章来说，用户没有义务透过糟糕的排版去发现文章的内在价值。排版是一篇文章的门面，给用户提供了一种阅读环境，优秀的排版自然可以吸引用户阅读文章，从而提高文章的阅读完成率。

微信公众号的排版设计要遵循3个原则，即简约美观原则、结构清晰原则和重点突出原则。具体来说，微信公众号的排版可以采用以下技巧。

扫一扫，看微课

文案排版技巧

1. 设置合适的字体、字号

关于字体、字号的设置，最重要的一点是尽量使之符合用户的阅读习惯。字体可以选择微软雅黑。对于字号，小标题建议使用16～18号字，正文使用14～16号字，备注或注释性文字使用12～14号字。

2. 配色规范

文章的整体配色应当遵循3色原则，即一篇文章中的颜色最好不要超过3种。常见的配色方式为正文用黑色，注释性文字用灰色，再加一个固定的亮色。这样的配色不仅看起来舒服，还有利于使文章的整体风格保持统一。

3. 内容模块化

模块化是指把一篇文章分为几个部分，每个部分提炼一个小标题，这样可以帮助用户更好地获取信息、理解信息，减轻用户的阅读压力，防止用户的注意力和耐心被过快消耗。另外，每个段落的字数不要太多，创作者要适当进行分段，一般每段不超过5行会让用户有较好的阅读体验。

4. 重点突出

重点突出一方面可以吸引用户的注意力，另一方面也可以提高用户获取内容价值的效率。突出重点一般有以下几种方式。

（1）用特殊的排版格式单独列出需要重点突出的内容，如加底色、加边框。

（2）使用黑体或加粗内容，加大字号。

（3）用引导语引出需要重点展示的内容，让用户知道重点在哪里。

5. 配图美观

微信公众号发布的内容一般以图文消息为主，如果只堆砌文字，用户的阅读体验就会很差，因此要适当配图。创作者要精挑细选，保证图片清晰、美观，还要注意版权问题，要选择无版权的素材或者得到作者授权的素材及自己拍摄的素材。另外，图片的尺寸要统一，不能有其他水印，以免显得杂乱无章。

6. 适当留白

适当留白可以让内容版式看起来不那么紧凑，显得张弛有度，更具美感，从而减轻用户的阅读压力，让用户在阅读时更舒适、感觉更流畅。

留白需要注意以下几点。

（1）段落之间要空一行。

（2）段首不留白，不缩进。

（3）小标题上下都要留白，且下面的留白要小于上面的留白，因为小标题与下面的内容是一个整体。

（4）文字注释和被注释的内容之间不要留白。

（5）数字、英文单词、字母前后要留出空格。

课堂讨论

请同学们分享讨论，在自己关注的微信公众号所发布的文章中看到了哪些排版非常美观或不规范的地方，并针对排版不规范的情况提出改善的方法。

7.4 微信公众号数据分析

　　微信公众号的运营者不仅要做好日常的撰写文案和发布内容等工作，还要保持对数据的敏感度。通过观察和分析微信公众号数据，运营者可以掌握用户增长趋势、用户属性特征等，构建用户群体画像，还可以通过后台数据分析图文阅读量的增长变化趋势，了解用户的内容喜好，以便更好地优化内容，找准推送时间。同时，运营者可以对用户的来源渠道和图文消息的传播渠道进行分析，以判断核心用户所在的渠道，方便产品传播造势。总之，微信公众号后台的运营数据可以真实反映微信公众号的运营效果，为运营者进一步优化运营提供数据支持。

　　微信公众号的后台数据分析整体上可以分为六大板块，分别是用户分析、内容分析、菜单分析、消息分析、接口分析和网页分析，下面介绍大多数运营者常用的前四大板块。

7.4.1 用户分析

　　用户分析板块主要包括用户增长、用户属性、常读用户分析。通过用户增长，运营者可以了解账号用户的增长趋势与原因；通过用户属性和常读用户分析，运营者能更熟悉用户及忠实用户的情况。下面重点介绍用户增长和用户属性。

1. 用户增长

　　用户增长主要包括4个关键指标：新增关注人数、取消关注人数、净增关注人数和累计关注人数。在这4个指标中，运营者需要重点关注新增关注人数，以准确判断用户增长趋势。在监测新增关注人数时，运营者要特别留意数据的突然变化，例如，有一天用户突然增加很多，这很有可能是当天的内容、选题和传播渠道等方面正好满足用户需求。这时，运营者就要仔细分析原因，看看到底是哪方面的原因引起了用户增加。如果某一天新增关注人数减少，甚至取消关注人数增加很多，运营者就要仔细查找当天所发的内容，看到底是哪里引起了用户反感而导致用户取消关注。

　　总之，运营者要分析图文内容对"涨粉"的影响，对于"涨粉"效果好的图文选题要投入精力多写，对于"涨粉"效果不太好的图文选题要及时放弃。

2. 用户属性

　　微信公众号后台的用户属性数据可以用来进行用户画像分析，包括人口特征、地域归属和访问设备等数据，如表7-5所示。

表7-5　用户属性

数据	说明	作用
人口特征	人口特征包括性别分布、年龄分布和喜欢的写作风格分布	运营者可以根据这些数据对文章的风格进行调整，例如，女性用户较多时，写作风格要更亲切、更可爱些
地域归属	用户在各地域的分布情况，可以具体到某个省、某个地级市的用户占比	这些数据可以在用户付费能力、活动选址和内容选题等方面为运营者提供参考。例如，一、二线城市的用户占比较高，说明用户付费能力较强；运营者可以优先选择用户集中的城市举办活动，或者贴合当地的特点创作内容
访问设备	用户访问设备终端的分布情况	可以反映用户的付费能力

7.4.2　内容分析

　　内容分析板块主要有群发分析和多媒体分析，运营者不仅可以看到总体数据，还可以看到单篇群发数据和单个多媒体数据。发布形式以图文消息为主的微信公众号的运营者，主要分析单篇群发数据，围绕图文阅读量展开。

　　在微信公众号后台，单击"单篇群发"以后，运营者就可以看到最近文章的阅读数据。但是，单篇图文的数据范围只是图文消息发出7天内的累计数据，要想查看更多数据，运营者可以到首页查看单篇图文的整体数据。

　　单篇群发数据主要包括阅读次数、分享次数、阅读后关注人数、送达阅读率和阅读完成率等。单击"详情"，运营者可以查看该图文的详细数据，如送达转化、分享转化、数据趋势、阅读完成情况等。

　　送达转化是指送"达人"数与公众号消息阅读次数的比率。分享转化包括公众号消息阅读次数、首次分享次数、首次分享次数占公众号消息阅读次数的比率、总分享次数、分享产生的阅读次数、分享产生的阅读次数占总分享次数的比率。图7-4所示分别为送达转化和分享转化的数据图表。其中，首次分享次数是指用户在微信公众号对话框及订阅号消息列表阅读完后，将内容转发或分享到好友对话框、群聊、朋友圈及点击朋友在看的次数，不包括非粉丝的点击次数。总分享次数是指用户将内容转发或分享到好友对话框、群聊、朋友圈及点击朋友在看的次数，包括非粉丝的点击次数。

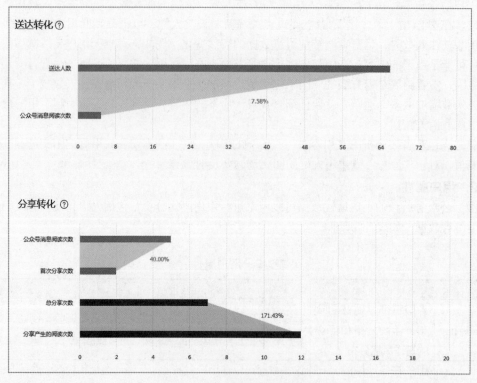

图7-4　送达转化和分享转化

　　数据趋势包括图文阅读趋势和图文分享趋势，是指在不同的传播渠道（微信公众号消息、聊天对话框、朋友圈、朋友在看、看一看精选、搜一搜、微信公众号主页等）中，阅读的人数及次数，以及转发、分享的次数。

　　阅读完成情况包括浏览位置、跳出人数和跳出比例等数据。其中，浏览位置是指图文消息页按等比例划分的位置，跳出人数是指划到该位置就离开图文消息页的人数，跳出比例则是跳出人数与阅读该图文消息的总人数之间的比率。

图7-5所示为某单篇图文消息的阅读完成情况，很明显，在100%的浏览位置的跳出比例是最高的，所以该篇图文消息的阅读完成情况较好，但也有一些用户在看到中途时离开页面，这时运营者就要判断到底是因为文章过长，还是是因为文章内容有缺陷。

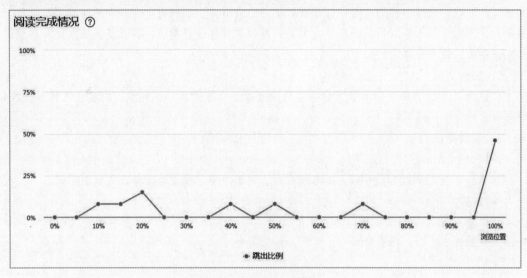

图7-5　阅读完成情况

7.4.3　菜单分析

菜单分析主要包括3个指标，即菜单点击次数、菜单点击人数和人均点击次数。针对这3个数据，运营者可以在后台选择查看7天、15天、30天或任意某个时间段的菜单点击情况的数据，或者按照版本（每提交更新一次菜单算作一个版本）对数据进行对比。

菜单栏是用户互动的基础入口，通过分析菜单栏的数据，运营者可以看出微信公众号用户的满意程度和活跃程度。点击次数越多，说明服务覆盖的人数就越多；人均点击次数越多，就说明用户越活跃。运营者要想增加菜单栏的点击量，增加用户互动，就要撰写优质的菜单文案，从而最大限度地引起用户的好奇心。另外，运营者最好在用户点击菜单之后呈现出一些有趣的内容，从而促进用户点击互动。

7.4.4　消息分析

消息分析板块包括消息分析和消息关键词两个部分。

在消息分析中，运营者可以选择小时报、日报、周报、月报等，查看消息发送人数、消息发送次数、人均发送次数等数据，还可以选择7天、14天、30天或某个时间段的消息数据，或者选择按时间对比，得到关键指标的趋势图。

在消息关键词中，运营者可以分别查询7天、14天、30天中前200名的消息关键词内容。运营者可以设置一些关键词让用户在后台进行回复，通过对关键词的回复进行分析，可以更好地了解用户对微信公众号内容的喜好程度，从而在以后的创作过程中围绕这类关键词创作更多的优质内容。

【实训：撰写读书分享型微信公众号文章】

1. 实训背景

在新媒体时代，出版社开始与众多自媒体人合作推广新书，常规的合作方式有投放广告和发布文章，以扩大新书的影响力，并增强对读者的吸引力，从而为电商平台的店铺"引流"。一般来说，自媒体人会对出版社提供的图书材料和素材等进行整合，并重新提炼形成一篇新的文章，例如，读书分享类的文章。

2. 实训要求

尝试为某本新书撰写一篇读书分享类型的微信公众号文章，从标题、内容、风格和排版4个方面进行考虑。

3. 实训思路

（1）标题

读书分享型文章的标题可以使用总结盘点、突出矛盾、巧设悬念等方式吸引用户。

（2）内容

读书分享型文章的内容要具备丰富的情感，通过情感唤起用户心理和精神上的共鸣。另外，文章要适当配图，图片要清晰、美观，与文章有关。

（3）风格

读书分享型文章的风格要以轻松、诙谐为主，过于严肃的风格会让用户产生反感。

（4）排版

读书分享型文章的字数一般较多，运营者在排版时要遵循对齐、统一的原则，让用户能够轻松地阅读下去，很好地接受文章传递的信息。

第8章 微博营销

学习目标

➢ 了解微博营销，学会设置微博账号。
➢ 掌握微博营销文案的写作与发布方法。
➢ 掌握微博营销活动的策划要点和注意事项。
➢ 掌握微博数据分析的主要内容和应用方法。

学习导图

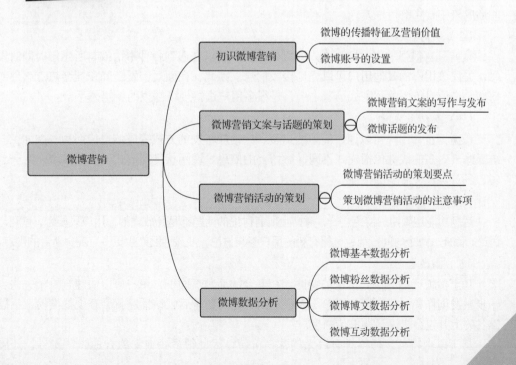

对很多企业或品牌商来说，微博营销已经成为新媒体营销的"标配"，微博是众多企业或品牌商重要的新媒体营销阵地之一。微博可以帮助企业或品牌商实现品牌传播，是发现潜在用户、发展忠诚用户和用户口碑营销的引擎。企业或品牌商可以通过微博与用户沟通，精准挖掘目标用户群体，为用户提供服务，进而树立并提升企业或品牌形象。

8.1 初识微博营销

数据显示，截至2021年3月，微博的月活跃用户量达5.3亿人，日活跃用户量达2.3亿人。作为重要的社交媒体平台，微博用户的每一次互动行为背后都潜藏着有待挖掘的商业价值，而各类"刷屏"事件也彰显着微博强大的热点聚合能力。因此，通过微博营销接触用户，已经成为企业或品牌商的常见做法。

扫一扫，看微课

微博的传播特征

8.1.1 微博的传播特征及营销价值

微博是基于用户关系分享、传播及获取信息，通过关注机制分享简短实时信息的广播式社交媒体和网络平台。

1. 微博的传播特征

微博作为一种社交媒体具有显著的传播特征。

（1）传播主体大众化

传统媒体如电视、报纸、期刊、广播等的最大特征是单向传播，即用户只能被动接收信息。而在微博上，用户发布内容的门槛很低，用户可以将一段文字、一张图片或一小段视频直接发布到微博上，并通过粉丝、话题得到曝光，其内容能随着转发、点赞等得到扩散传播，由此形成去中心化的传播方式。

（2）实时性强

微博具有很强的实时性，人人即媒体，用户可以在遇到各种事情或有所感想时即时发布消息，关注该用户的其他用户可以立刻接收信息。因此，在面对突发新闻和社会热点事件时，微博始终是信息传播的"主战场"之一，是很多用户进行现场播报的新媒体平台。

（3）互动多元化

在微博上，用户可以通过简单的点赞、评论加转发的方式完成信息传播和二次加工。与传统媒体一对多的线性传播模式不同，微博上的信息呈现网状传播形式，可以实现一对一、一对多、多对一、多对多的传播。

（4）话题开放性强

话题功能是微博的特色之一，微博上所有讨论的话题都是开放式的，用户只要想，就可以参与讨论。因此，每个时间段都有可能有新的用户参与讨论，使该话题产生更多有趣、新奇的观点。

（5）高聚合性

基于微博话题开放式讨论的特性，在聚合的话题页面下，用户可以快速查看相关内容，进一步激发创作和讨论热情。在参与人数达到一定的数量后，该话题就会登上热搜榜，话题热搜排名的上升也会提高话题的传播度。

基于以上特征，微博具有巨大的营销价值，因此很多企业纷纷开通微博账号，开展微博营销。

2. 微博营销的价值

微博营销是指企业以微博作为营销平台，通过更新内容、策划活动、与用户互动等方式传播信息，从而树立良好的企业形象，为自身带来效益。

微博营销的价值主要体现在以下几个方面。

（1）品牌宣传

基于微博传播高效、互动多元化等特征，企业可以在微博上迅速将品牌信息传播给广大的用户群体，快速获取用户的关注，提高品牌知名度。同时，企业在微博上发布能够打动用户的内容，可以提高用户对品牌的好感度。

 案例链接

金安新春《造相馆》

"时隔7年，葛优再次领衔贺岁档。"看到这一句话，喜欢看葛优的贺岁电影的用户会很感兴趣，想要一探究竟。其实，这是微博携手金安影业，独家牵线葛优，并邀金典、安慕希旗下的代言人共创的品牌营销广告。微博从内容策划、热点发酵，再到"破圈"、引起热议，全程助力品牌深度沟通用户，跨圈层集合用户，为用户送上"恭贺新年，万福金安"的新春祝福。

影片聚焦于2021年的小年夜，变身甲方的葛优想要一张有故事的照片。葛优一出场，用户纷纷热议，"有贺岁档的味儿了"。伴随着用户的热议围观，"#葛优贺岁新片#"话题登上热搜榜单，最大化激起全网用户的关注热情。另外，微博的100个大账号构成矩阵，助推话题发酵，40多个电影领域的KOL紧跟热点参与解读，近2万名跨界KOL多层次助推，以故事内涵、名人表现等多角度解读，持续造势，引爆品牌贺岁片热度，引发口碑传播。

热点现象吸引了大量媒体报道和称赞，在春节热闹的氛围下，品牌通过《造相馆》，依托两个贺岁片话题热点先行推高品牌声量，其中金典声量提高17.5倍，安慕希声量提高5.8倍。

《造相馆》上线8天，其在微博上的播放量突破9 100万次，相关话题总阅读量达14亿次，引来625万次热议，连续4天成为微博热搜榜榜首。"#造相馆#"话题阵地持续增加品牌官方微博的互动量，获得了用户的喜爱，也沉淀了更多的年轻用户。微博黄金资源强势覆盖用户浏览路径，如开屏广告、话题定制页、热搜榜单、品牌速递等。品牌借势贺岁热点，全面吸收社交流量，打响了贺岁迎新第一炮。

（2）客户管理

在通过内容和活动触达用户的同时，企业还可以一对一地进行客户管理，以提高用户的满意度。微博满足了用户自由发言的欲望，当他们对企业或产品存在某种看法时，便可以通过微博表达出来。企业这时就要重视用户的声音，回应用户的咨询，处理其投诉和建议，开展用户行为调查与用户二次营销，提高用户的回购率。

（3）市场调查

市场调查是企业开展营销不可缺少的环节，企业一般会通过问卷调查、人工调研、数据购买等方式调查用户需求。但市场调查耗费的财力和人力较多，不同行业的市场调查效果也参差不齐，而微博为企业提供了一个低成本、高效率的调研平台。

由于微博拥有数量巨大的用户，并且划分了几十个垂直领域，几乎每个用户都有对应的兴趣领域标签，因此企业可以有针对性地触达具有特定偏好的用户并对其进行调研，从而为用户提供个性化服务。企业还可以对目标用户的微博内容进行分析，深入挖掘用户需求，精准制订营销策略。

（4）危机公关

由于微博具有裂变式的传播效果，一旦企业涉及产品质量、企业信用等问题，千人千面的解读会使舆情变得难以把控。微博上会产生很多关于企业的评价信息，甚至相关话题会登上热搜榜，此类信息会引起更广泛的传播，这对企业非常不利。

这时，企业可以通过微博快速了解对事件高度关注的用户群体及其对事件的评价和意见，迅速锁定危机公关的目标人群，然后采取有针对性的措施，例如，在微博上及时发布声明，与用户进行交流，以诚恳的态度缓和用户情绪，并在后续过程中对用户的言论进行跟踪，对用户进行正确引导，从而有效地干预危机、化解危机，重新树立良好的企业形象。

（5）电商变现

企业在微博运营一段时间并积累大批粉丝后，可以直接为产品"引流"、促进销售，从而获取收益。例如，企业在微博平台上发布产品信息时，可以添加产品的购买链接，用户看到微博内容后，如果对产品感兴趣，可以直接通过链接进行购买。图8-1所示为"格力电器"和"美的生活小家电"账号发布的微博，它们都在其中添加了购买产品的网页链接，希望将用户"引流"电商平台。

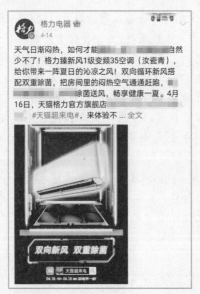

图8-1　电商变现

8.1.2　微博账号的设置

要想通过微博进行有效营销，企业要在一开始就对微博账号的基本信息进行设置。微博账号的设置主要涉及以下几个方面。

1. 昵称

昵称是微博账号最重要的标识，就像人的名字一样。企业在设置微博账号昵称时要遵循几个原则：方便记忆、目标明确、有趣、充满个性等。对于企业来说，一个好的微博账号昵称是开始微博营销的第一步。微博账号昵称要与企业的品牌或产品相关，不能是通用性词语，也不要太长，否则在手机端会显示不全。

2. 头像

头像要能给用户留下深刻的第一印象，因此企业要注意选择有趣或能够博人眼球的图片做头像。因为企业要在微博上进行认证，所以微博头像中必须包含企业Logo等必要信息。在通过企业微博认证之后，企业可以根据实际营销的需要更换微博头像，但不建议经常更换，否则容易给用户留下企业形象不稳定的印象。当然，如果将企业Logo作为微博头像的美观度不高的话，企业可以把头像更换为其他能代表企业形象的图片，如企业名称、企业的标志性大楼、企业的主打产品等。

3. 简介

简介是微博账号的名片，有助于其他用户快速了解某一特定账号。企业微博账号的简介有多种呈现方式，例如，直接介绍公司概况，介绍用户从该账号发布的信息中可以了解什么内容，也可以推荐企业的其他账号。为了更好地与用户互动，企业在微博账号简介中可以用生动、活泼的语言介绍企业，并简短、精练地描述企业的定位，如图8-2所示。

4. 背景图

微博的背景图是个人或企业的展示位。对于个人来说，用户可以结合个人微博定位，上传喜欢的图片作为背景图。对于企业来说，背景图是一个很好的形象展示平台，也可以用来为新产品做推广。图8-3所示为小米手机官方微博的背景图，该背景图只显示了一部分，用户向下拉会显示其余部分。

图8-2　微博简介应生动、活泼

图8-3　"小米手机"微博的背景图

5. 焦点图

微博焦点图是指微博账号的个人主页首屏轮播海报，主要适用于企业微博。这个位置是放置广告宣传海报的地方，最多只能设置5张，图片大小不能超过5MB，且仅限JPG、GIF、PNG格式的图片，图片尺寸最好是560像素×260像素。

课堂讨论

请同学们讨论，自己在关注他人的微博账号时，是否受到了账号头像和昵称的影响？你会仔细查看账号的简介内容吗？在开通自己的微博账号时，你会精心设计自己的账号吗？

8.2 微博营销文案与话题的策划

作为微博营销的手段之一，创作微博营销文案是运营者必备的一个技能。一个产品或创意再好，如果不能用文案描述出来，肯定是不行的。微博营销文案可以赋予产品或创意灵魂，不仅能让用户印象深刻，还能帮助品牌得到更好的推广。

8.2.1 微博营销文案的写作与发布

基于微博文案短小精悍、传播迅速的特点，微博运营者在撰写微博营销文案时可以运用以下技巧。

1. 文字应简短易懂

在碎片化阅读时代，用户的阅读习惯早已发生改变，他们能够接受的字数在不断减少。为了尽可能浏览更多的信息，用户更倾向于阅读那些能够在短时间内获取信息、不需要自己分析和总结的内容。因此，运营者撰写的微博文案要尽量简短，可以让用户在最短的时间内了解主题内容。

同时，微博文案要通俗易懂，运营者尽量不要用晦涩难懂的专业名词，而应使用通俗的文字并按照贴近用户实际生活的风格来进行表达，从而给用户留下深刻印象。例如，蓝月亮的官方微博就用非常简短的语言向用户介绍了品牌加入"京东个洗家清超级品类日"的消息，如图8-4所示。

2. 增强趣味性

运营者在微博上发布的内容如果枯燥乏味，只是简单的陈述，就很难吸引用户的眼球。因此，微博文案要尽可能诙谐幽默、生动有趣。在这样一个形式和内容丰富多彩的交流环境下，微博文案的趣味性主要体现在语言的个性化和配图的丰富性上，众多网络流行语和表情包，很多都是来源于微博的。微博文案要尽量使用充满个性的语言，再配上图片，用娱乐精神与用户"玩到一起"。例如，喜茶的官方微博用武侠小说的语言风格讲述了产品的制作过程，并称呼用户为"侠客"，语言生动形象，同时也传神地介绍了产品的特色，如图8-5所示。

3. 增强互动性

微博作为一个社交媒体平台，用户之间的交互性很强，而运营者要善于利用这一点，撰写互动性强的文案，以吸引用户参与互动，使用户感受到参与互动的成就感和乐趣，进而使用户成为忠实用户，提高用户的后续转化率。例如，来伊份在微博文案中给出了一副对联的上联，让用户对下联，对联的内容与产品密切相关，这能让用户在互动的同时加深对产品的印象，如图8-6所示。

4. 适度结合热点

微博上的热门话题，尤其是热搜榜上的话题是用户普遍关注的热点内容，所以运营者可以凭借话题的高关注度来进行推广，将自身产品与热门话题有机结合，这样可以增加文案被用户搜索到的概率，从而达到营销目的。但是，运营者在选择热门话题时要注意话题的时效性，不能选择时间太过久远的话题，这种过期的热点对用户的吸引力不大。

另外，微博文案不要强行、生硬地蹭热点，运营者要保证文案内容与热门话题紧密相关，否则会引起用户的反感。例如，"统一老坛"在元宵佳节通过微博平台向用户发出节日祝福的同时,不忘推荐自己的产品,并与用户展开互动,开展转发抽奖活动,如图8-7所示。

图8-4 文字应简短易懂

图8-5 增强趣味性

图8-6 增强互动性

图8-7 适度结合热点

🔍 **案例链接**

比亚迪清明节创意文案，植入不留痕迹

在2017年清明节期间，比亚迪官方微博发布了一篇借势文案："唐宋元明清，清明去哪了？"将首句的"明清"倒过来，询问大家"清明去哪了"，这个问题也很符合清明节踏青出游的习俗。另外，这句文案中还巧妙地植入了比亚迪的产品——王朝系列。

比亚迪的王朝系列产品包括秦、汉、唐、宋、元5个款式的汽车，当时还没有"明"和"清"款式的汽车，因此大家可以看到，海报中"唐""宋""元"的车位里都停有比亚迪相应款式的汽车，而"明""清"的车位则空着，如图8-8所示。

图8-8 比亚迪的宣传海报

因此，"清明去哪了"不仅是在询问用户清明的出游计划，同时藏有"暗梗"，让人不禁猜测比亚迪的王朝系列是否会增加"明朝"和"清朝"款式的汽车，这不仅勾起了用户的好奇心，还顺势宣传了自己的产品。

5. 增强故事性

好看的故事会让用户觉得新鲜、好奇，让他们有继续读下去的兴趣。因此，运营者可以结合产品、品牌和用户群体撰写故事，在展现故事情节的同时，让用户加深对产品或品牌的认知。故事既可以是幽默的，也可以是感人、温馨的，只要能够打动人心即可。例如，"奥利奥官方微博"讲述了一对好朋友的故事，而这一青一粉正是其产品的颜色，从而让用户在故事中加深了对产品的印象，如图8-9所示。

图8-9 增强故事性

6．为用户提供价值

运营者可以选取与人们的工作、生活密切相关的话题，或人们普遍面临的问题和疑惑作为选题，并针对这些选题提供相应的建议或解决对策，为用户提供实际的价值。只要这些方法有效，说服力足够强，这样的文案就会受到用户的认可与关注。例如，石头科技的官方微博在文案中推荐了一款扫地机器人，并强调了这款产品可以给人们带来的价值——"超大吸力，能够清扫得更干净"，可以消除人们做家务的苦恼，如图8-10所示。

7．增强体验感

在微博文案中，运营者要有目的地引入或营造某种情境或氛围，以激起用户的情感体验，从而引起用户的阅读兴趣。一般来说，运营者会将宣传推广的产品放入特定的情境中，通过描述情境，让用户自然而然地融入其中，然后慢慢接受文案中推广的产品。例如，"书亦烧仙草"在转发某篇关于"学生时代最美好的画面"话题的微博时加上了自己的描述，在文案中详细勾勒出一幅关于青春时期情感萌动的温馨画面。文案中出现的"奶茶"与其相关，会让用户不自觉地想到"书亦烧仙草"，提高用户对品牌的好感度，如图8-11所示。

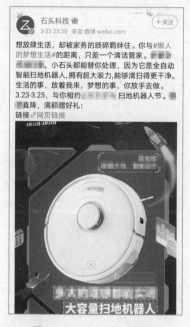 

图8-10　为用户提供价值　　　　　图8-11　增强体验感

8．以多元形式发布文案

运营者可以在方案中添加图片、链接、视频或音频等内容，以多元化的形式进行组合，全方位地为用户提供丰富的信息。例如，安慕希的官方微博在发布文案时除了文字外，还会添加风格各异的图片以及视频，让用户可以更好地了解品牌信息和产品信息，如图8-12所示。

在发布微博文案时，运营者要注意选择合适的发布时机。如果微博文案要借势于热点事件，运营者就要抢占先机，在热点事件发生后的最短时间内发布文案，让用户拥有新鲜感。根据微博用户使用微博的习惯，运营者要想获得较高的阅读量，最好在微博阅读量的高峰时间段发布微博，如上午9:30~12:00，下午3:30~5:30，晚上8:30~11:30。

在发布微博文案时，运营者还要掌握发布的数量和频率，不要一次性发布多条微博，以免造成"刷屏"而引起用户反感。企业的官方微博账号一般每天坚持发5~10篇就足够了，重要的是发布微博之后要积极与用户互动，获取用户对产品或服务的反馈，并根据这些反馈对产品或服务进行调整，提高产品或服务的质量。

图8-12 以多元形式发布文案

　　请同学们讨论分享自己最喜欢看的微博内容类型是什么？一般选择在什么时间段看微博？每次上微博都会看热搜榜单或热门话题吗？你如果运营自己的微博账号，会在微博上发布什么内容？

8.2.2 微博话题的发布

　　话题是微博上的热点、个人兴趣等内容的专题聚合页面，是微博中非常重要的一种兴趣主页。用户可以进入话题页面参与讨论，同时话题页面也会自动收录含有该话题的相关微博。话题标签采用"#"来表示，用两个"#"围住主题词即可表示话题，如"#美妆#"。

　　对于运营者来说，创建并发布一个话题，可以帮助企业形成一个不断积累声量的互动场合。关注该话题的用户在看到话题以后参与讨论，就可以形成话题的二次传播。

　　运营者在发布话题时要注意以下几点。

1. 互动性要强

　　话题的互动性要强，同时参与门槛不能太高，要让用户有兴趣参与并积极参与。例如，制造共鸣就可以很好地激发用户互动，人们在生活中总是会寻找共同话题，在微博上讨论时也是如此，与普通大众的生活相关的话题一般很受欢迎，类似的经历或情感上的共鸣，都可以引起大众的广泛讨论和传播。

　　例如，在2019年中秋节时，碧桂园官方微博发起话题"#家的模样#"，用户纷纷在话题内分享自己的温情回忆，诉说理想中家的模样，使该话题获得了大量曝光，如图8-13所示。另外，话题结合抽奖活动也可以激发用户互动，带来二次传播，从而积累人气，如图8-14所示。

图8-13　制造共鸣

图8-14　结合抽奖活动

2. 形成固定栏目

对于日常运营中经常发送的某类内容，运营者可以单独设置一个话题，使其相当于官方微博的一个固定栏目。这样就可以增加这类内容的辨识度，用户只要进入该话题，就可以看到相关内容，从而吸引用户形成互动。例如，天猫官方微博将旗下多个活动话题聚合在微博主页上，让用户一进入其主页就可以看到，感兴趣的用户可以点击进入话题详情页，查看话题的相关内容，如图8-15所示。

3. 借势于热点话题

热点事件、节日等都会有相关话题，企业可以借势于热点话题增加微博互动量和曝光量。但需要注意的是，运营者不要借热门话题发布与话题无关的内容，以免引起用户的反感，损害企业或品牌的形象。例如，娃哈哈官方微博就借助"电影你好李焕英#"这一热点话题，向用户推荐自家企业出品的八宝粥，如图8-16所示。

图8-15　形成固定栏目

图8-16　借势于热点话题

请同学们讨论分析，在发布微博时，插入的话题标签越多越好吗？你觉得加几个话题标签比较合适？

8.3 微博营销活动的策划

活动策划是提高市场占有率的有效行为，一份可执行、可操作、创意突出的活动策划方案可以有效提高企业的知名度和品牌美誉度。因此，成功的微博营销活动策划对于企业的产品推广、品牌建设及核心业务的宣传是非常有帮助的。

8.3.1 微博营销活动的策划要点

完整的微博营销活动策划的要点主要包括活动目标、活动时间、用户群体、活动形式、活动内容、推广渠道、活动费用、效果预期等。

（1）活动目标。活动目标主要有增加用户互动量，进行产品信息的推广，提高企业品牌的知名度，提高用户转化率或产品销售转化率等。

（2）活动时间。确定活动的开展时间，例如，在确定某一产品的推广活动开始于2020年5月后，运营者就要首先确定活动的策划时间和筹备时间，一般要提前1～2个月准备，同时根据活动的持续时间不断调整。

（3）用户群体。确定活动的目标用户群体，这一点和产品的用户定位相同。

（4）活动形式。微博营销活动的形式有很多种，如用户访谈、问答活动、有奖调研、用户"拉新"有礼、猜谜活动、H5互动、投票或评比活动、留言有奖、口令红包、抽奖活动等，具体需要采用哪种形式要根据产品特点而定。

（5）活动内容。转发抽奖是企业开展微博营销活动时用得较多的一种活动形式，用户只要"关注+转发+评论或@好友"就有机会中奖。用户参与成本低，还有获奖的机会，所以其参与这类活动的积极性很高。这能够帮助企业迅速增加互动量，扩大活动的传播范围。

（6）推广渠道。微博的推广渠道分为内部推广和外部推广。内部推广有借助微博红人推广、购买粉丝头条等；外部推广是指拓展活动的推广渠道，利用其他新媒体平台，如今日头条、微信公众号等辅助推广微博活动。

（7）活动费用。对于活动的预算费用，运营者虽然无法列举所有方面，但也要尽可能列举详细。通常活动费用有奖品费用、投放广告费用、活动道具费用、餐饮费用和人员工资等。

（8）效果预期。运营者要对微博营销活动的效果进行预估，包括用户增长量、曝光量、转发量和成单量。

8.3.2 策划微博营销活动的注意事项

运营者在策划微博营销活动时，有以下注意事项。

1. 活动规则应清晰、简单

要想使微博营销活动取得较好的营销效果，运营者就不要让参加活动的用户阅读过长的介绍文字，而要尽可能简单描述。活动规则简单才能吸引更多用户参与活动，从而有效提高品牌的曝光率。因此，运营者在设置活动规则时最好将字数控制在100字以内，并添加活动介绍插图，且插图要美观、清晰、尺寸适宜。

2. 激发用户的参与欲望

运营者只有满足了用户的某种需求，激发用户内心深处的欲望，用户才会踊跃参与微博营销活动。激发欲望的有效方式之一就是充分利用微博营销活动的奖励机制。奖品的选择有时并不在于价格，而在于能否让用户产生兴趣，是否有新意，因此寻找用户的兴趣点是设置奖品的首要任务。

3. 控制并拓展传播渠道

微博营销活动的初期宣传是非常关键的，如果没有足够多的用户参与活动，就很难形成裂变式传播。为了提高营销效率，运营者可以通过与微博红人合作或在其他新媒体平台上推广等方式拓展活动的传播渠道，扩大活动的传播声量。

4. 沉淀粉丝和后续传播

运营者在微博营销活动的策划阶段就要考虑如何沉淀优质用户，如何进行后续传播。运营者要引导用户@好友，但数量不能太多，以免使用户产生反感。另外，运营者可以通过关联话题引入新的激发点，带动用户利用自身的交际圈来增加品牌的曝光率，促进后续的多次传播。

 课堂讨论

请同学们分享讨论，当微博好友给你分享微博活动后，你是否有过转发分享或关注该活动的经历？你是否经常转发微博参与抽奖活动？你转发微博参与抽奖活动的心理动机是什么？

 案例链接

年丰大当家打造万人转发"爆款"活动

1. 天时

2019年"双十一"期间，生鲜电商品牌年丰大当家看准了"双十一"的巨大流量，但没有选择在"双十一"当天和众多品牌争夺流量，而是运用逆向思维，选择在"双十一"第二天推送活动预告，为网购的用户带去暖心的福利补贴，树立了良好的品牌形象，收获了用户好评。

2. 地利

年丰大当家为用户送去的福利是阳澄湖大闸蟹。当时正值阳澄湖大闸蟹的上市时节，年丰大当家发挥生鲜电商的优势，借助大闸蟹给"双十一"期间的微博营销活动提供了一个好的契机。

有了奖品，活动玩法也要有创意，而抽奖是最常用的活动形式之一。年丰大当家打破以往一站式转发抽奖的模式，设置了梯度抽奖活动，设置了多个等级的抽奖维度，并在最后设置了神秘大奖。抽奖阶段设置完成后，年丰大当家还抓住抽奖中的这段黄金时间，发布中奖名单和抽奖截图，用每日提醒以及倒计时海报等形式持续吸引用户关注并把活动扩散出去，这样一来用户的注意力就始终牢牢聚集在活动上。

抽奖活动之后，年丰大当家的微博营销活动还没有结束。对于生鲜产品来说，用户的真实反馈对其他用户更有吸引力。利用在抽奖活动中中奖的用户进行有目的的二次传播，可以达到持续扩散的效果。年丰大当家在抽奖结束后，引导中奖用户"晒"图发微博并@官方微博（见图8-17），通过用户真实的照片及文字反馈宣传产品。这样一来在活动话题下沉淀了更多的用户原创内容，官方微博对优质内容进行"翻牌"，提供优惠券奖励，在提高用户复购率的同时，也最大限度地宣传了平台的产品。

图8-17　引导用户晒图发微博

3. 人和

年丰大当家还展开品牌联动，邀请了几十家品牌企业参与。在年丰大当家发布微博的第一时间，各品牌按要求带话题及统一文案整齐且有秩序地转发，通过"1+N"的矩阵传播模式，为活动传播范围的扩大打下了坚实的基础，让这场活动变得非常热闹，也确保了用户无论是通过品牌自身的传播，还是企业大号"引流"，都能关注到年丰大当家这个品牌，使来源多样化，也更有利于用户"转粉"，实现粉丝流量的相互"引流"，在无形之中为各品牌增加了接触点。

8.4　微博数据分析

微博数据分析包括微博基本数据分析、微博粉丝数据分析、微博博文数据分析、微博互动数据分析、微博相关账号分析、微博文章数据分析、微博视频数据分析等。下面主要介绍前4项。

8.4.1　微博基本数据分析

微博账号主页的管理中心提供了丰富的数据分析模块，有些数据分析模块需要运营者付费

查看，但大部分模块为运营者提供了免费试用期，便于运营者分析微博数据的基本情况。运营者进入个人微博主页，单击"管理中心"|"数据助手"|"数据概览"，就可以对微博基本数据进行整体分析。

微博基本数据分析指标如表8-1所示。

表8-1　微博基本数据分析指标

微博基本数据分析指标	说明
昨日关键指标	在昨日关键指标中，运营者需要留意净增粉丝数、阅读数、转评赞数、发博数、文章发布数、文章阅读数、视频发布数、视频播放量等
粉丝变化数据	粉丝变化数据主要有净增粉丝数、新增粉丝数、减少粉丝数（包含主动取消对账号的关注的粉丝数和账号主动移除的粉丝数）
博文数据	博文数据主要有微博阅读数、转评赞数、点击数
我发布的内容数据	我发布的内容数据包括发博数、发出评论数、原创微博数
视频数据	视频数据包括视频发布数、播放量和视频转评赞数
文章数据	文章数据包括文章发布数（账号发出头条文章的篇数）、文章阅读数、文章转评赞数

8.4.2　微博粉丝数据分析

微博粉丝数据分析主要包括粉丝趋势分析、近7日粉丝活跃分布、近7日取关粉丝列表、粉丝来源、粉丝类型、粉丝性别和年龄、粉丝地区分布、关注我的人的粉丝量级、粉丝兴趣标签等。运营者可以对这些数据进行详细分析，以提高运营效率。

扫一扫，看微课

微博粉丝数据分析

1. 粉丝趋势分析

粉丝趋势分析包括粉丝总数、粉丝净增数、当前粉丝数、粉丝增加总数、粉丝减少总数、粉丝净增总数、主动取关粉丝总数和平均粉丝增长率。平均粉丝增长率=（当天粉丝总数−前一日粉丝总数）÷前一日粉丝总数×100%。

运营者可以选择任意两个指标进行数据分析。通过数据趋势分析图（见图8-18），运营者可以快速掌握粉丝增长和减少的情况，从而对当天内容进行细致分析，找出数据变化的原因。

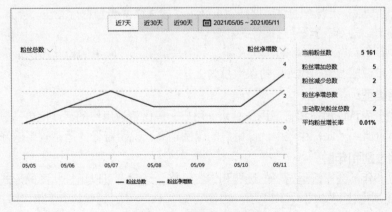

图8-18　数据趋势分析图

2. 近7日粉丝活跃分布

近7日粉丝活跃分布可用于查看账号的粉丝在最近7日内，在哪天、什么时间段活跃度比较高，分析粉丝的活跃行为，从而选择合适的营销时间。图8-19所示为某账号的粉丝活跃分布，可以看出其活跃粉丝集中在12时到23时之间，尤其在22时活跃粉丝数达到最高峰。因此运营者应尽量在接近22时发布微博。

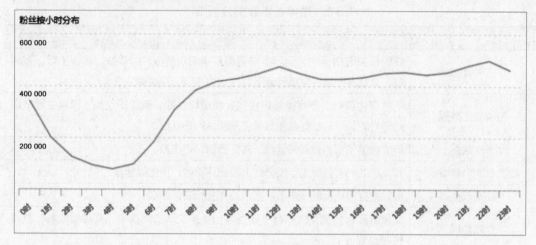

图8-19　粉丝活跃分布

3. 近7日取关粉丝列表

在这一模块中，运营者可以对近7日内取消关注的粉丝进行统计分析，查看取消关注的粉丝的信息，包括取消关注时间、最近关注时长和粉丝数。运营者可以根据粉丝取消关注的时间研究当天的内容是否引起粉丝的反感，或者去取消关注的粉丝的微博主页查看其兴趣范围，并对微博内容进行适当调整，以避免同类粉丝的流失。

4. 粉丝来源

通过了解粉丝来源，运营者可以分析粉丝主要通过哪些渠道关注自己的账号，从而优化来源比例低的渠道。

粉丝来源主要包括找人、第三方应用、微博搜索、微博推荐。

（1）找人：指粉丝通过微博App发现页的"找人"频道关注账号。

（2）第三方应用：指粉丝通过第三方应用关注账号，例如，通过简书、今日头条等渠道关注账号。

（3）微博搜索：指粉丝通过微博搜索页面主动搜索微博账号进行关注。

（4）微博推荐：指粉丝通过推荐关注账号。

图8-20所示为某微博账号的粉丝来源，其中来自第三方应用的粉丝占比最高，其次是微博推荐，而来自微博搜索和找人的粉丝数量为0。

5. 粉丝类型

粉丝类型分为认证用户和普通用户。认证用户一般比普通用户的活跃度更高、黏性更强，对运营者更有价值。因此，粉丝中认证用户的比例越高，说明账号的运营效果越好。

6. 粉丝性别和年龄

粉丝性别和年龄会影响运营者的选题和内容风格，运营者可以用柱状图的形式查看不同年龄段粉丝的性别占比，如图8-21所示。由图可知，该账号的粉丝以年轻用户为主，集中在18~24岁，女性用户的占比远高于男性。

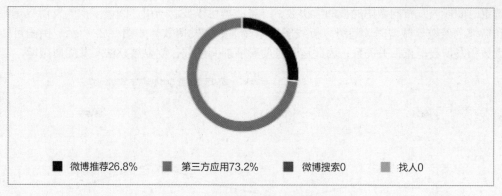

微博推荐26.8%　　第三方应用73.2%　　微博搜索0　　找人0

图8-20　粉丝来源

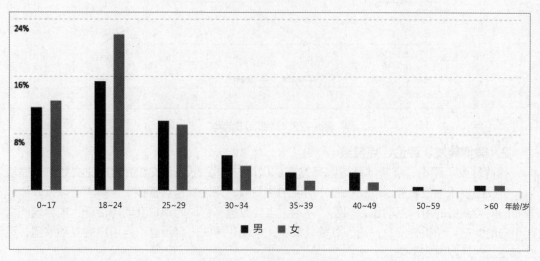

图8-21　粉丝性别和年龄

7. 粉丝地区分布

运营者可以通过"粉丝地区分布"模块查看粉丝来自哪些地区，这更有利于运营者策划线下活动，并规划运营内容。

8. 关注我的人的粉丝量级

"关注我的人的粉丝量级"模块可以展示粉丝的粉丝数主要分布在哪些数量区间，可以帮助运营者更好地了解粉丝的质量。

9. 粉丝兴趣标签

"粉丝兴趣标签"模块可以帮助运营者洞察粉丝的社交偏好和兴趣爱好，根据粉丝的关注、浏览、评论、转发、搜索等行为，通过数据挖掘算法判断粉丝的兴趣，进而根据粉丝的兴趣提供合适的内容，以增强粉丝黏性。

8.4.3　微博博文数据分析

微博博文数据分析包括微博阅读趋势，微博转发、评论、点赞数，微博阅读人数，单条微博分析。

1. 微博阅读趋势

微博阅读趋势包括两个数据指标：阅读数和发博数。阅读数展示近7天、近30天、近90天或选定时间段内发布的微博的被阅读次数，一条微博可以被同一用户阅读多次。发博数是账号发布微博的条数。微博阅读趋势以折线图展示阅读数和发博数，如图8-22所示。由图可知，阅读数和发博数呈正相关关系，因此运营者要想增加阅读数，就要想办法多发优质微博。

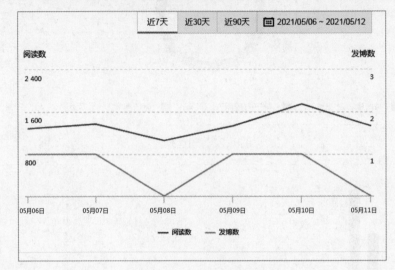

图8-22 微博阅读趋势

2. 微博转发、评论、点赞数

微博转发、评论、点赞数是指账号发布的微博被转发、评论和点赞的累加次数。该模块以，折线图展示总数趋势，以柱状图分别展示转发数、评论数和点赞数。该模块可以反映账号发布的内容获得的用户互动量，转发、评论、点赞数越多，说明用户互动越活跃，内容越能引起用户的共鸣。如果转发、评论、点赞数很少，就说明博文内容没有引起用户的互动欲望，运营者要及时调整内容策略。

3. 微博阅读人数

微博阅读人数可以让运营者了解微博覆盖的人数，每日每个阅读过微博的用户只统计一次。微博阅读人数以折线图展示特定时间段内的微博阅读人数，并可以计算平均阅读人数，如图8-23所示。

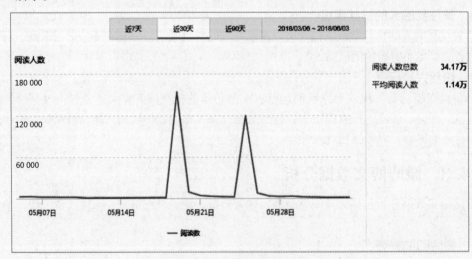

图8-23 微博阅读人数

4．单条微博分析

单条微博分析包括单条微博阅读趋势，单条微博转发、评论和点赞，单条微博阅读来源分析，单条微博阅读粉丝分析。

（1）单条微博阅读趋势：可以帮助运营者详细分析一条微博发出后的阅读趋势，阅读人数是指当日阅读过微博的人数。

（2）单条微博转发、评论和点赞：分析一条微博发出后的转发、评论和点赞趋势，让运营者了解微博的互动效果。

（3）单条微博阅读来源分析：按照主关注流、分组关注流、热门流、搜索页、个人主页和其他来源展示一条微博发出后在特定时间段内不同阅读来源的分布情况。

（4）单条微博粉丝阅读分析：统计一条微博发出后的某一时间段内粉丝和非粉丝用户阅读该条微博的占比情况，这可以帮助运营者分析微博的传播效果。

8.4.4 微博互动数据分析

微博互动数据分析包括互动数分析、近7天账号互动Top10、"我的影响力"等。

1．互动数分析

互动数是用户对博主产生的互动行为的数据统计指标，由两部分构成：用户对博主近30天发布的内容（包括微博、评论、故事）产生的互动行为（包括转发、评论、点赞、回复评论、点赞评论）；用户在博主粉丝群内的发言（粉丝数在10万以上的博主可以开通粉丝群）。

博主发布的内容引发新的互动行为或博主的粉丝群内有发言时会刷新互动数得分，每个用户对博主发布的每条内容的重复互动或每天在博主粉丝群的重复发言只记为一次，粉丝产生的互动数双倍计分。

2．近7天账号互动Top10

这一模块提供7天内累计与博主互动最多的用户的前10名榜单，转赞评数为转发数、点赞数、评论数的和。这一模块可以给运营者提供运营参考，互动最多的用户是对账号及其内容非常感兴趣、黏性最强的群体，运营者要用心维护，可以为这些用户单独创建社群，逐渐扩大自己的私域流量池。

3．"我的影响力"

"我的影响力"分为影响力、活跃度、传播力和覆盖度4个模块。

（1）影响力：用于衡量一个微博账号每天在微博平台上的影响力大小，可以由发微博的情况，被评论、转发的情况及活跃粉丝数等数据综合评定算出。

（2）活跃度：一个微博账号做出各种用户行为，包括发布微博、转发、评论、私信聊天等带来的权重数值，一般来说，发布高质量的微博吸引粉丝，积极转发和评论，私信好友聊天都可以提高微博的活跃度。

（3）传播力：每条微博平均被转发、被评论的次数和人数越多，就证明账号的传播力越强。

（4）覆盖度：当天登录的粉丝数和转赞评的粉丝数越多，账号的覆盖度越高。

图8-24所示为某账号在近7天内的影响力，可以看出其传播力和活跃度较小，因此运营者要多发布微博，积极与粉丝和用户互动，以提高活跃度并增强传播力。

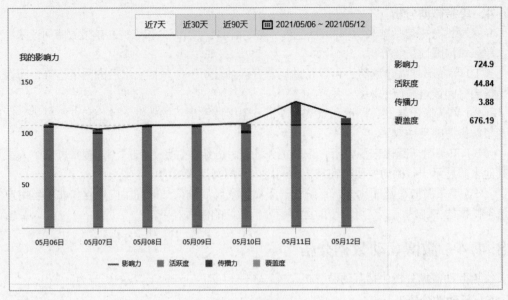

图8-24 "我的影响力"

【实训：利用微博宣传、推广店铺的汉服】

1. 实训背景

近年来，很多年轻人逐渐喜欢上汉服。在城市的大街小巷，尤其是热门旅游景点，越来越多的年轻人身着汉服出行。为了使更多用户了解汉服，某店铺开设了官方微博，想进行微博营销，以宣传汉服文化，推广店铺中的汉服。

2. 实训要求

借助热门话题，发布一条产品上新的微博。创建新话题，发布一条转发抽奖活动的微博。

3. 实训思路

（1）选择热门话题，发布产品上新微博

在微博热搜榜单或者微博热门话题中查找近期出现过的热门话题，选择与汉服有关的话题，结合话题发布产品上新微博。例如，选择"穿着汉服去旅行""汉服上的绣花"等话题，微博内容可以是"旅游热季到了，同袍们准备好去哪里游玩了吗？没有确定地方没关系，先准备好汉服吧！#穿上汉服去旅行#"和"清新的飞机袖搭配碎花柄，生如夏花，印绣结合，你喜欢吗？#汉服上的绣花#"。

（2）创建新话题，开展转发抽奖活动

创建与汉服相关的话题，并带话题发布微博，开展活动。例如，创建话题"#理想的汉服模样#""#我与×××汉服的故事#"等。如果发布"#我与×××汉服的故事#"的相关微博，微博内容可以是介绍自己入行的经历，或是喜欢汉服的缘由，然后号召用户发布自己喜欢汉服的缘由，引导用户关注官方微博，并带该话题发布微博，这样用户就有机会抽取店铺的热销汉服一套，同时说明开奖时间，让大家不要错过。

第9章 社群营销

学习目标

➢ 认识社群营销。
➢ 掌握创建和管理社群的方式。
➢ 掌握社群营销的策略。
➢ 掌握社群数据分析的主要内容和常用指标。

学习导图

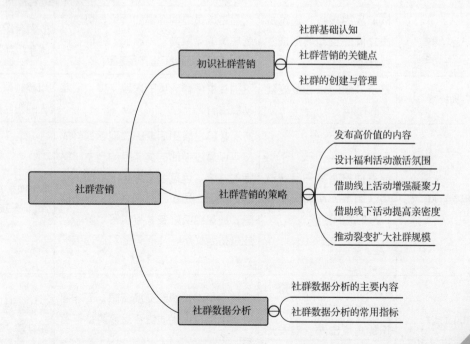

在移动互联网的作用下，人们进入了以价值观和信任为基础的社群时代。当下社群的火热发展情况有目共睹，许多企业和个人都看到了社群的巨大商业潜力，都想布局社群，抓住机遇。但是，创建社群要有周密的准备，创建社群后要设置群规、"拉新"、"促活"、组建运营团队等，这些都是在做社群营销时运营者必须要思考和解决的问题。

9.1 初识社群营销

互联网的迅速发展给人们带来了海量的信息，也拉近了人们彼此之间的距离，还让企业找到了与消费者直接接触和交流的机会及有效的赢利方式。企业只要抓住了用户的痛点，便能迅速聚集一批追随者，进而形成社群。

9.1.1 社群基础认知

社群是指以网络为载体，将拥有共同的兴趣爱好和某种需求的用户聚集在一起，使其相互沟通交流、展示各自价值的一种社交群体。用户在社群中可以获得心理上的归属感和认同感，社群的本质是在虚拟空间内实现人与人的链接。

扫一扫，看微课

社群的类型

运营者在进行社群营销之前，首先要知道社群的类型，明确社群的定位，这样才能推出契合社群成员兴趣的活动或内容，强化社群的兴趣标签。社群的类型如表9-1所示。

表9-1 社群的类型

类型	说明	特点	举例
产品社群	以产品为核心，通过成员之间的互动而形成的社群组织	产品是成员之间沟通的桥梁，可以增强成员的凝聚力。商家加入社群，通过与成员的互动促进产品营销	安慕希粉丝群、小米手机新品交流群
兴趣社群	基于共同的兴趣爱好建立的社群	这种社群依靠成员的兴趣支撑，很容易催生消费行为	母婴社群、知名艺人的粉丝群
品牌社群	社群成员对某一品牌产生认同感，从而聚集在一起形成的社群	产品社群发展到后期的表现，社群成员可以通过彼此的交流互动产生对品牌的共鸣。运营者要考虑成员加入社群的原因，是获取品牌信息、活动信息，还是结交好友、寻求答疑解惑，或是得到优惠，从而有针对性地维护社群	oppo粉丝群、红旗H5车友交流群
知识社群	类似于兴趣社群，是个体从学习交流、获得知识的角度出发，自发形成的学习社群	定位是学习知识或交换资源，而非社交，因此打造优质内容是该类社群营销的关键	英语学习社群、考研社群

课堂讨论

　　请同学们分享讨论，自己曾加入过哪些社群？这些社群分别属于什么类型？你认为这些社群的运营状况及活跃度如何？

9.1.2　社群营销的关键点

　　运营者要想做好社群营销，需要注意以下几个关键点。

1. 明确社群的定位

　　明确社群的定位是指找到社群成员的共同兴趣，这是社群成立的前提。共同兴趣是指社群中的所有人都要有一个共同的目标。用户一开始就要明白自己为什么加入社群，是基于某个产品、某种行为、某个标签，还是共同的空间、情感和价值观。社群内成员要借助相同的兴趣相互连接，找到情感慰藉、互动的快乐以及现实的利益，三者必须满足其一，社群才能持续运营。

2. 建立合理的结构

　　社群的结构决定了社群的存活状况。社群中要有一个灵魂人物，这个灵魂人物可以是有思想深度或社会势能的专家，也可以是运营能力较强的社交"达人"。同时，社群的成员构成要多元化，除了专家外，还要有普通人来提出问题，激发专家回答问题的欲望，大家畅所欲言，才能提高社群的活跃度。

　　社群要有一定的筛选机制，这样不仅可以保证社群的内容质量，还可以让后加入的成员更珍惜该社群。由于成员增多，社群管理就很有必要，运营者要不断完善群规，尽量杜绝广告和无意义内容，以免让群员产生反感。

3. 坚持持续输出

　　输出决定了社群的价值，而能否持续输出有价值的内容则是衡量社群生命力的重要指标之一。大部分社群在成立之初活跃度都较高，但如果运营者或其他成员不能持续提供优质内容，社群的活跃度就会慢慢下降，甚至沦为广告群。

　　社群输出的形式有很多种，如社群打卡，输出统一的打卡海报；建立社群自媒体，如微博、微信公众号、头条号等；开设社群微课；开通直播，邀请社群成员观看或直播；组织社群成员进行线下培训；组织社群成员开发训练营课程。

4. 重视长效运营

　　一个社群要想长久存在并保持活跃，运营者就要进行有效运营，通过运营建立社群成员的仪式感、参与感、组织感和归属感。

　　社群的有效运营要求社群有稳定的团队，建立稳定的形式，形成稳定的节奏，成员都清楚社群的日常流程，努力让自己的言行与社群的节拍同步。运营者一般要考虑以下事项：社群线上线下活动的策划和实施，社群运营团队的搭建和培养，社群成员的更新和专家邀请，社群成员的社交连接和情感认同，以及社群内容的对外输出。

　　社群运营适合"慢工出细活"，很多人总想快速扩大社群规模，然后马上变现。这种思维很短视，如果不重视社群成员的感受和需求，即使运营者一开始有所收获，社群也无法长久运营下去。运营者要不断创新活动形式，发展更多有趣的运营技巧，并把社群成员筛选好、连接好、服务好，最终厚积薄发，让社群爆发出巨大的营销能量。

5. 谨慎扩大规模

社群的核心是成员之间的情感连接和价值认同，社群越大，情感分裂的可能性就越大。社群规模并不是越大越好，只有遵循以上4个维度的关键点的社群才可以被称为合格的社群。如果社群人数过多，遴选信息的成本就过高，成员相互认知的成本也过高，所以社群会变得非常沉闷；而在小圈子里，成员较少，大家的话题相对较为集中，成员就容易活跃起来。因此，社群的规模要根据社群的成长阶段而定，而且运营者要思考扩大社群规模的目的，扩大社群规模以后是否可以帮助解决营销问题，社群定位是否适合扩大规模，以及运营者是否有能力维护更大规模的社群等。

扩大社群规模不是盲目决定的事情，运营者要从人力、物力、财力、精力等多种角度进行综合考量，只有能够达到预期的投入产出比，才能支撑社群长期运营下去。

9.1.3 社群的创建与管理

社群的创建与管理是延续性的，社群自从创建开始就要进行管理，只创建不管理，社群很快就会沉寂下去。

1. 社群的创建

社群的创建可以从社群名称、社群口号和社群的视觉设计3个方面来进行。

（1）社群名称

名称是一个重要的符号，是品牌的第一标签，会给用户留下第一印象，因此运营者要特别重视社群名称。一个好的社群名称要容易让人记住并传播，要可以让目标用户快速找到，尽量不要使用宽泛、生疏和冷僻的词汇。

（2）社群口号

社群口号一般分为3种类型：功能型、利益型和价值观型。

- **功能型：** 运营者阐述自己的各种特点或做法，让社群成员很直观地了解自己在做什么，如"读好书，见'牛人'，起而行，专于一"。
- **利益型：** 运营者阐述该社群可以给社群成员带来什么直接利益，如"每天3分钟，进步一点点"。
- **价值观型：** 运营者阐述追求某种利益背后的态度、情怀和情感，是利益升华后的世界观、价值观或人生观，如"笑对人生"。

（3）社群的视觉设计

良好的视觉设计可以凸显社群的统一感和仪式感，不管是线上活动还是线下活动，社群的视觉设计都很重要。视觉设计的核心是Logo的设计。Logo设计好以后，所有活动基本上都可以以Logo为主要元素来开展。Logo就像企业的品牌标志一样，可以在各个场合贯穿始终，强化品牌形象。

常见的社群Logo有两类，一类是已经非常成熟的企业或品牌，在做社群时直接沿用企业Logo；另一类是原生态的社群，主要以文字为Logo，还有的社群会以核心人物的卡通形象为Logo。如果社群扩大规模，运营者可以在部分区域或细分领域设计更细的Logo，如主Logo加上细分领域；或者在原来的基础上进行适当修改，如魅友家各地社群的Logo，运营者会结合当地的地标或文化适当调整，使各地社群Logo的整体风格保持一致。

2. 社群的管理

社群的管理主要体现在社群规则的设置与执行上。社群有门槛要比无门槛好得多，虽然初期增粉比较困难，但运营者可以筛选出一批精准、高质量的启动用户，这是社群能够继续发展的关键。这一批用户是社群的核心用户。

社群规则一般包括入群规则、分享规则、淘汰规则。

（1）入群规则

运营者要设置群资料、群公告，告知群成员相关事宜，如入群后报到、交流，设置群昵称：身份+序号+昵称或归属地+类型+序号等。

运营者要在群公告中说明鼓励行为、不提倡行为和禁止行为，以对社群质量进行严格把关。鼓励行为包括发表原创分享、进行入群自我介绍、分享成长感悟等；不提倡行为包括询问过于简单的问题，发"心灵鸡汤"的文章链接；禁止行为包括发广告、拉投票、发表低俗的言论、争论不休、破坏群内的和谐气氛等。

（2）分享规则

社群的分享规则也分为很多类型，如运营者主导、专家分享、轮流分享、经验总结分享。

- 运营者主导指运营者要持续地分享优质内容。运营者一般具有很高的威望，人们加入社群基本上是因为运营者的威望和出于向运营者学习的目的，所以对运营者的要求很高，运营者不仅要经常提供优质内容，还要有足够的时间和精力来持续做这些事情。
- 专家分享指运营者邀请社群外的专家做分享，每次分享的人选是不确定的，这就要求运营者能够吸引专家来捧场。
- 轮流分享指当群成员本身的水平就很高时，群成员轮流分享内容就可以保证社群的优质内容不断更新。
- 经验总结分享可以起到督促和促进成长的作用，很多读书会的社群会要求群成员定时打卡并@社群运营者，将经验总结内容发布微博或朋友圈，这种形式可以在社群内形成共同学习的氛围，促使社群成员进行自我激励，同时使社群成员加深对社群的归属感和认同感。

（3）淘汰规则

社群的淘汰规则是为了保证社群的人员质量、内容质量及活跃度，运营者会在运营过程中动态剔除不合格的群成员。淘汰规则主要包括人员定额制、犯规剔除制、积分淘汰制、成果淘汰制等，如表9-2所示。

表9-2　淘汰规则

规则	说明
人员定额制	规定成员的最多人数，如果成员达到这个数目，进一个人就必须先剔除一个人。这样一来，长期不发言或长期没有输出的成员会被剔除，这种动态调整过程保证了社群的不断成长
犯规剔除制	运营者要及时制止影响社群正常秩序的行为。如果有的成员发布与社群无关的内容，尤其是发垃圾广告，或两个人"刷屏"聊天，影响到其他成员的体验，其就可能会被踢出群
积分淘汰制	在群内布置小任务和作业，群成员根据成果质量的不同换取不同的积分，一定周期过后，积分排在后面的成员要被剔除，然后运营者会招募新的成员
成果淘汰制	加入社群的成员要交学费，如果成员完成学习任务，运营者就返还学费；如果成员没有完成学习任务，学费就成为社群的运营经费

除此之外，当成员在社群内提出问题时，运营者要及时解决他们的问题。这就要求运营者时刻关注社群内的信息，了解成员的意向。运营者通过这样的行为可以维系与成员之间的联

系。在此过程中，运营者可以适当借助一些社群管理工具来辅助管理，如自动发送入群欢迎语、关键词自动回复、群签到、多群管理、定时群发、自动剔除发布广告的成员等，以此来提高社群管理的效率，以便有更多的时间和精力对社群进行更加精细化的运营。

9.2 社群营销的策略

从认知到输出、交互、裂变，再到转化，这是社群营销的精细化运营策略，也是从"流量"过度到"留量"的必经过程。

9.2.1 发布高价值的内容

高价值的内容是社群长远发展的根本，成员除了在社群与其他成员展开人际交往外，更多的是通过社群了解优质内容，如产品信息、相关知识，这就需要社群能够持续不断地产生优质内容。具体来说，运营者发布高价值的内容可以参考以下步骤。

1. 了解群成员的需要

社群之所以能够持续输出优质内容并引起成员的广泛讨论，是因为成员喜欢这些内容，这些内容满足了他们在生活中的某些需求。因此，运营者在推送内容之前，要了解成员究竟需要什么，对成员的需求进行调查和分析。运营者可以在社群中发起投票，查看成员最关注哪些主题，然后对这些主题的内容进行重点挖掘。另外，运营者要关注成员的留言，根据成员的建议对主题进行调整。

2. 创建内容创作团队

持续不断地输出优质内容是一项庞大的工作，因此运营者可以创建一支内容创作团队进行专业内容的创作。团队成员不一定是社群运营团队的成员，既可以是意见领袖，也可以是社群内比较活跃、见解和知识比较丰富的成员。创建一支内容创作团队可以减轻社群运营者的工作压力，还可以调动成员参与创作的积极性。

3. 筛选有价值的内容

一个社群每天产生的话题和有效信息有很多，要想让所有成员看到所有内容并从中筛选最有价值的信息显得不太现实，因此社群运营者要具备推荐和引导的能力，善于辨识和筛选内容，从众多话题和内容中筛选出最符合社群气质、最能体现社群内在价值的内容。

4. 创造稀缺内容

虽然社会热点、行业热点等热点话题在社群内可以引发成员的讨论欲望，但由于成员对这些话题过于熟悉，所以很难形成更有深度的讨论，无法形成更新颖和独特的观点。真正可以激活社群讨论氛围的话题是那些建立在社群兴趣基础上的稀缺内容，这些内容都在紧扣社群文化背景的基础上做出了突破，可以让成员产生眼前一亮的感觉，刺激他们用一种全新的思维进行讨论。

要想实现这一目标，运营者和意见领袖、社群活跃者要共同配合，不断进行头脑风暴，为社群提供全新的话题思路并进行内容规划。当成员为社群话题和内容的创造做出贡献时，运营者要给予相应的奖励，激发成员寻找稀缺内容的积极性，从而不断为社群营造热烈的讨论氛围。

5. 提高小专题互动量

很多社群热衷于推出各种大型深度话题的讨论活动，虽然这些话题紧扣时事热点，有很强的讨论性，但参与话题讨论的基本是一些意见领袖式的人物，而普通用户缺乏专业的知识和行业素养，无法针对这些话题说出有含金量的观点，所以一般处于围观的状态，或者在意见领袖发表观点时随声附和。这样一来，社群的活跃度自然就会降低。

社群更多是由普通成员组成的，正是他们不断讨论、互动和学习，才让社群呈现蓬勃发展的态势。因此，运营者可以推出小专题话题讨论，让每个成员都可以轻松参与其中。小专题话题讨论更接地气，成员在讨论时不必纠结于专业知识或大数据，使用生活化的语言就可以对某些问题做出解答和分析。

9.2.2 设计福利活动激活氛围

运营者可以设计以下福利活动来激活社群的活力。

1. 礼品福利

礼品福利包括物质奖励和非物质奖励。物质奖励可以是个性化的定制礼物，或者是给社群的核心人物赠送的一些年货，又或者是给成员的一些合作商赞助的小礼品。非物质奖励有课程、荣誉、积分等。

随着知识付费的兴起，再加上每个人都渴望成长和进步，为了社群成员的成长，运营者可以免费赠送各种付费订阅知识产品。如果社群没有专门的组织架构，运营者可以在群里设立一些特别的头衔、荣誉，以此来提高社群的活跃度，这也是社群的专属福利。例如，某些训练营社群有"班主任""辅导员""内容官""城市分舵主"等头衔。积分是向表现优异的成员提供的虚拟奖励，当积分达到一定数量时，成员就可以领取对应的物质奖励。

2. 红包福利

红包福利建立在直接利益之上，可以很直接地起到提高成员积极性的作用。运营者发放红包的形式多种多样，如节日红包、定向红包和虚拟资产红包等。

重大节日，如春节、中秋节、"五一"劳动节等，都是发放红包的良好时机。在节假日期间，人们处于休息状态，心情较为放松，此时发放红包能够引导成员积极参与活动，让社群活跃起来。

如果成员为社群做出了巨大的贡献，这时运营者不妨私下为其发放一个定向红包作为奖励，使其感受到社群对他的重视和感谢，增强其归属感，从而激励他为社群做出更多的贡献。虚拟资产红包主要是指优惠券、礼品券或抵现红包等。当成员达到某个级别、完成某个任务后，可以凭借截图在社群中领取相应的虚拟资产，领取的奖励可以直接用于购物或其他消费中。

要想借助红包福利刺激社群的活跃度，增强用户黏性，运营者要注意以下细节。

（1）不要毫无目的地发放红包。发节日红包时，要配合相应的节日气氛，在发红包时写上一句祝福语，以增加红包的情感分量；发奖励性的红包时，可以写上几句鼓励的话，激发成员的荣誉感和自豪感。以上种种行为为红包增加了一种情感的附加值。

（2）选择合适的发红包时机。不要在深夜发红包，也不要在工作时间发红包，这时发红包会影响大家的工作效率。一般来说，发红包的最佳时间为晚上8点到9点，这一时间段是群成员最为放松的时候，且愿意参加话题讨论。

 课堂讨论

请同学们讨论分享自己参加过哪些社群，从社群中获得过哪些利益？你是否愿意帮助社群进行裂变？你这样做的动力是什么？当群主发红包时，你抢到红包后是否还会留在群内继续互动？

9.2.3 借助线上活动增强凝聚力

线上活动是增强成员的参与感、荣誉感和社群凝聚力的主要方式。线上活动分为社群分享和社群讨论。

1. 社群分享

运营者要想开展一次成功的社群分享活动，要考虑以下环节。

（1）准备素材

运营者要提醒分享者针对话题准备素材，素材的内容要对成员有启发，而不是分享者借着分享的名义给自己打广告。运营者要提前对话题是否能够引发成员讨论进行评估，或者让成员提交话题选项，运营者再从中选择。

（2）通知成员

在确定分享的时间后，运营者要在社群里进行通知，最好多发几次消息，以免成员因为工作等原因而错过活动通知。假如分享的内容特别重要，运营者可以一一通知成员或群发消息。

（3）强调规则

在分享之前，运营者要提示成员应该遵守的规则。为了避免规则提示被很快挤下去，运营者可以开启临时禁言功能。

（4）提前暖场

在正式分享前，运营者要取消群禁言，主动聊一些轻松的话题，引导成员进入状态，营造分享的氛围。

（5）介绍分享者

在分享者正式出场前，运营者或管理员要介绍分享者的专长或资历，让成员快速了解分享者，逐渐进入正式倾听的状态。

（6）引导互动

为了防止出现冷场，分享者或运营者要提前设置互动引导点，例如，向成员提出发散性的问题，然后耐心等待成员回复，与之交流。

（7）做好控场

如果在分享的过程中有成员干扰活动，或者提出与分享主题无关的内容，这时运营者要及时提醒成员遵守分享秩序。

（8）总结分享

在分享活动结束以后，运营者可以引导成员对分享活动进行总结，并让他们在微博、微信朋友圈分享自己的心得体会，以此来为社群进行口碑营销。

（9）提供福利

运营者可为总结较好、用心参与的成员提供福利，以此来吸引成员参与下一次的分享活动。

2. 社群讨论

与社群分享不同，社群讨论是指成员都参与某一个话题，通过相互讨论获得高价值的输出内容。

在开展社群讨论时，运营者要建立内部管理小组，当小组内有重要信息时，小组成员要及时沟通，做出决策。小组中一般有3个比较重要的角色：组织者、配合者、小助手。组织者一般由提出好话题且有自己想法的人担任。如果组织者第一次担任该角色，经验不足，可以找有经验的人全程配合，一旦出现预料之外的情况他就可以及时帮忙，这就是配合者。小助手可以协助组织者和配合者做一些琐事，同时要及时回应社群内的相关问题，活跃社群氛围，带动整个社群的讨论。

确定了小组成员后，运营者还要确定讨论的话题。话题的好坏决定了社群的讨论活动能否变得活跃，因此运营者确定的话题应简单、易讨论，能让成员有参与感和情景感，最好能够结合热点话题。

除了确定讨论的话题外，运营者还要确定讨论时间，并提前通知成员。一般每个话题的讨论时长为半个小时，但具体时长要根据成员的讨论热情度而定。如果群成员讨论得很热烈，运营者可以适当延长时间；如果群成员的反应较为冷淡，运营者就要缩短讨论时间，提早进入下一个话题。

如果分享者和组织者都已经做好了准备，就可以按照既定程序展开讨论了。如果组织者没有太多社群分享的经验，就要提前设想在分享的不同过程中要说什么话，最好将其写下来作为讨论过程稿，发到内部管理小组让大家提出意见，以进行修改调整。

讨论结束以后，组织者要对参与讨论的成员的发言进行汇总，并对本次社群讨论的内容进行总结，分析讨论成功的原因或讨论氛围冷清的原因，以及讨论中存在的问题要如何改进，然后把总结发到内部管理小组，为下一次组织社群讨论积累有效的经验。

请同学们思考并讨论，假设你作为组织者，需要邀请嘉宾为社群成员开展一场线上分享活动，你该如何组织这场分享活动？

 案例链接

"宝宝玩英语"用免费体验课群收获用户

"宝宝玩英语"由北京启萌教育科技有限公司开发，为0~6岁宝宝提供亲子英语启蒙课程，上线于2016年1月。2019年，"宝宝玩英语"直接运营的社群数量每月新增2 000~3 000个，单月服务用户超过20万人，累计服务用户超过150万人。

"宝宝玩英语"设置了一位客服，客服会与用户对话，拉用户入群，引导用户报名免费体验课。群公告会明确告知用户产品特点、用户价值、本群的作用、课程安排，强调不能删掉客服的微信，这样可以保证触达渠道，后续新用户进群会单独@新用户。另外，群管理员会提示用户按统一格式更改昵称，以形成班级的感觉，打造社群仪式感。

社群还设置了开班典礼环节，模拟线下开学典礼。该环节首先介绍企业和产品，加强用户对产品的正面认知，并从用户的角度提出问题及解答，给用户以亲切感，切中用户痛点，如图9-1所示。同时，让之前的用户用视频的形式现身说法，增加可信度，并结合福利奖品调动用户的热情。

图9-1 开班典礼

社群引进课代表参与管理，课代表不仅可以分担运营者的工作压力，还能协助活跃群内气氛，激发其他用户的情感共鸣。社群管理员会在开班典礼上介绍课代表，并让每位课代表进行自我介绍，给课代表以荣誉感，让大家知道他们可以帮助自己，这也是一种仪式感。

每天早上8点左右，客服会发布当天的任务，并把任务拆解为3步，详细告知用户如何学习，同时客服还会与用户进行一对一沟通。最后发布跟读文字，让用户跟着跟读在群里互动，又一次加强仪式感，用群体行为来刺激个体，并引导用户打卡并在朋友圈进行二次传播。

付费课程的转化是最重要的一个环节，在这个环节上，"宝宝玩英语"依旧将仪式感和社群互动做到了极致。"宝宝玩英语"的毕业晚会由颁发毕业奖状、老师总结、检验学习成果、展示学习成果等环节组成。"宝宝玩英语"准备了两种证书，一种是针对孩子的毕业证书，另一种是针对家长的荣誉证书，这样的证书不但能鼓励孩子，而且能激起家长的责任感，如图9-2所示。

图9-2 毕业证书和荣誉证书

毕业晚会前的预告重点突出购课福利，让用户对这个事情产生好奇心和兴趣，同时群名更改为"毕业典礼"，提醒用户注意此事。毕业典礼前客服还会对用户进行一对一提醒，保证尽可能多的用户关注晚上的毕业典礼活动。

在毕业晚会上，老师会首先回顾8天的学习过程，之后"宝宝玩英语"的创始人进行视频发言，把毕业晚会推向高潮。毕业晚会的第二个环节是有奖问答，老师在群内出题，家长回答，只要参与答题的家长都可以私聊客服获得奖品。有奖问答环节之后则是宝宝的学习成果展示，在这个环节中，家长可以发自己孩子学习英语的视频、语音。

上述环节之后，"宝宝玩英语"就顺势在群里推荐自己的精品课程，介绍课程的作用、课程安排和老师资质等，消除部分家长付费前的疑虑。付费转化的形式为群内接龙拼团。客服会在群里不断公布购买课程的家长的昵称，发出家长购买课程的截图，制造购买火爆的氛围，引起用户的从众心理，加速付费转化。

9.2.4 借助线下活动提高亲密度

要想更好地提高亲密度，使成员之间彼此建立信任，社群就不能局限于线上交流，还要在线下举办活动，让成员面对面交流，这有利于进一步拉近社群成员之间的关系。

线下活动的类型如表9-3所示。

表9-3 线下活动的类型

类型	说明	特点
社群成员生日会	社群在每个月抽出一天的时间，为当月过生日的成员举办一场生日会	既为成员创造了每个月聚集在一起交流的机会，又让过生日的成员感受到了社群的人文关怀
节假日前后的聚会	社群在一些重要的节假日，如中秋、元旦、元宵节前后，举办一些小规模的聚会	这对于在外工作、不能回家的成员来说，可以增强归属感
同城会	如果社群成员的分布范围较广，可以用同城会的方式让处于同一地区的社群成员进行线下交流	可以增进同一地区的成员之间的交流
社群联合聚会	如果某位社群成员加入了不同的社群，或者本社群的管理员与其他社群的管理员熟识，就可以由他们牵线，联合多个社群举办跨界聚会	互补性的社群可以丰富社群文化，让社群的讨论话题更丰富，同时拓展社群的边界，甚至吸引新的社群成员加入社群

要想举办一场高质量的线下活动，增加线下活动的报名人数，使线下活动充分发挥作用，运营者要做好以下工作。

1. 制订活动方案

运营者在举办每一次线下活动之前都要制订活动方案，事先想好为什么要举办这次活动，想通过这次活动达到什么目的，然后根据活动目的选择主题、形式、举办的期数、目标受众、邀请嘉宾。这样开展活动才更有针对性，才能够吸引更多人参加。

2. 确定活动主题

常见的线下活动主题类型有公益活动（环保、慈善、助学、义工、社区服务等）、运动（登山、健身、舞蹈、跑步等）、兴趣活动（烘焙、书法、摄影、音乐、美妆、绘画、手工等）和沙龙讲座（培训、读书会、演讲、理财课等）。在确定活动主题以后，运营者要保证活动内容的品质，例如，邀请嘉宾或行业"达人"在活动时进行分享，这样才能让成员对活动有所期待，觉得活动有价值，值得自己为活动投入时间和精力。

3. 进行活动宣传

活动宣传可以扩大线下活动的影响力。活动宣传包括张贴活动海报、在各大平台发布活动信息，或者邀请媒体参加活动，为活动进行后续报道。

4. 联合多方合作

线下活动的参与方往往不止一个单位，通常要多方合作，因此多个参与方能否相互配合也是决定线下活动能否成功举办的因素之一。

运营者在与合作方沟通合作时，要做好以下工作。

（1）挖掘对方的真实需求，为后续合作奠定基础。

（2）先写好活动方案，再对接合作方，节省双方的沟通成本。

（3）在沟通时尽量采用文档形式，以减少不确定性。

（4）若需要借助合作方平台安排活动报名事项，双方要提前沟通报名内容、报名时间和报名人数，各种信息务必保持一致。

5. 做好场地安排

举办线下活动肯定要用到场地，而场地费用在线下活动的成本中占比较大，因此运营者要精打细算。

在寻找合适的场地时，运营者要掌握以下技巧。

（1）向身边活动组织经验丰富的人咨询，通过他们的资源和经验帮助自己找到不错的场地。

（2）寻找当地的公开活动场地，如图书馆、公园等。

（3）寻找新开设的场地，这些场地为了提高知名度、扩大人员流量，一般会配合活动的举办，并给予一定的折扣优惠。

（4）选择青年创业咖啡馆等平价场地。这些场地很适合做线下活动，可以为成员营造一种特别的氛围，并为咖啡馆带来一定的消费，因此运营者在与咖啡馆洽谈时可以要求一定的折扣。

（5）在选择活动场地时要注意交通是否便利，场地环境是否与活动主题相符，场地设备是否完善；在确定场地后，要拍照分享给成员，为成员提供交通信息。

6. 活动方式要多向互动

线下活动一般是成员之间、成员和组织者之间的多向活动。以沙龙为例，组织者和带队老师为所有参加沙龙的成员提供了一个自由发挥的空间，各个有趣的灵魂在这个空间里自由碰撞。组织者或带队老师应及时捕捉成员的表情、身体语言和情绪，用简短的语言进行引导和点拨，使成员更好地进行交流。

7. 及时总结复盘

及时总结复盘可以帮助运营者更好地了解活动效果、是否达到活动目的、活动中存在的问题，以便于在下一次活动时进行改进和优化。

课堂讨论

请同学们分享讨论，你是否参加过社群的线下活动？你对社群举办的线下活动有何印象？有何感想？

9.2.5 推动裂变扩大社群规模

裂变的本质是价值传递，社群裂变就是把社群提供的价值传递给更多的人。运营者要实现这一目标，要么自身带领成员一起行动，让社群的影响力向周边圈层扩散；要么让社群的核心成员组织自己的人完成任务，大家在同样的社群规则和整体架构中向下复制，形成社群分部。

社群裂变的形式有两种：由外裂变和由内裂变。由外裂变是指曝光的范围扩大或事件受到推广，让社群的影响力迅速扩大，促使用户量爆发式增长。因此由外裂变更注重关注量的转化，通常是短、平、快的单次爆发。由内裂变是一个持续不断的过程，更注重社群内在成员结构的健康程度，注重培养社群中不同类型的储备成员，在某一个关键点爆发促使社群裂变。

社群裂变要具备两个必备条件，一是价值临界点，二是人数临界点。价值临界点包括成员对社群的认同程度和对利益的追求等，一旦到达价值临界点，就意味着相应的成员已经储备好裂变的力量。例如，知识共享社群的成员在经过一定阶段的培养和教育后，具备了产出优质知识的能力和价值，只要他们主动传播，就有可能让社群的价值产生裂变式的传播。人数临界点是指社群的运作需要有一定数量的人，只有当社群影响的人数达到临界点时，才能引发有效的裂变传播。

对于运营者来说，要想推动裂变，扩大社群规模，需要做到以下几点。

1. 设置好成员角色结构

社群中不同的角色会对社群的裂变产生影响。合理的成员角色构成可以让社群变得更加紧凑，社群会在角色的杠杆作用下产生巨大的裂变能量。社群成员的角色类型如表9-4所示。

表9-4 社群成员的角色类型

角色类型	说明
管理者	管理者在社群中扮演的是价值标杆的角色，其个人魅力对社群发展有着重要影响。在社群初级裂变中，管理者会持续输出价值观引导社群发展
领导者	领导者是生产价值的人，包括贡献价值内容的专家、社群活跃分子、话题发起人等，可以提供引导社群成员聚集的价值。社群要通过标签、头像或勋章等方式标记他们，彰显他们的等级和身份，刺激他们产出高质量的内容
执行者	执行者扮演的是种子用户的角色，他们是打破社群裂变边界的重要角色，所以社群要给予他们免费获取价值的权利，如免费体验产品等
追随者	追随者包括会员、参与社群的用户，他们会对社群中的价值产生消费行为，不断向领导者的价值聚拢，运营者要用一些运营手段刺激追随者帮助实现社群裂变，例如分享有福利、邀请关注等
连接者	连接者是连接社群内外的桥梁，不一定属于社群用户体系，但他们的存在在一定程度上扩大了社群裂变的范围，例如，某一个不在社群内的用户分享了该社群发布的文章，被另一个社群的核心人物看到并转发分享，从而产生裂变
贡献者	贡献者可以为社群带来资源输入，定向助推社群裂变的产生或扩大

2. 制订合理的规则

社群在构建了完整的成员角色结构以后，要想形成社群裂变，还需要相应的规则引导，如奖赏规则、惩罚规则、荣誉体系或发言规则等。在规则的作用下，成员的角色会不断发生转变，他们会更主动地达到临界点，并且规则也避免了社群裂变造成失控的局面。

在裂变过程中，正向促进的规则和反向控制的规则会相互作用，因此运营者要掌握好规则的边界和力度，不要制订过于严格或过于宽松的规则，以免磨灭成员投身于社群建设的积极性。

3. 增加驱动力

当社群已经具备了裂变的条件，不同角色的用户价值已经达到了临界点，运营者也制订了合理的裂变规则时，社群的裂变还需要三大驱动力。

（1）社群满意度

很多人虽然知道自己加入社群可以享受到某些价值，但由于他们对社群的满意度不高，所以参与社群活动的积极性不强。这时社群就不具备内在主动裂变的驱动力，成员也就无法为社群的裂变提供足够多的贡献。因此，运营者要努力激发社群活力，让成员可以在社群内获得更多价值，提高他们的社群满意度。

（2）社群的共建共享

若用户产生"我是社群的一分子"的感受，将会极大地减少社群裂变的推动成本。因此，社群运营者可以让用户参与社群的共建共享，使他们产生强烈的归属感，从而更积极、主动地参与社群裂变，以减少裂变环节因利益与投入缺失而断节的情况。

（3）社群的社交货币

社交货币就是社会中两个或两个以上的多个个体，在获取认同感与联系感之前对于自身知识储备的消耗，通俗地说就是谈资。人们在社交网站上讨论的内容代表并定义了自己，所以人们会比较倾向于分享那些可以使自身形象看起来更好的内容。社群中的内容如果可以给成员的个人形象带来提升，成员就会主动地分享社群，从而使社群产生裂变。

4. 把握裂变时机

当社群出现以下情况时，运营者就可以考虑社群裂变了。

（1）当社群的基础服务已经完善，并产生了与其他社群的连接点时，就可以进行裂变。例如，英语口语练习社群利用每一年的演讲比赛与其他社群连接起来，不同社群中的成员也有互相学习和交流的机会。

（2）社群用户达到一定规模，活跃度遇到瓶颈时，社群就应该进行裂变。

（3）当用户想要满足更多需求时，社群可以选择进行裂变。

5. 选择裂变模式

社群裂变的模式主要有情感裂变、内容裂变、利益裂变和共享裂变。

（1）情感裂变：指社群凭借情怀、价值观、服务口碑等进行传播。

（2）内容裂变：指社群持续输出实用、有趣的内容，组织成员对其进行广泛转发。

（3）利益裂变：指社群让成员成为代理商，以利益分成强力驱动裂变。

（4）共享裂变：指社群中每增加一位新成员都会让其他成员获得更多价值，这自然会调动起成员引荐新成员的积极性。

6. 选择裂变方式

社群裂变的方式主要有简单复制裂变、按需求裂变、按用户裂变和按地域裂变。

（1）简单复制裂变：将一个社群用同样的服务标准复制到若干个社群，以解决部分新社群活跃度低的问题。

（2）按需求裂变：按照社群的服务类型进行专题化裂变，例如，投资理财社群可以裂变为内容运营、投资理财课程和理财产品等社群。

（3）按用户裂变：按照成员所处阶段，如入门、初级、高级等进行分类，例如，电商类社群社群可以按照付费成员和非付费成员进行裂变，成员还可以按照让付费成员付费金额进一步裂变。

（4）按地域裂变：指创建城市社群，但最好由成员主动发起，运营者只需任命负责人和做好资源配合的工作即可。

 案例链接

乡村客运站做社区团购

社区团购模式依托于微信小程序，通过发展团长/代理/中间商来"拉新""带货"，通过用户裂变用户，采用"直采+预售+自提"的方式来取得低成本、低人工的效果。成本低，商品的售价自然也会变得相对实惠，能够吸引更多的用户购物。该模式非常适合在下沉市场发展，不少个体工商户或企业看到这一发展趋势，在当地自行开始运行社区团购项目，取得了不错的成果。

广东一家乡村客运站企业，凭借自身拥有的物流优势、人力资源丰富、途径区域多、有对应的货物资源等优势，再加上当地积极发展经济，有扶持政策，搭建了社区团购小程序平台，并在7天内实现了低成本获客上千的目标。

那么，该社区团购平台采取了什么措施呢？

1. 设立团长等级机制

该企业在当地运营已久，再加上运营性质特殊，认识了许多村民、农户，因此该企业号召一些较为活跃的村民、农户成为平台团长，帮忙拉客销售。除了下单返佣、"拉新"红包奖励之外，企业为鼓励团长还设置了团长等级机制，根据订单和"拉新"成绩设置对应等级，让不同等级的团长享受不同层次的权益。如果用户下单后取消，订单成绩也会相应扣除，这保障了订单的真实性。

2. 以客推客，会员制度

在县城或农村发展社区团购的效果远比在大城市发展社区团购的效果好，这得益于小地方的人际关系更密切，人际网相互交织，更容易开展推广活动和传播信息。

为了能快速获客，该社区团购平台采用了"以客推客"的分销玩法，让老客推新客，新客推更多的新客。这样用户数量就如同滚雪球般越来越多，仅一周就获客上千人，并且随着口碑逐渐传开，获客量越来越多。

另外，该社区团购平台还使用了会员制度，开设了会员权益，将用户转化为会员，享受购物返积分、会员折扣等福利，将会员更好地绑定在平台上，培养用户的购物习惯，提高用户的复购率。

3. 解决居民购物需求

社区团购模式可以做到将产品直接送到县城自提点、乡村自提点，且能隔日送达。这种便捷的购物方式和新颖的产品在一定程度上满足了乡村居民的购物需求。因此，社区团购在下沉市场有很大的发展空间。商家只要有产品，有物流条件（自营或外包），都可以参与社区团购运营，可以选择搭建社区团购系统，抢占社区团购下沉市场中的商机。

9.3　社群数据分析

随着社群营销的竞争加剧，社群用户的获取难度不断攀升，这就要求运营者对社群进行精细化运营，用最少的资源办尽可能多的对社群、产品有用的事情。因此运营者可以尝试进行社群数据分析，以增加社群的用户总量、提高用户活跃度、加大内容输出力度、提高对业务数据的贡献度。

9.3.1　社群数据分析的主要内容

社群的数据分析可以分为两部分，一是社群本身的数据分析，二是社群对产品业务影响的数据分析，即社群业务数据分析。

1. 社群本身的数据分析

由于社群本身就是基于用户和内容形成的，因此社群本身的数据分析大致上可以分为社群用户行为数据和社群用户内容数据两个方面。

（1）社群用户行为数据

社群用户行为数据分析的本质是运营者通过用户在社群里的行为统计数据来对用户进行分类，然后根据不同用户群体的特征进行精细化管理，提高社群用户的活跃度。用户在社群中的行为有很多，例如发言、发红包，或者使用第三方社群管理工具做出的行为，如签到、邀请好友入群、投票等。

运营者可以对产生每一类行为的用户数量做出统计，以此建立用户分层，评估社群里的用户分布情况，知道社群中哪部分用户出现了问题并对其进行重点优化。例如，在分析社群活跃度时，运营者可以借助社群小助手在社群发起签到任务，并在后台分析用户签到记录，统计签到数据，如果社群的签到率较低，如小于45%，就可以把不签到的非活跃用户清退，招募新用户。

（2）社群用户内容数据

社群用户内容数据是对用户在社群中具体产生的内容数量和特征的数据反馈。在社区类产品中，用户内容数据一般包括发帖量、评论量、点赞量和分享量；而在社群类产品中，用户内容数据主要包括有效内容输出、发言时间分布、发言总数趋势、人均发言数、发言总数等，其中发言总数趋势表明在统计周期里的社群活跃度，人均发言数表明在统计周期里的用户黏性。

以发布社群通知为例，社群通知通常会在用户活跃度最高的时间点发布，从而获得最高的消息送达率，但这要求运营者知道用户在哪个时间段最活跃。运营者要对社群用户内容数据进行分析，然后利用社群小助手在一周的活跃走势图中查看用户在某一天的活跃度，从中取最高值，以此来确定每周在什么特定的时间段进行话题分享和发布通知。

2. 社群业务数据分析

除了社群的用户数量和活跃度以外，运营者还要关心产品的核心业务数据提升效果。社群业务数据包括绝对数据和相对数据。绝对数据有用户增长总量、用户留存率、用户活跃率、购买用户量、购买销售额、购买客单价等。

由于社群固有的规模化程度低的问题，有时运营者如果只是简单地拿绝对数据与其他运营手段做比较，差距会有些大。例如，运营者在用户获取方面自然不如渠道人员，如果只对比用户获取数量，就会觉得社群运营效果不好，但要对比后续留存情况，社群运营效果给人的感觉就又不同了，尤其是低频消费品，用户留存率的差距会更大。

因此，运营者也要注重社群业务数据中的相对数据，包括核心用户量、核心用户内容贡献量、核心用户内容贡献质量、复购人数、复购销售额、复购客单价等。

9.3.2 社群数据分析的常用指标

社群营销要关注的重点之一是社群的活跃度和用户黏性，但运营者评估这两点不能依靠直觉，而要靠数据。这是运营者需要对社群进行数据统计和分析的原因。在社群运营的过程中，运营者要关注社群发展生命周期中的相关数据指标，及时复盘社群运营效果，增强对社群发展生命周期中的各环节的掌控力，逐步改进社群运营，提高用户转化率。社群发展生命周期分为以下5个阶段。

1. 获客期

在这一阶段，运营者面临的关键难题是如何有效获客。为达到此目的，运营者通常会采取定向"引流"、活动裂变、内容裂变等多样化举措。这时运营者要注意"新增数""获客率"两大指标，统计整体的新增用户数、获客率，同时分渠道、分活动/内容、分人群年龄/收入等开展新增数及获客率的统计分析，并进行横向比较，明确了解哪个渠道、哪类活动/内容的获客效率更高，从而在后续过程中集中力量拓展用户。

2. 成长期

在这一阶段，运营者要做的是在留存社群成员的基础上提高社群的活跃度。因此运营者要多输出优质内容，为社群成员提供价值，也可以通过引导群成员保持活跃等方式，推进社群成员注册会员。这时，运营者要注意"注册率"和"留存率"两大指标，先总体统计分析成员的注册率和留存率，再根据内容类型、话题类型等进行分类统计，总结出社群成员的兴趣与偏好。

3. 成熟期

在这一阶段，运营者要做的是实现用户转化，这也是社群营销的最终目标。从总体来看，运营者要关注"转化率"，既要分析用户对精准投放的商品广告的看法及付费意愿，又要分析不同类目和价格区间的产品的转化效果，为进一步精准营销提供决策依据。从单客来看，运营者要关注"复购率"及"单客价值"，筛选出高价值用户，便于进行用户分级管理及营销，构建用户积分及权益体系，为持续经营奠定基础。

4. 衰退期

经过一段时间以后，社群会进入衰退期，成员可能会慢慢沉默。这时运营者要分析成员沉默的原因，并根据原因采取相应的运营举措，进而跟进"沉默率""活跃数"等指标，以数据分析结果调整或改进服务，为实施提高活跃度的举措提供依据。

5. 流失期

在社群运营过程中，用户流失是不可避免的，运营者无法保证用户100%不流失。运营者要学会接受用户流失，但必须深度分析用户流失的原因，是产品、服务还是体验方面存在问题。运营者还要思考是否能通过提供优惠券或高价值内容等措施召回用户。为检验这些措施的效果，运营者还要关注"流失率""召回率"等指标。

【实训：创建一个学习类社群】

1. 实训背景

现在社群已经成为人与人之间进行线上社交的重要组成部分。对于在线学习网站来说，创建学习类社群可以集聚十分精准的用户群，通过知识分享和学习类的活动使用户保持活跃，提高用户的消费转化率。如果想让社群保持良性运营状态，运营者首先要做好社群定位，起好社群名称，明确社群口号和社群Logo。

2. 实训要求

假如你是一个在线学习网站的运营者，现在需要创建一个学习类社群，请对社群的名称、口号、Logo等进行设置。

3. 实训思路

（1）社群定位

在创建社群之前，首先需要对社群进行定位，明确社群要吸引哪一类人群。学习类社群吸引的是热爱学习的人群，社群主要进行知识和干货的分享，以及帮助成员增强学习能力、制订学习规划等。完成社群定位以后，你就可对社群的名称、口号、Logo等进行设置。

（2）设置社群名称

社群可以根据目标用户的需求和特定的知识领域来命名，如"侃侃英语""英语流利说"等，也可以按照"机构+地域"的方式来命名，如"××北京英语口语"。

（3）设置社群口号

针对社群的不同发展阶段，社群口号可以相应地进行修改。在社群建立初期，你可以以社群的功能特点、可以带给用户的利益为设置社群口号的出发点，例如"跟着学，增强逻辑思维能力不是梦"。待发展到一定阶段以后，社群的口号可以从情感价值的方向出发，例如"漫漫人生路，××伴你行"。

（4）设置社群Logo

社群Logo应当围绕社群名称、社群口号设计。学习类社群可以将与社群理念有关的卡通图形、文字作为Logo的素材。

第 10 章 自媒体营销

学习目标

➤ 了解自媒体的特点、商业模式和主流自媒体平台。
➤ 掌握头条号账号内容定位、内容创作策略和内容推广策略。
➤ 掌握知乎号账号内容定位、营销内容创作策略和营销内容推广策略。
➤ 掌握头条号和知乎号的数据分析方法。

学习导图

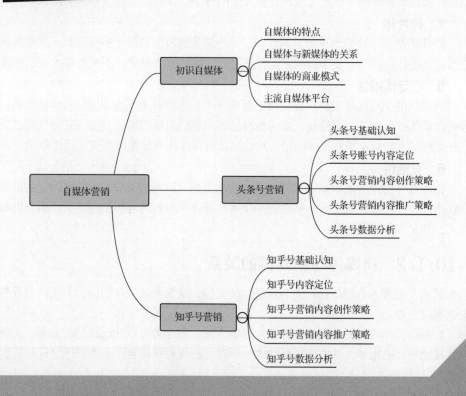

自媒体自诞生以来，随着互联网的发展，其作用和功能也不断发生着变化。最初，人们更多地将自媒体看成是一种传播信息的工具，而现在自媒体已经具备了强大的营销功能。自媒体营销也称社会化营销，是指利用社会化网络，如微信、微博等平台来传播和发布资讯，从而进行营销、销售、公共关系处理和客户关系服务维护及开拓的方式。

10.1 初识自媒体

自媒体是指普通大众通过网络等途径向外发布与他们本身有关的事实和新闻的传播方式。自媒体是近年来较为火热的一种新媒体形式，每一名普通人都可以利用自媒体轻松地创作并发布内容、分享信息，由此出现了大批自媒体网络红人。

10.1.1 自媒体的特点

与传统媒体相比，自媒体具有以下特点和优势。

1. 低门槛

一个人用一台计算机或一部手机就可以创作内容，只要懂运营，创作的内容足够优质，其就可以成为一个非常优秀的自媒体创作者。

2. 多媒体化

自媒体内容的形式有很多，如图文、视频、音频、直播、问答等，甚至一篇文章都可以融合多种媒体形式，能够给目标受众带来多元化的视听感受。

3. 交互性

交互性是自媒体的基本属性之一，用户使用自媒体的主要目的是满足沟通和交流的需求，创作者要在自媒体内容中能给用户提供充分的分享、探讨、交流等多元化体验。

4. 碎片化

碎片化是整个社会信息传播的趋势，用户越来越习惯和乐于接受简短、直观的信息。因此创作者在创作内容时，要学会顺应这种趋势，内容要简练易懂，不要长篇大论、晦涩难懂。

5. 广泛传播性

自媒体的交互性使用户在接收信息后更乐于、也能够更迅速地将信息传播出去，尤其是如今的自媒体平台自带分享按钮，用户在看到感兴趣的内容后可以直接将其分享到社交网站上，在社交网站上与好友展开更详细的讨论，这让自媒体内容呈现出裂变式传播效果。

6. 灵活性

传统媒体对内容的审核非常严格，从活动主题到稿件的遣词造句都有固定的审核标准，但自媒体在这方面就相对灵活。虽然近些年来自媒体平台对内容的把控逐渐严格，但与传统媒体相比，其发布更具灵活性。

10.1.2 自媒体与新媒体的关系

目前，很多人不清楚自媒体与新媒体的差异，认为两者完全相同，其实两者既有相同点，也有不同之处。

自媒体简单来说就是属于创作者自己的媒体。创作者可以开通微信公众号、头条号、微博以及其他平台的账号，并在这些平台上分享自己的观点和内容，不需要通过任何机构就可以直接面向用户。

新媒体是相对于传统媒体而言的，利用数字技术、网络技术，通过互联网、无线通信网等渠道，以及计算机、手机等终端，为用户提供信息和娱乐服务。除了电视、广播、报刊、户外广告等传统媒体之外的传播方式，统称为新媒体。也就是说，自媒体也包含在新媒体的范畴中。新媒体的范畴要比自媒体大，除了自媒体外，企业的官方媒体、门户网站、杂志等都有自己的新媒体形式。

在运营方面，自媒体侧重于打造个人品牌，是围绕个人打造的媒体。创作者打造个人品牌可以快速拉近与粉丝距离，运营得当可以获得巨大的商业价值。因此，虽然很多自媒体已经从个人运营转向团队运营和公司化运营，但其核心仍然放在个人的人格魅力打造上。

新媒体运营则侧重于打造企业品牌，例如，向用户传达行业资讯、与用户沟通、进行用户管理等。但是，为了与用户拉近距离，这些企业新媒体也会以人格化的形式输出自己的内容。

10.1.3　自媒体的商业模式

总体来说，自媒体这几年经过了蓬勃发展时期，其商业模式大致有以下几种。

1. 广告模式

自媒体的广告模式是指自媒体提供免费信息，广告商选择自媒体投放广告，自媒体借由广告费用盈利。自媒体在构建广告模式的过程中，要向用户提供具有个人风格的信息内容，因此更注重选择与自身风格相符的广告，将信息内容与广告内容有效匹配，实现广告的精准投放。

2. 会员制付费模式

会员制付费模式是指自媒体为会员提供增值服务，凭借收取会员费获得利润。这种模式是自媒体人格魅力最直接的变现方式，它有着明确的客户价值主张，提供会员资格并给予会员独特的权益，给会员在心理上提供强烈的获利感受，满足会员的期待。会员制付费模式还可以加深自媒体人与用户之间的交流与合作，并能让自媒体人通过付费会员创建社群，这是开展社群营销的重要步骤。

会员制付费模式对自媒体人能提供的资源及其能力有着严苛的要求。自媒体人只有具备稀缺且难以复制的可持续竞争优势才有可能让用户信服，并使其主动缴纳会员费用。

3. 衍生服务收费模式

衍生服务收费模式是指自媒体人利用自身的影响力，在后方市场实现获利，具体来说有以下4类。

（1）出售自己的产品，如书籍、门票等

很多自媒体人往往会持续输出垂直领域的内容，因此目标受众也较为细分，容易形成一批较为固定的粉丝群体，所以其销售产品一般有不错的销量。

（2）咨询、策划收费

一些原本知名度较高的自媒体人，其自身就具备一定的影响力，或者在运营自媒体后被公认为某一领域的专家，很多公司就会聘请他们作为顾问，他们也会收取相应的费用。

（3）演讲、培训收费

自媒体人有了知名度以后，常常利用自身的影响力出席或策划各种演讲和培训，以获得收入。

（4）与实体店面分成

自媒体人以在网络上发起现实生活中的文化沙龙或者读书见面会等，而自媒体人会与作为活动场所的咖啡厅等休闲场所合作，让用户在店内消费并分成。

要想实现以上模式，自媒体人就要拥有独特的资源和能力，例如，对某个行业有深度的见解和较强的影响力、较高的信服度，还具有敏锐的商业眼光。

4. "版权付费+应用分成"模式

这一模式是指自媒体平台向自媒体人支付内容的版权费用，并与自媒体人进行平台的广告分成和流量变现。很多自媒体平台都采用这一模式，吸引大量自媒体人加入平台发表优质内容，然后通过平台的运营进行广告分成和流量变现。

这一模式可以帮助平台吸引用户，增强平台的品牌效应。对于自媒体人来说，其盈利来源也变得多样化。不过，自媒体人本身仍然要有持续生产独特内容的能力来维持对交易各方的吸引力。这一模式也对平台资源和变现能力提出了较高的要求，平台本身要有强大的流量基础和变现能力。

5. 赞赏模式

赞赏模式不同于会员制付费模式，会员制付费模式是用户必须先付费才能阅读，而赞赏模式是基于用户自主选择的行为，让用户的体验得以优化，实现用户价值的提升。例如，头条号创作者在粉丝人数达到1 000且信用分保持100时，就可以申请开通"图文赞赏"和"视频赞赏"功能，然后在发布编辑界面选择"允许赞赏"即可使用赞赏模式。

这种模式不仅加强了自媒体人与用户的互动，更强化了用户对产品乃至内容创作者是否认可的直接反应，这就激励着自媒体人更努力地产出优质内容，以满足用户的需求。

6. 平台模式

平台模式是指焦点企业把交易中的各个利益相关方联系起来，搭建一个平台开展商业运营活动。自媒体的原创内容服务是平台的核心业务，可以进行信息"引流"，同时平台提供其他各类场景服务，使不同的利益相关方紧密联系在一起。很多自媒体在商业化发展过程中力图向平台模式转型，其自身搭建的平台具有鲜明的个人化风格，以期实现细分内容和细分用户。

自媒体平台模式成功的前提是自媒体必须能够提供极致化的内容和体验，吸引足够多的用户。由于平台运营需要投入大量的精力和资源，所以公司化、机构化的运营方式成为这类自媒体的必然选择。

课堂讨论

请同学们分享讨论是否遇到过以下情况，你觉得这些自媒体的变现模式是什么？
（1）自媒体写作平台的文章底部有一个广告链接，你顺手点击并浏览弹出的广告。
（2）在朋友圈看到很多人分享训练营，于是你点击报名链接进行报名。
（3）看到一篇非常有意思的文章，你激动地进行赞赏，以支持原创作者。
（4）你阅读了一篇文章，对文章中介绍的一款电子产品非常感兴趣，于是点击对应的链接进入电商网站购买。

10.1.4　主流自媒体平台

除了微信公众号、微博外，目前国内主流的自媒体平台有以下几个。

1. 今日头条

今日头条是北京字节跳动科技有限公司开发的一款基于数据挖掘的推荐引擎产品，可以根据每个用户的兴趣、位置等多个维度的信息进行个性化推荐，为用户推荐有价值、个性化的信息，提供连接人与信息的服务。由于今日头条推荐精准度高、流量大，即使某一账号的粉丝特别少，该账号也有机会凭借优质内容获得巨大的流量，所以它成为自媒体人主要使用的平台之一。

今日头条的自媒体创作平台也叫头条号，与微信公众号类似，个人用户、企业用户或机构用户都可以申请建立头条号输出内容，头条号生产的内容会在今日头条平台上得到展示。

2. 百家号

百家号是百度为创作者打造的集创作、发布、变现于一身的内容创作平台，也是众多企业实现营销转化的运营新阵地。创作者在百家号发布的内容会通过百度信息流、百度搜索等分发渠道传达给用户。

为了与更多创作者携手成长，打造更加健康、繁荣的内容生态，百家号在2019年推出了"金芒计划"，除了"加V认证"、粉丝赋能、补贴升级、流量倾斜等权益外，还为创作者提供了创作能力指导、全方位品牌推广、商业变现赋能等多项权益。除此之外，百家号还推出了"百川计划""匠心计划""优选计划""百家榜"等。

3. 大鱼号

大鱼号是目前较为热门的内容创作平台，能为创作者提供"一点接入，多点分发，多重收益"的整合服务。

大鱼号推出的"大鱼计划"是为优质原创作者倾力打造的创作激励计划，包含"大鱼奖金""广告分成"和"大鱼独家激励"3个部分。"大鱼奖金"包括"大鱼图文奖金""大鱼短视频奖金""大鱼图文短视频双料奖金""大鱼潜力奖金"，旨在扶持激励具备优质原创能力的新锐、潜力创作者。"广告分成"是大鱼号对创作者的基础商业赋能，当创作者的内容运营能力达到一定要求时即可获取广告分成权益。"大鱼独家激励"是大鱼号与优秀原创作者的高阶合作模式，创作者如果承诺独家供应符合平台要求的优质原创内容，即可开展本项合作。这项合作旨在鼓励优秀创作者与平台携手共进，持续生产有价值的图文及短视频优质原创作品，让UC、优酷、土豆用户有更好的内容消费体验。

4. 企鹅号

企鹅号又称腾讯内容开放平台，是腾讯旗下的一站式内容创作运营平台，是腾讯"大内容"生态的重要入口，致力于帮助媒体、企业、机构获得更多曝光与关注，持续增强品牌影响力和商业变现能力，扶持优质内容创作者做大做强，建立合理、健康、安全的内容生态体系。内容创作者在企鹅号上生产的内容可以通过微信、QQ、QQ空间、腾讯新闻、应用宝、腾讯视频、NOW直播、全民K歌等平台进行分发，实现"一点接入、全平台分发"。

5. 知乎

知乎是高质量的知识社交平台和问答平台，以"知识连接一切"为使命，凭借认真、专业和友善的社区氛围和独特的产品机制聚集了互联网科技、文化等领域中具有创造力的人群，将高质量的内容通过人的节点成规模地进行生产和分享，构建高价值的人际关系网络。用户在知乎通过问答等交流方式建立信任和连接，打造个人品牌并提升个人品牌价值，发现和获得新机会。

10.2 头条号营销

随着互联网文化的多元化和爆发式发展，优质内容的地位不断提高，今日头条正好迎合了这种现状，逐渐成为内容分发领域的引领者。因此，对于有营销需求的品牌商来说，建立一个有特色的头条号已经成为必须要做的事情。日益激烈的竞争提高了营销的难度，很多品牌希望找到有效的应对策略。但由于很多企业对今日头条不够了解且营销基础不牢固，往往会走向一条错误的道路，因此学会利用头条号来营销就显得很有必要。

10.2.1　头条号基础认知

扫一扫，看微课

头条号内容
推荐机制

头条号曾被命名为"今日头条媒体平台"，是今日头条旗下的媒体和自媒体平台，致力于帮助企业、机构、媒体和自媒体在移动端获得更多曝光和关注，在移动互联网时代持续增强影响力，同时实现品牌传播和内容变现，并为今日头条平台输出更多更优质的内容，创造更好的用户体验。

头条号基于移动端今日头条的海量用户基数，通过强大的智能推荐算法，让优质内容获得更多曝光；而业界领先的消重保护机制，让原创者远离侵权烦恼，专注于内容创作；借助头条广告和自营广告，让入驻的自媒体在价值变现方面有更多可能。

2019年5月，今日头条创作者均可申请开通头条小店，通过内容变现增加收入。头条小店开通后，店铺页面将出现在创作者的今日头条、西瓜视频、抖音等平台的个人主页，商品可以通过图文、视频、微头条、小视频、直播等多种方式展示。

头条号是除微信公众号以外较大的自媒体平台。它与微信公众号之间的最大区别是，微信公众号的文章阅读量更多地来自粉丝及微信群和朋友圈推广，除了内容要足够优质外，粉丝量的多少几乎决定着文章的阅读量；但头条号采用精准推荐的方式，平台根据文章内容，把它推送给喜欢阅读此类文章的人群。因此头条号文章的阅读量不基于粉丝量，只要内容足够优秀，能够吸引住用户，即使账号的粉丝量很少或者完全是一个新注册的账号，内容同样可以获得很大的推荐量。

头条号的推荐原理是首先系统会对文章进行识别，在冷启动阶段把文章推荐给少量精准用户，根据冷启动数据判断是否继续推荐及推荐的量级，然后重复这些步骤。因此，冷启动阶段的用户反馈数据是十分关键的，包括点击率、互动率、读完率等。在冷启动阶段，系统会优先选取头条号的粉丝作为目标用户进行推荐，如果创作者没有粉丝，系统就将其全部推荐给陌生用户；如果创作者有粉丝，系统会将文章推荐给部分粉丝和部分陌生用户。

10.2.2　头条号账号内容定位

作为自媒体新手，在没有足够的资源和流量的前提下，要想快速积累人气、提高知名度，不仅要按部就班地发布优质内容，还要打造一个风格明确的运营体系。这就要求创作者做好定位，让用户知道自己深耕的领域和发展的方向，以独特的个性和风格在用户心中留下深刻的印象。

在为头条号账号做内容定位时，创作者要做到以下几点。

1. 确定目标用户

只有确定目标用户，创作者才能有针对性地创作出满足用户需求的内容，从而最大限度地吸引人气，提高知名度。确定目标用户的方法主要有以下两种。

（1）找到自己擅长的领域

一般来说，创作者擅长的领域就是其头条号发展的方向。定位的精髓是扬长避短，在自己擅长的领域发力，从而快速在某领域获得强大的竞争力，占得先机。这就要求创作者善于剖析自己。创作者可以从以下3个方面来剖析自己。

- **想一想自己做得最成功的事情**。成功就意味着在这一方面有基础、有经验、有专长，成功的领域可能就是自己擅长的领域。

- **找到自己最感兴趣的事情**。很多时候兴趣是专长的老师，在兴趣浓厚的前提下，人们通常会在相应的领域有所成就。
- **询问别人**。很多时候人们不清楚自己的专长，但别人对此一清二楚，因此创作者可以在剖析自己时询问别人，看在别人眼中的自己有什么擅长的。

在找到自己擅长的领域后，创作者要将擅长的领域进行细分，以更加专业的知识或更强的趣味性吸引用户关注。例如，将"美食"领域细分为"素菜"，标榜自己为"素菜家"，从中做出差异，突出自身特色，在用户心中留下鲜明的印象。

（2）找到用户痛点

定位的一个重要方法是找到用户的痛点。创作者通过聚焦用户痛点并在此基础上有针对性地放大自己的个性和特色，就可以让头条号的内容产生用户难以抗拒的魅力。创作者可以根据形成因素来寻找用户痛点。痛点的形成因素主要有动机因素、行为因素和激励因素。

- **动机因素**。当用户想完成某件事情却迟迟达不到目标时，就会出现痛点。例如，职场人士想提高工作效率，但一直不知道如何做，这时就会形成痛点。
- **行为因素**。当用户在某种行为上遇到难以逾越的障碍时，其需求难以得到满足，时间一长就会出现痛点。例如，很多职场人士想熟练使用办公软件，以提高工作效率，但学习了很长时间仍然无法得心应手，以致影响了工作进度，这时就形成了痛点。
- **激励因素**。很多时候，人们未受到激励便没有坚定的行动和良好的结果，时间一长就形成了痛点。例如，很多人想要拥有健康的体型，但因为缺少激励，没有信心实现目标，于是便产生了痛点。

2. 分析竞品，确定风格

由于竞品通常与自己拥有相同或相似的目标用户，创作者通过对竞品进行分析，就可以取长补短，选择更适合目标用户的内容风格。竞品分析要从以下4个方面来进行。

（1）基础信息

竞品的基础信息通常包括名称、定位、运营者背景和菜单栏规划。创作者要知道竞品的名称，分析名称的特色，找到值得自己学习的地方。分析竞品的定位有助于校正自己的定位。分析竞品的运营者背景，如创始人、运营团队、运营历程等，可以提炼竞品的优势和资源，从而掌握其应用资源的手法和具体风格。了解竞品的菜单栏规划有利于完善自己的头条号菜单栏。

（2）内容呈现

创作者要分析竞品的内容呈现特点，具体包括以下5点。

- **推送时间**。分析竞品的推送时间点和推送的频率，可以更好地规划自身头条号内容的推送时间和推送频率。
- **内容呈现形式**。分析竞品是以怎样的形式将内容呈现给用户的，如图文、音频、视频等。
- **排版风格**。排版风格在很大程度上会影响用户的视觉体验，是内容呈现的重要因素。通过分析竞品的排版风格，创作者可以更快速地找到目标用户喜爱的排版风格。
- **内容来源和定位**。分析竞品的内容是原创、转载还是二次加工，还要分析竞品内容的风格定位。
- **栏目设置**。分析竞品头条号的栏目设置方式和形式、栏目的数量、类型、更新周期等，了解这些以后，创作者就可以了解竞品的大致内容框架，并把广受用户欢迎的栏目引入自己的头条号中。

（3）用户画像

通过分析竞品的用户画像，创作者可以更细致地了解竞品的服务人群和总体风格，掌握目标用户与运营风格之间的关系。一般来说，创作者可以从以下方面构建用户画像：目标用户（根据定位确定目标用户群体）、用户数量（根据用户数量确定目标用户群体的规模）和用户标签（男性还是女性、年龄区间、主要集中的地域）。

（4）用户运营

创作者可以通过分析竞品开展用户运营的方式学习到很多实用的经验和技巧，然后将其运用到自己的用户运营中。创作者可以从以下3个方面分析竞品的用户运营。

- **拉新**。分析竞品如何找到目标用户，如何将内容推送给用户。
- **留存**。为了增强用户黏性，通过一系列的方法让自身的内容对用户而言更有价值。
- **促活**。为了让留下来的用户保持足够的活跃度，从用户互动、活动策划、社群搭建等方面进行努力。

3. 寻找市场稀缺的方向

寻找市场稀缺的方向可以帮助创作者的账号避开竞争激烈的市场领域，使其在一个相对宽松的环境中快速成长。创作者只要找到了市场稀缺方向，就在一定程度上做好了定位。寻找市场稀缺方向的方法有两种，即锁定小众市场和进行行业细分。

今日头条上有以下小众市场：本地资讯、专业领域（如建筑知识）和冷门领域（如汉服穿搭）。

在今日头条上，创作者可以从以下3个方面进行行业细分。

（1）按照属性、类别细分。例如，舞蹈可分为民族舞（少儿组、青年组、老年组）、芭蕾舞等。

（2）逆向细分。以逆向思维思考市场的某一领域，找到稀缺的方向。例如，在教育行业中，大部分自媒体人在教孩子怎么提分、怎样提高学习效率，而我们可以教孩子如何全面发展，如何在快乐的氛围中学习等。

（3）创造新概念、新领域。主打个性化、标签化和潮流化的内容。

10.2.3　头条号营销内容创作策略

要想让头条号吸引流量，成为用户关注的焦点，创作者就要创作优质的内容。用户关注的重点是内容，有趣味、有价值、有个性的内容有助于增加用户数量，增强账号的影响力。

在创作头条号的营销内容时，创作者要具备用户思维、场景思维、销售思维和意外思维。

1. 用户思维

要想让内容吸引用户，创作者首先需要了解用户最广泛的阅读动机。从心理学上来讲，好奇心和自我表达是大多数人关注文章的出发点，因此创作者的头条号内容要能激发和满足用户的好奇心，帮助他们表达某种观点。

掌握用户思维要求创作者做到以下几点。

（1）确定目标用户。文章应有一个目标用户群体，创作要根据自己的擅长领域确定目标用户。

（2）找到共同话题。创作者要与目标用户建立连接，以便于第一时间吸引目标用户的注意。而与目标用户建立连接最有效的方式是找共同话题，即写目标用户感兴趣或对他们有价值的文章。例如，同城自媒体的目标用户是本地区的用户，文章就要聚焦于本地的发展、民生等。

（3）代用户发声。用户思维的主要表现之一是把用户想说的话说出来，这样创作者的文章才能写到用户的心坎上。这就要求创作者具备同理心，善于站在用户的立场上挖掘话题。

2. 场景思维

文章内容只有融入目标用户所处的环境，才会让他们有亲切感，才会让他们觉得文章应景、有价值。因此创作者要洞察用户一天的行程，分析用户的习惯爱好，提炼具有统一标签的场景。例如，如果目标用户为年轻职场人，其通勤的场景就有明显的统一性，所以与职场人通勤相关的文章就很容易吸引目标用户关注。

随着目前人们碎片化的时间越来越多，当文章的内容可以和目标用户在碎片化时间内产生的行为结合起来时，文章往往更容易吸引用户的注意，如乘公交或地铁、乘电梯、逛商场、睡前等。

3. 销售思维

销售思维主要表现为突出内容的价值，把内容定位为解决型，而不是预防型。用户关注文章的内容主要是关心文章能够给自己带来哪些价值，让自己得到什么好处，因此创作者在文章的标题或开头就要点明文章能够向用户提供的价值。

心理学研究表明，人为了预防某个问题而做出行动的欲望远远低于立马解决某个问题。因为既然是预防，问题肯定不是现在就存在的，或许在未来的某个时刻出现，或许根本不会发生。人的侥幸心理会抵消做出改变的欲望。例如，创作者如果要想写一篇健身、运动的文章，写"这样锻炼，马上减掉小肚子"比"这样锻炼身体，预防小肚子出现"更有吸引力。

4. 意外思维

顺利的事情会让人们觉得比较平淡，而充满矛盾和波折的事情会让人觉得趣味横生、印象深刻。因此，创作者要想快速吸引用户关注，就需要秉持意外思维，把原本平淡无奇的事情写得不平淡。例如，情节反复曲折，充满各种意外；人物个性鲜明，有明显的标签；结果超出用户的预期等，这样做的目的都是激发用户的好奇心。

 案例链接

深度评测和专家科普成为头条号的主流"种草"形式

发展至今，今日头条已不再只是一个资讯平台，而是一个兼具内容消费和内容生产功能的优质平台。今日头条拥有上百万创作者，他们分布在100多个不同领域中。创作者们每天发布数十万条内容，内容的阅读量和播放量超过50亿次，分发效果不容小觑。今日头条的用户群体的主要年龄为19～45岁，大部分用户比较理性，更喜欢阅读高信任感、高价值感、高权威感的内容。

因此，深度评测和专家科普是今日头条用户比较喜欢的"种草"形式。在今日头条中，"种草—拔草"的消费决策链路已经初步形成，好的内容有能力带动优质产品的销售。不仅是大众消费品，食品、生鲜等在今日头条上卖得也不错，即使是小众消费品，因为内容垂直、用户精准，其营销效果也很好。

"列文虎克的显微镜"这一产品通过今日头条的创作者"种草"，出现了一上架就被清空并马上安排补货的现象。"李永乐老师"在今日头条的文章中写道："大家还记得列文虎克的故事吗？一个荷兰的看门人，在业余时间自己磨制了很多显微镜，他用显微镜观察各种各样的物体，并成为第一个发现细菌的人。"在这一段介绍之后，"李永乐老师"直接在第二段引入这个产品，将其与孩子们的好奇心和探索欲联系在一起，并介绍了产品的作用，最后引导用户下单"给孩子们一双观察自然的眼睛，它简直不要太值了！"，并在后文中添加了产品的购物链接。

"健身教练大鹏"以专业教练的身份"背书"，从"饮食+健身"的角度推荐牛排，并介绍了牛排的选用方法及注意事项：看名称、看解冻、看包装。

"钓鱼人乌兰"一直在今日头条上分享钓鱼经验和实用钓具，大到几米长的钓竿，小到鱼饵，在这个非常垂直的细分领域有很强的个人"背书"能力。

"七景糖的喵屋"虽然不是头部账号，但胜在内容真实，其发布的图片和文案都让人信服。他还会在评论区耐心解答用户的提问，二次"种草"效果非常好。

专业领域的KOL结合自身擅长领域"背书""带货"，在分享干货的同时也分享好货。从美食材料如何制作，到如何选择鱼饵，每个你能想到的领域都有深耕多年、深受用户信任与喜爱的人进行专业内容的分享。正是这些平凡、真实、接地气的"种草"内容，拉近了平台与用户的距离，而且大部分KOL还会在评论区耐心解答问题，很容易引发二次"种草"。

10.2.4　头条号营销内容推广策略

创作者在创作内容后，只有将内容顺利传达给目标用户，才能吸引用户的注意，并增加粉丝量，增强粉丝黏性，实现营销目的。因此，创作者要寻找合适的推广渠道，扩大优质内容的传播范围。

1. 提高账号权重

账号权重是指账号在今日头条上的分量，对内容的推荐量和收益单价都有重要的影响。如果创作者创作的内容整体推荐量都很低，除去内容本身的原因，就是账号权重的问题了。要想提高账号权重，获得更多的平台推荐，创作者要注意以下几点。

（1）原创度。坚持写原创内容，因为原创内容更容易获得平台的认可。如果创作者在发表内容前选择"声明原创"并符合要求，内容就可以获得更多推荐和创作收益。

（2）账号垂直度。创作者应保持内容的垂直度是指创作者所创作的内容应尽量处于同一领域，创作者不要看到别的领域出现很多"爆款"文章就去蹭热度，如果发布的内容太分散，账号的权重就不高，以致影响内容推荐量。

（3）不要违规。要提高账号权重，创作者就要尽量减少违规次数甚至做到不违规，否则一旦头条号的信用分被扣，收益与账号安全就会受到很大的影响。因此，创作者要熟悉头条规则，尽量不要涉及敏感选题与敏感内容或信息。

（4）内容首发。自媒体人通常都是一文多发，将内容同步到各大自媒体平台。创作者要想提高头条号的权重，最好把内容首发在今日头条上，过半个小时后再将内容同步到其他平台上。

（5）活跃度。创作者发文要活跃，最好保持每日更新。另外，创作者还要积极做好互动、转发，与用户热情交流。

2. 分享转发

创作者可以将头条号的内容分享、转发到微头条、微信、朋友圈、抖音、QQ等平台上，扩大内容的传播范围并增强其影响力，很多非头条用户很有可能因为优质内容而关注创作者。

3. 搜索引擎优化

今日头条已经具有上线搜索功能，并实现了信息流和搜索的信息闭环。头条搜索已经成为头条号内容的重要流量来源。因此，创作者要学会进行搜索引擎优化，也就是在今日头条搜索引擎上用关键词使自己的文章在搜索结果中排名靠前。创作者在发布文章前，要尽量让关键词在标题中靠左、靠前展示。另外，关键词要在内容中多次出现，但切忌堆砌关键词，文章内容必须保持顺畅。

课堂讨论

请同学们分享讨论影响头条号信用分的情况有哪些？创作者平时在创作内容时要如何规避这些情况？

10.2.5　头条号数据分析

今日头条是基于算法的人工智能平台，它将用户每一个动作的数据记录下来并挖掘相关信息，以对用户进行标签化处理，同时也对每一条内容和每一位创作者进行标签化处理，从而完成用户和内容创作者的匹配。

为了更好地运营头条号，运营者有必要掌握数据分析技能。头条号的数据分析包括作品数据和粉丝数据等维度。收益数据主要用来分析创作内容所产生的效益，以作为创作内容的反馈，有利于运营者根据收益变化情况做出有针对性的调整。

1. 作品数据

运营者可以查看发布在头条号中的文章、视频、微头条、问答、小视频等不同类型的作品的数据。

作品数据分析包括整体作品数据分析和单篇作品数据分析。图10-1所示为头条号整体作品数据分析。在整体作品数据分析中，运营者可以查看发表的所有内容的整体数据，包括核心数据，如昨日展现量、粉丝展现量、昨日阅读（播放）量、粉丝阅读（播放）量、昨日点赞量、昨日评论量；流量分析，如数据趋势、性别分布、地域分布、机型价格分布。

运营者可以按照内容的类型，分别查看文章、视频、微头条、问答、小视频内容的整体数据。以查看文章数据分析为例，单击"文章"选项卡，可以查看文章类内容的整体数据分析。图10-2所示为某头条号文章类内容昨日核心数据。

（1）数据趋势分析

在数据趋势中，运营者可以设置时间范围，查看该段时间内文章的展现量、阅读量、粉丝展现量、粉丝阅读量、点赞量、评论量等关键指标的数据趋势。运营者可以自主选择要查看的指标，并将数据下载保存。图10-3所示为某头条号文章类内容最近30天的展现量、阅读量、评论量数据趋势。

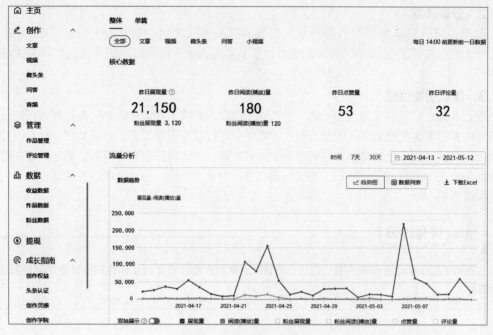

图10-1　整体作品数据分析

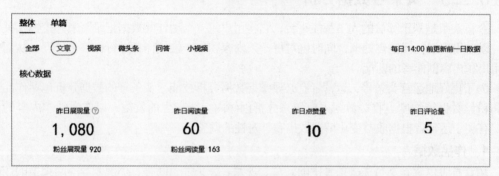

图10-2　文章类内容昨日核心数据

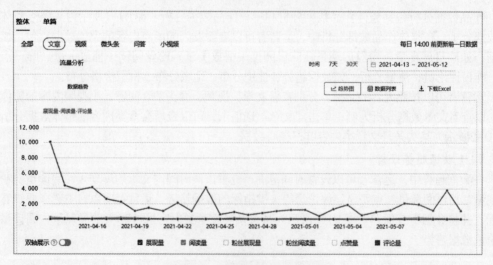

图10-3　文章类内容数据趋势

（2）流量来源分析

流量来源分析展现了文章类内容流量的来源渠道，如图10-4所示。从图中可以看出，该头条号文章类内容的流量主要来源于个人主页，说明该头条号的文章比较受账号粉丝的认可，较多粉丝会进入账号主页浏览该账号发布的内容。

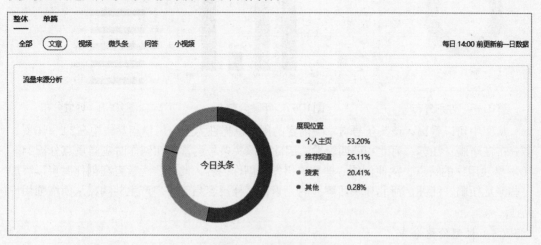

图10-4　流量来源分析

（3）各来源流量趋势

各来源流量趋势展现了文章类内容各个流量来源渠道的流量变化趋势，运营者可以设置双轴展示，这样可以看到更清晰的趋势变化。图10-5所示为某头条号文章类内容"个人主页"来源展现量、阅读量的变化趋势。

（4）性别、年龄、地域分布分析

"性别分布"（见图10-6）、"年龄分布"（见图10-7）、"地域分布"（见图10-8）描绘了头条号文章类内容的用户属性，能够帮助运营者构建用户画像，根据用户画像来调整和优化文章内容创作。

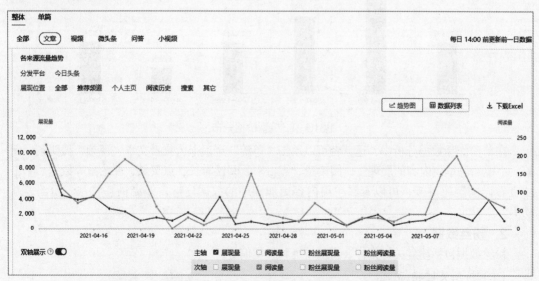

图10-5　文章类内容"个人主页"来源展现量、阅读量的变化趋势

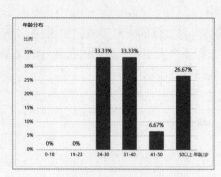

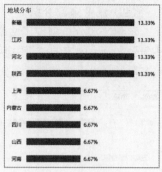

图10-6　性别分布　　　　　　图10-7　年龄分布　　　　　　图10-8　地域分布

从图中可以看出，该头条号文章类内容的用户以男性为主，用户年龄集中在24～40岁，多分布在新疆、江苏、河北和陕西等地。因此，该头条号运营者在创作时应当重点分析24～40岁男性用户的特点，从他们的心理需求出发来创作内容。此外，运营者在创作时可以添加一些涉及新疆、江苏、河北和陕西等地的元素，这样更容易使用户产生共鸣，从而增强用户黏性。

（5）机型价格分布

机型价格分布展现了用户使用的浏览终端的价格分布情况，如图10-9所示。机型价格分布在一定程度上体现了用户的消费水平、付费能力，这会对文章类内容的收益产生影响。

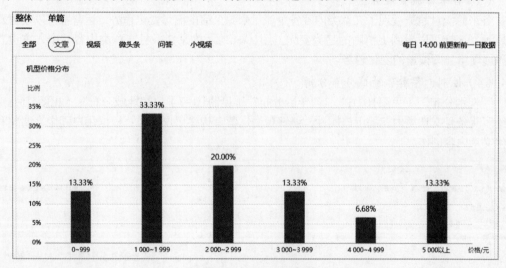

图10-9　机型价格分布

在单篇作品数据分析中，运营者可以单击"单篇"选项卡，查看文章、视频、微头条、问答、小视频等单篇内容的展现量、阅读量、点击率、阅读时长、点赞量、评论量等数据。单击"查看详情"超链接，可以查看单篇内容更加详细的数据分析，如流量、收益、粉丝、互动等。

2. 粉丝数据

粉丝数据包括粉丝关键指标、粉丝特征和粉丝偏好。

（1）粉丝关键指标

粉丝关键指标包括核心数据和数据趋势。核心数据有昨日粉丝变化数（涨粉数、掉粉数）、昨日活跃粉丝数、昨日活跃粉丝占比、昨日粉丝总数；数据趋势则用折线图展示了总粉丝数、粉丝变化数、涨粉数、掉粉数、活跃粉丝数，运营者可以选择用双轴展示，对比更清晰。

　　图10-10所示为某头条号最近30天总粉丝数、涨粉数、活跃粉丝数的变化趋势。从图中可以看出，该头条号的涨粉数呈波动上升趋势，表明4月22日达到峰值，表明4月22日该头条号收获了大量粉丝。此时，运营者应该寻找出现这种情况的原因，为继续增加粉丝量提供参考。同时，从图中也看出该头条号的活跃粉丝数较少，这说明粉丝的活跃度较低，运营者应该考虑采取一定的措施提高粉丝活跃度。

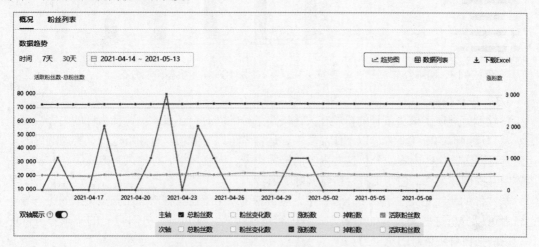

图10-10　最近30天总粉丝数、涨粉数、活跃粉丝数的变化趋势

（2）粉丝特征

　　粉丝特征分析包括性别分布（见图10-11）、年龄分布（见图10-12）、地域分布（见图10-13）和机型价格分布（见图10-14）。通过粉丝特征分析，运营者可以了解头条号粉丝的特点，构建粉丝画像，从而根据粉丝画像来进行内容创作，增强粉丝黏性。

　　从以上图片中可以看出，该头条号的用户多为31~40岁的男性用户，在地域分布上以广东的用户居多，运营者应该从这些用户的特点出发来进行内容创作。此外，地域分布也对运营者策划线下活动时选择活动举办地有一定的参考价值，运营者选择用户占比较高的地区举办线下活动更容易吸引用户参与。

　　该头条号的用户使用的机型价格多在2 000元之内，消费能力一般，可能头条号的收益不会很高。

图10-11　性别分布

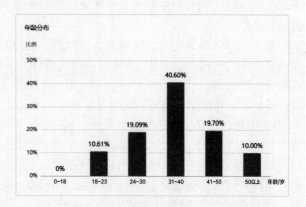

图10-12　年龄分布

图10-13　地域分布　　　　　　　　　图10-14　机型价格分布

（3）粉丝偏好

粉丝偏好展现了该头条号的粉丝在关注该头条号的同时，还喜欢浏览什么样的内容。

从"近期你的粉丝还看过以下作品"中，运营者可以了解粉丝近期看过什么类型的内容。运营者可以浏览这些内容，分析这些内容的选题类型、内容风格、标题撰写方式等，并从这些内容中寻找创作灵感，创作更符合粉丝偏好的内容。

从"你的粉丝还关注了以下作者"中，运营者可以了解粉丝喜欢关注哪些类型的头条号。运营者可以分析这些头条号的命名方式、内容选题策略、文风等，并对自己的头条号进行优化，以增强自身头条号的竞争力。

10.3　知乎号营销

知乎的品牌Slogan（口号）为"有问题，就会有答案"。作为一个问答社区，知乎营销的实质是通过高质量的内容连接品牌与用户。知乎营销的优势是提供深入、权威的优质内容，迅速吸引高质量的用户，助力品牌资产在用户的消费心理中不断沉淀，顺利解决营销难题，精准塑造品牌的长期价值。

10.3.1　知乎号基础认知

扫一扫，看微课

知乎创作者等级及权益

知乎是高质量的问答社区和创作者聚集的原创内容平台，于2011年1月正式上线，以"让人们更好地分享知识、经验和见解，找到自己的解答"为品牌使命。

知乎凭借认真、专业、友善的社区氛围、独特的产品机制以及结构化和易获得的优质内容，聚集了科技、商业、影视、时尚、文化等领域中颇具创造力的人群，已成为综合性、全品类、在诸多领域具有关键影响力的知识分享社区和创作者聚集的原创内容平台，建立起了以社区驱动的内容变现商业模式。截至2020年12月，知乎上的总问题数超过4 400万条，总回答数超过2.4亿条。在付费内容领域，知乎月活跃付费用户数已超过250万人次，总内容数超过300万条，年访问人次超过30亿次。

知乎以问答业务为基础，经过多年的发展，已经成为综合性内容平台，覆盖问答社区、全新会员服务体系"盐选会员"、机构号、热榜等一系列产品和服务，并建立了包括图文、音频、视频在内的多元媒介形式。在2021新知青年大会上，知乎宣布品牌焕新升级，品牌Slogan由"有问题，上知乎"升级为"有问题，就会有答案"。

知乎号是重要的自媒体平台之一，创作者入驻知乎号的途径是官方邀请。只要创作者在知乎平台贡献了很多优质内容、活跃度较高，就很有可能会收到官方"创作者小助手"发来的邀请，邀请创作者开通创作者中心功能。

创作者可以在创作者中心查看内容的数据分析，通过创作成长指数获得相应的等级权益，如内容自荐、知乎Live、回答赞赏、品牌任务等。创作者等级一共分为10级，不同等级的创作者会获得不同的创作权益，等级越高，能够获得的创作权益越多，如图10-15所示。创作者等级体系可以持续激发创作者的创作热情，让创作者感受到内容创作带来的直接价值。

图10-15 创作者等级

创作者在知乎号上创作内容时，要了解知乎号的相关规则，如《知乎社区管理规定》，如果一不小心违反规定，很可能有被封号的风险。

10.3.2 知乎号内容定位

内容定位是创作者在正式创作内容之前首先要考虑的问题。创作者一旦有了想要坚持深耕的内容领域，接下来要做的就是想办法把内容定位用直观的方式呈现出来。

内容定位的呈现方式有以下几种。

1. 账号主页

知乎号账号主页是呈现内容定位的核心阵地，因此创作者要对知乎号账号主页进行设置，包括昵称、头像、简介、资料、背景图5个方面。这5个方面都要符合定位。例如，如果创作者在"美食"领域深耕，昵称中就要有与美食相关的字眼，这可以增强账号的指向性；头像、背景图也要设置与美食密切相关的图片；简介和资料尽量做成账号定位和昵称的补充，简介一般用一句话表述定位即可，因为简介会显示在主页和答题的昵称下方，如果字数太多会被折叠，并不利于展现。

2. 创作内容

不管是个人号还是企业号，创作者在回答问题时都不要偏离定位，例如，如果垂直领域为金融，就尽量不要回答教育、生物、电影、体育等问题。等到凭借前期回答的问题慢慢积累了第一批比较可靠的粉丝后，再慢慢将自己的话题范围扩大。如果前面一直都在回答金融类的问题，那么接下来就可以接触房地产、互联网、财经等话题。因为一个话题下的问题是有限的，创作者不要过于限制自己的话题范围，而应回答一些泛金融类的问题，一来可以将自己回答的问题涉及的知识面扩大，二来可以收获更多用户的关注。

3. 受众群体

受众群体的多少决定了内容推荐和阅读的上限，内容的质量则决定了推荐和阅读的下限。因此，即使创作者运用了恰当的写法，写出了优质的回答，但受众群体不大也很难有漂亮的数据表现。具体到知乎号内容创作中，一个只有100人关注的话题是很难产生1 000次阅读。因此，创作者要充分考虑创作所面向的目标群体，寻找这个群体广泛关注的话题是写出高曝光、高流量的内容的基础，也是账号获得关注和粉丝的前提。

10.3.3　知乎号营销内容创作策略

要想使自己的内容获得更大范围的曝光，赢得用户的喜爱和认可，创作者可以采用以下策略。

1. 紧跟平台政策

既然是在知乎平台创作内容，创作者自然要紧跟知乎平台的措施和战略来调整自己的内容创作方向，而平台也会在新的措施和战略规划下给予创作者现金、流量等扶持。创作者生产平台需要的内容，平台自然会给予推荐，而创作的内容又是平台用户喜欢的内容，粉丝增长自然会水到渠成。例如，知乎推出的"致知计划"提供2亿的流量扶持，如果创作者善加利用，可以让自己的账号快速成长。

2. 质与量并重

有的创作者为了获得更多关注和点赞，会在一天之内回答很多问题，但知乎会认为这是在刷题，有作弊的嫌疑，轻者可能会被限制答题，影响权重，重者则会被封号。因此，创作者要控制回答问题的频率，秉承"质与量并重"的原则，一天之内回答2~3个问题即可。

3. 字数要适宜

回答的字数要适宜，不能太少，一般要在500字以上。从算法的角度来讲，这是回答获得推荐的门槛。优质回答的字数一般为3 000~4 000字，这些回答往往会得到用户的认可，点赞数通常也很多。创作者在回答问题时可以一句话直击重点，将字数尽量用在最新鲜的时事热点上，以资源枚举、理论讲解和故事情节等方式进行回答。资源枚举要尽量全面，故事和理论要充满细节，如理论拆解、案例分析、个人经历等。

4. 找准文字风格

即使创作者的内容再优质，掌握的知识再丰富，但如果一板一眼地回答问题，也会让用户觉得无趣，最终导致回答石沉大海。用户在知乎上寻找的通常不是标准答案，而是一种体验。因此，创作者可参考点赞数多而靠前的回答，学习其文字风格，用有趣、有料、有知识的内容吸引用户的注意。

5. 巧妙地进行署名

很多人在回答完问题之后都会留下自己或企业的微信公众号等相关信息。之前很多人会在文末留下一个非常大的二维码，但现在二维码会被知乎系统识别并自动屏蔽，而且用户也非常反感这些行为。

为了营造人设形象，创作者可在每次回答的末尾加上统一的模板。例如，"欢迎大家关注我的个人公众号：×××××，专注于分享读书、学习的方法论。在公众号后台回复'高效学习'，了解超好用的学习方法，帮助你快速提高学习效率；回复'书单'，送你一个被收藏了8万次的书单。"或者"如果你觉得这篇内容对你挺有启发，我想邀请你帮我3个忙：（1）点赞，让更多的人能看到这篇内容；（2）关注我和我的专栏，让我们发展长期关系；（3）关注公众号×××，这样你就能第一时间阅读我专栏中的最新内容。谢谢你的支持！"

6. 坚持内容的权威性

为了树立良好的个人品牌形象，创作者要坚持输出优质、具有一定权威性的内容。创作者不妨开通知乎专栏，把自己放在专栏作家的位置，定期输出自己的观点和思想，不断充实自己的内容库。

7. 利用长尾效应

据统计数据，知乎3个月内浏览量排名前1 000的问题中，有41.3%的问题已经创建1年以上，其平均存在时间为17.3个月，但这些问题至今仍在被不断地激活。因此，创作者可以利用长尾关键词来撰写相关内容，例如，围绕"教育"撰写"哪个教育机构好""教育机构贵吗"等内容，从而使自己的回答能保持相对稳定的阅读量。

同时，创作者可以在发布文章时添加关注度高的话题，将文章纳入话题，并且尽量每次添加同一个话题，或者选择同一个话题下的问题，这样一来长尾流量更大，在账号运营前期也有利于快速提高账号在该话题下的权重。

8. 注重内容垂直度

内容的垂直度有两个维度：一是账号定位和擅长领域是否垂直，这一问题往往出现在前期账号定位不清晰的时候，例如，创作者刚开始写"美食"方面的内容，写着写着觉得写"数码"的内容更适合，于是转去写"数码"内容，但账号设置仍然是与"美食"有关的；二是内容与内容之间的垂直度问题，表现为账号的文章时而属于A领域，时而属于B领域，时而属于C领域，文章的内容在各个领域之间来回摇摆。以上两种情况都会让用户和品牌商对账号内容的垂直度产生误判。

因此，有这种问题的创作者要针对账号定位和擅长的领域不匹配的问题，重新梳理自己的创作领域和创作方向，从内容到账号，从上到下地确定新的账号定位，并删除与新定位不相关的内容。虽然这样会对既有粉丝造成一定的影响，粉丝数量在短期内产生波动是十分正常的，但只要保证符合账号定位的内容的占比在50%以上，粉丝数量还会稳步增加。

9. 选择回答数量较少的问题

创作者要选择关注人数多但回答数量尽量少的问题，回答的数量一般应少于500个，因为回答数量越多，问题被讨论得就越充分。新回答要想竞争回答区靠前的位置是比较难的，尤其是作为新手，账号在该领域的权重不高且答题的人太多的情况下，创作者的内容很可能会被排到后面。

请同学们分享讨论，自己在知乎上主要关注什么领域的内容？关注的内容主要以长文还是短消息形式展示？内容的语言风格是怎样的？

 案例链接

小罐茶的知乎营销

茶的话题在知乎平台上曾经是非常小众的，但近年随着国产品牌的崛起，越来越多的年轻用户开始在知乎上搜索"买茶""泡茶"等关键词，这给茶叶企业带来了巨大的商机。

2020年11月中旬，第27届中国国际广告节落幕，小罐茶在知乎平台推出的"真相系列"新品牌营销活动获得了"中国国际广告节广告主奖·2020年度活动营销案例"。营销动作一直备受关注、主打高端路线的新消费品牌小罐茶是如何在社交知识分享平台知乎上"破圈"突围的呢？

知乎的核心人群是学历、收入比较高的年轻人群，这是小罐茶愿意在知乎上开展营销活动、培养自己知乎号最重要的基础，毕竟能打动目标人群的活动才有营销意义。

小罐茶在2020年7月上市金骏眉红茶，并在全国线下门店发起新品品鉴活动，吸引潜在消费者到店体验。在新品品鉴活动开始前，小罐茶的官方机构号在知乎发布《不要小看真香系列，免费喝要不要！》《夏日特调饮，我在等风也等你》等兼具趣味性和知识性的内容。用户点击文章中的报名链接即可预约新品品鉴活动，同时获得小罐茶与国际一线香水品牌联名定制的3款茶香味的香薰作为到店礼物。

小罐茶知乎号的首要任务就是通过发布足够吸引人的内容，打通线上和线下渠道，吸引目标人群到店体验。

小罐茶的知乎号开通1年多就积累了2.4万粉丝，是知乎上与茶相关的账号里粉丝数最多的账号，还获得了5 141次赞同，1 404次喜欢和2 850次收藏，这些不是短期运营能达到的效果。

小罐茶在茶行业"有品类无品牌"的乱局之中走出了一条高品质的标准化道路，而借助行业知识介绍来让用户信服，这也不是短期的一次性营销活动就能实现的。

基于此，小罐茶与知乎的知识分享属性十分契合。通过逐步培育品牌在知乎的影响力，小罐茶借助知识分享话题，与年轻人进行茶文化和自身品牌的有效沟通。

目前，小罐茶知乎号已经拥有"变态小罐茶"这样的人气专栏，以贴合年轻人传播习惯的方式打造内容IP。

在《小罐茶之金骏眉：红茶届的奢侈品》一文中，小罐茶介绍了金骏眉红茶作为近年来出现的一种创新红茶品类背后的文化和研发历程，强调小罐茶金骏眉在小罐茶的"全链条"和"高标准"两个维度下的生产过程，再将其与线下品鉴活动结合，和用户进行有效的沟通，在介绍新品的同时展现品牌核心根基，传递品牌理念并打造品牌形象。

此次小罐茶"真香系列"新品品鉴活动在知乎引发用户对小罐茶的关注的同时，吸引了上百人参与线上报名，为线下活动带来了匹配程度较高的潜在消费者。他们在大众点评、小红书等平台分享小罐茶新品品鉴感受，带来真实的体验反馈，为"真香系列"带来高质量的初期"评鉴"结果。这次营销活动可以说是茶饮消费品牌"线上+线下"成功融合的新案例。

10.3.4　知乎号营销内容推广策略

在创作了优质的内容后，知乎号的创作者要想办法将内容推广出去，让更多的人看到，扩大内容的传播范围。创作者可以运用以下推广策略来传播内容。

1. 分享内容

创作者在创作了文章或回答之后，可以点击界面右上角的按钮进入分享界面，选择将内容分享到其他平台，如微信好友、朋友圈、QQ、微博等，如图10-16所示；也将内容可以转发到知乎平台的关注流，以知乎想法的形式推广自己创作的内容，或者以知乎私信的方式分享。如果创作者在知乎平台上的粉丝量较大，以上方法都可以带来很好的推广效果。

2. 使用圈子功能

只有账号的"盐值"大于450，创作者才可以在知乎上用创建圈子的方式来维护粉丝，然后再"引流"。创作者在知乎页面中点击"我的"|"去圈子广场"|"创建"，然后提交申请即可创建圈子，如图10-17所示。

图10-16 分享内容

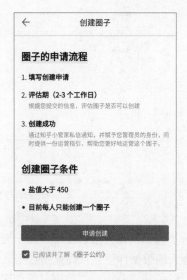

图10-17 创建圈子

3. 使用"知+"功能

"知+"是知乎针对高质量内容（回答、文章）的推广需求推出的一款助推工具，简单来说，创作者在知乎上的图文、视频等内容，都可通过"知+"投放来获取更多的曝光机会，而且可以在文中植入转化插件实现"引流"。

"知+"支持个人号、机构号推广，创作者只要有知乎账号，按照正常的流程开通账户后，提供账号即可开通"知+"投放功能。"知+"目前仅支持地区、投放日期的定向功能。要想优化"知+"投放的点击率，创作者要优化内容中添加的话题、内容标题、内容的开篇描述等。

在"知+"测试初期，创作者至少要测试5篇以上内容。如果投放曝光量减少，要检查内容中添加的话题是否可扩展，如增加话题个数或扩大话题范围。如果曝光量减少发生在投放的10天左右以后是比较正常的，但若投放后2~4天曝光量就减少了，创作者就需要确认问题本身覆盖的用户是否较少，如果覆盖用户较少，需要及时补充多篇内容并同时投放，以保障投放的持续性。

与文章相比，回答的曝光量更高，长尾流量优势明显，比较适合输出行业性内容、垂直领域周边的内容，覆盖潜在用户和兴趣用户。因此，创作者可以筛选行业领域内求知类问题进行回答和投放，扩大用户覆盖面，增强领域影响力。

10.3.5 知乎号数据分析

创作者可以使用知乎号创作中心中的数据分析功能来对自己创作的内容进行数据分析。数据分析功能包括内容分析和关注者分析两大部分。

创作者可以通过内容分析查看创作的回答、文章、视频的数据情况，分为数据总览和详细数据。数据总览包括阅读（播放）总数、赞同总数、评论总数、喜欢总数和收藏总数。详细数据以时间维度进行展示，包括最近7天、最近14天、最近30天、最近90天的阅读（播放）数、赞同数、评论数、喜欢数、收藏数，如图10-18所示。

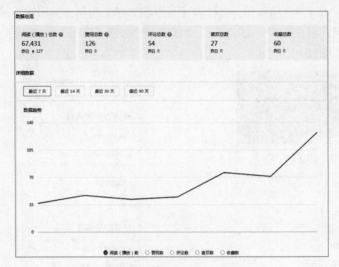

图10-18　内容分析

内容分析还提供每日报表，可将每一天的数据都详细地展示出来，这样创作者可以很清晰地了解每一天的数据详情，从而找到数据减少的具体时间，分析具体原因，并进行改进。

知乎号的关注者分析提供数据总览和详细数据，数据总览展示关注者总数，详细数据展示最近7天、最近14天、最近30天、最近90天的关注者变化趋势，包括净增关注者、新增关注者和取消关注者3个维度的数据。

【实训：在知乎上进行知识问答营销】

1. 实训背景

利用知乎平台进行品牌推广已经成为网络营销的新发展趋势。越来越多的企业想尝试在知乎上发布问题或者回答问题，以帮助自身品牌获得更好的搜索排名，从而实现产品曝光。

2. 实训要求

假如你是某电子产品公司的营销人员，公司新推出一款电动牙刷，要在知乎上进行知识问答营销，请分析如何进行营销。

3. 实训思路

（1）提出问题

要采用知识问答营销的方式，首先应确定要回答的问题，可以选择在知乎已有的关于电动牙刷的问题下方开展营销活动。在提出问题时，要从用户的角度出发，例如"什么牌子的电动牙刷性价比较高？""正确使用电动牙刷刷牙的方法是什么？"等。

（2）回答问题

在回答问题时，你应当站在用户的角度，让用户有所收获，解决用户的难题，例如，可以对不同的电动牙刷进行评测，描述自身产品的优点，并详细说明使用电动牙刷的注意事项，普及刷牙、牙保健等知识。此外，你还可以使用情感来包装内容，使内容富有感染力，例如，可以从亲身体验的角度来描述该款电动牙刷对生活的改变等。

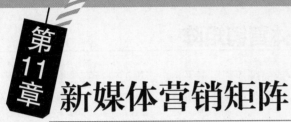

第11章 新媒体营销矩阵

学习目标

> 了解新媒体营销矩阵的类型与作用。
> 了解新媒体营销矩阵对新媒体营销人员的能力要求。
> 掌握构建新媒体营销矩阵的基本步骤。
> 了解新媒体矩阵运营团队的人员配置及KPI设置。

学习导图

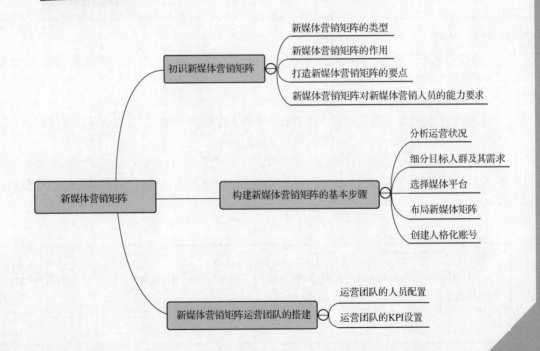

如今是一个全民营销时代，任何企业或个人都可以借助新媒体平台最大化地利用甚至开发互联网工具，充分调动社会上所能连接的各种能量，由内而外地打造内容输出系统，吸引、聚积、裂变、放大有效用户，促进销售成交。矩阵在这里是指一种整合和集群营销模式，而新媒体营销矩阵是指各个新媒体营销账号之间既能协同合作又各自独立，根据账号的不同定位进行多类粉丝覆盖，从而影响受众，产生全方位、立体化的传播效果。

11.1 初识新媒体营销矩阵

新媒体营销矩阵通常是指企业或品牌商利用多平台、多渠道进行宣传推广的新媒体集群，集群以其中一个平台或渠道为核心，同时着重把握微信、微博"双微"渠道，辅以其他大小平台，共同开展营销活动。

11.1.1 新媒体营销矩阵的类型

新媒体营销矩阵可以分为横向矩阵、纵向矩阵和横纵联合矩阵。

1. 横向矩阵

横向矩阵指企业在全媒体平台的布局，包括自有App、网站和各类新媒体平台，如微信、微博、抖音、快手、淘宝、小红书、今日头条等，也被称为外部矩阵。

例如，唯品会作为热门的电商平台之一，十分注重宣传和推广。唯品会为了达到大范围传播的目的，除了开通抖音账号外，同时在多个平台开通了账号，配合抖音营销，实现相互"引流"。

2. 纵向矩阵

纵向矩阵主要指企业在某个媒体平台上的生态布局，是其各个产品线的纵深布局，也被称为内部矩阵。企业布局的纵向矩阵平台一般是大平台，如企业在微信平台上可以布局订阅号、服务号、社群、个人号及小程序等。

例如，"樊登读书"的抖音账号纵向矩阵涉及职场、亲子、育儿、商业等领域，每个细分账号覆盖的用户群体都有区别。

3. 横纵联合矩阵

横纵联合矩阵指企业既在某一个新媒体平台上布局多个账号，又在其他新媒体平台上布局多个账号，也就是同时联合运用纵向矩阵与横向矩阵。

横向矩阵和纵向矩阵可以单独存在，也可以同时存在，具体的布局方式需要根据企业的自身情况而定。企业在做新媒体营销时，通常是先搭建纵向矩阵，等到时机成熟再搭建横向矩阵。

课堂讨论

你知道哪些企业或品牌的新媒体营销矩阵？它们分别属于什么类型？对于企业的发展起到了什么作用？

案例链接

小米企业集群下的新媒体矩阵营销模式

小米是一家以手机、智能硬件和IoT平台为核心的互联网公司，提供智能手机、智能电视、笔记本等丰富的产品与服务，致力于让每个人都能享受科技带来的美好生活。小米成立于2010年3月3日，公司从成立至今建立了以品牌为中心，延展至产品、服务、企业领导的品牌及企业集群新媒体营销矩阵模式。

1. 微博矩阵

小米从2010年就开始打造微博矩阵，逐步形成了完整的矩阵模式，包括企业领导人微博、高管微博、官方微博、产品微博等，它们相互呼应。矩阵包括公司类型的@小米公司；产品类型的@小米手机、@小米电视、@MIX；人物类型的@雷军、@黎万强、@小米洪锋等，以及大量员工的微博；商城类型的有@小米商城、@小米有品、@小米之家等。

小米微博矩阵每个账号每天平均发文8条左右，其中至少有4条是原创内容。发布的内容一般具有互动性、参与性、新闻性，有助于品牌推广传播。

2. 微信公众号矩阵

2013年年初，小米注册微信公众号，从3月开始正式运营，不到一个月的时间就拥有了近5万名粉丝。小米公司根据公司的定位和不同的事业部，将微信公众平台细分为小米公司、小米手机、小米电视、小米游戏、小米商城、小米移动、小米有品等多个微信公众号。

虽然这些微信公众号定位不同，目标人群也有差异，但是小米在开展微信推广活动时，完全可以利用这些微信公众号进行推广宣传，以促使推广力度最大化。小米还联合不同平台的矩阵账号进行"引流"，通过策划活动把微博的粉丝"引流"到微信。小米最初是将其微信公众号作为和用户沟通并为用户提供服务的平台，而微博则是其向用户传递价值的媒体平台。

3. 抖音账号矩阵

经过一段时间的新媒体运营，小米开始打造抖音账号矩阵，建立了小米直播间、小米公司、小米手机、小米有品、小米MIUI、小米电视等多个账号。各账号之间同步运营，互相协作，传播"小米价值"，形成了一个传播矩阵。抖音账号矩阵的运营者注重粉丝互动，确保内容持续更新，不断增加粉丝数量，增强粉丝黏性。小米充分运用互联网思维，不断构建纵横交错的新媒体营销矩阵，使品牌产生大范围、多频次的曝光，赢得了很多粉丝的关注。

11.1.2 新媒体营销矩阵的作用

新媒体营销矩阵是针对用户的附加需要提供更多服务的多元化媒体运营渠道，以增强自身的影响力，获取更多的粉丝，最终实现变现的营销方式。新媒体营销矩阵通常指的是多平台、多账号的联合营销方式，不同的账号实行差异化运营管理，根据平台的定位及目标用户属性，有针对性地进行运营。打造新媒体营销矩阵除了能提高企业及品牌的曝光度外，还能维护品牌的形象，具体作用如下。

1. 多渠道吸引流量，扩大触达用户范围

每个新媒体平台都有独特的内容风格、运营特点和特定的用户群体。企业可以充分利用各平台的特点及传播优势，有针对性地发布内容，最大限度地传播企业品牌或产品信息，以吸引更多的流量、触达更大范围的用户。

2. 协同放大宣传效果，形成影响力

建立矩阵后，不同平台的产品及调性可以互补，相互联动推广，为彼此"涨粉"。营销矩阵的营销内容形式多元化，可以使企业获得更多的流量和更大的曝光量。与单个媒体账号相比，多个账号同时宣传推广可以放大宣传效果，形成一定的影响力。

3. 形成整合营销，快速提升品牌形象

新媒体营销是集移动互联网和PC互联网为一体的新兴营销方式，便于企业实现全网整合营销，依托于产品规划、产品开发、网站运营、品牌推广、产品销售等环节形成企业生态闭环。全网整合营销不仅突破了线下销售的瓶颈，还能规范销售市场，增加产品销量，完善客服体系，梳理分销渠道，快速提升品牌形象。

4. 分散布局，降低风险

人们常说"不能把鸡蛋放在同一个篮子里面"，意思就是不管做什么，将资源分散开来更有利于规避风险。企业开展营销活动也一样，如果集中在某一平台上运营，一旦出现问题，就会导致企业前期的运营前功尽弃。建立新媒体营销矩阵，账号更加分散，这在一定程度上也会降低企业投资的风险。

11.1.3　打造新媒体营销矩阵的要点

企业在打造新媒体营销矩阵时，要注意几个要点。

1. 从内容出发，进行差异化运营

不同的平台有不同的深耕方向，同一品牌在不同平台上的内容表达方式也有所不同。企业在建立新媒体营销矩阵前，要先分析并确定布局的媒体平台，找到适用于不同平台的运营策略，通过发布不同的内容进行差异化运营。企业只有进行差异化运营，各账号在各自的细分领域深耕细作，才能实现精准化营销目标。

其实差异化运营与在多平台分发相同内容的做法并不冲突。企业要注意搭配使用矩阵平台，当遇到重大宣传节点时，要做到同时发力，各平台账号间的作用是相辅相成的，至于内容协调和宣传节点可以灵活处理。

2. 注重整合营销和矩阵联动

在建立新媒体营销矩阵后，运营者要将矩阵的优势充分发挥出来，在需要集合不同平台的优势资源时将其整合调动起来，将矩阵的整合优势和营销效应最大化，而不是各平台账号只顾在各自的平台上深耕。

3. 注意资源倾斜和运营精力分配

新媒体营销矩阵需要更多的人力和资金支持。由于账号众多，企业要想做到每个账号都很优秀是不可能的，以果壳网为例，之前虽然其媒体矩阵够广、够深，但后续很多账号都相继停止运营。企业要找到重点运营的平台，一般能在2~3个平台上做大、做强就已经很不错了。

运营者要根据企业的情况，将主要精力集中在重点平台上，充分利用企业的核心优势资源；要注意运营能力和精力的合理分配，侧重于重点平台，兼顾其他平台，不能为了面面俱到而顾此失彼。

11.1.4　新媒体营销矩阵对新媒体营销人员的能力要求

企业要想做好新媒体营销矩阵，离不开一群有能力的新媒体营销人员。新媒体营销人员要想在新媒体领域中脱颖而出,需要具备以下3项核心能力。

1. 对平台的理解能力

只有对新媒体平台有深刻理解的人,才能更好地利用其优势策划营销活动,完善营销细节,达成营销目标。对新媒体平台的理解能力主要体现在以下4个方面,如图11-1所示。

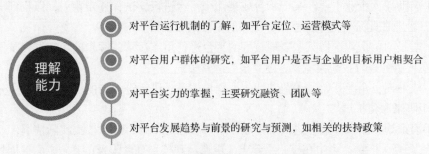

图11-1 对新媒体平台的理解能力

2. 跨平台整合能力

要使营销矩阵发挥协同效应,新媒体营销人员必须具备跨平台整合能力,能够充分利用各个平台的优势,使其发挥"1+1>2"的效果。跨平台整合能力包括两个方面,如图11-2所示。

图11-2 跨平台整合能力

3. 平台数据驱动营销的能力

新媒体营销逐渐向精细化方向发展,在运营多平台营销矩阵时,新媒体营销人员除了要简单地将某个平台的运营经验运用到另一个平台外,也要运用数据驱动营销。通过数据分析进行复盘,这不仅能够呈现结果,还有助于借鉴前期经验、准确预判等,无论是对内容、用户,还是营销活动,都大有裨益。新媒体营销人员无论在哪个平台运营,具有数据分析能力都可以优化营销策略,优化营销效果。

除了以上核心能力外,新媒体营销人员还要具有"网感",即对网络新兴事物的判断力,例如,对网络热点事件的敏锐观察力和捕捉力,能够结合热点为企业提出营销推广创意等。

11.2 构建新媒体营销矩阵的基本步骤

新媒体营销矩阵的构建并不是一蹴而就的,而是一个循序渐进的过程,其具体步骤包括分析运营状况、细分目标人群及其需求、选择媒体平台、布局新媒体矩阵和创建人格化账号。

11.2.1 分析运营状况

构建新媒体营销矩阵的第一步是分析企业新媒体的运营状况,确定企业新媒体的发展阶段。新媒体营销人员要根据企业每个阶段的运营目标来确定构建新媒体营销矩阵的时机，或者判断是否需要构建新媒体营销矩阵。

新媒体运营一般要经历4个阶段：启动期、增长期、成熟期和衰退期。不同运营阶段的工作重心不同。

（1）启动期：企业主要在某个平台或某几个平台进行尝试，逐步蓄力，以找到核心发力点为目标。企业在此阶段处于探索期，更多的是尝试和试错。

（2）增长期：企业选择某些表现较好的平台进行重点运营，逐步向稳定发展阶段过渡。此阶段的主要目标是寻找聚集流量，建立核心运营模式。

（3）成熟期：企业开始进入盈利期，根据具体需求进行进一步的探索，并逐步分化，运用多元化矩阵来深化扩展。

（4）衰退期：新媒体运营进入衰退期，用户关注度下降，企业根据实际情况，一方面选择关停无效账号，把精力集中在核心平台上，重点运营核心平台账号；另一方面根据目标进行动态调整，以寻找新的增长点为目标，或者以进一步深化现有矩阵、向纵深方向发展、扩大影响力为主要目标。

一般情况下，企业或品牌商尽量不要在启动期就开始打造新媒体营销矩阵，因为一方面市场验证时间较短，前期积累还不够充分；另一方面这样做容易分散精力，企业或品牌商不如集中优势资源先把主要平台做好。当新媒体运营进入增长期后，企业或品牌商就可以开始考虑是否搭建新媒体营销矩阵。通常在增长期或成熟期，如果新媒体账号的用户群体已经有了一定的规模，并有稳定的核心用户群，且用户差异性较为明显，那么此时企业就非常适合构建新媒体营销矩阵。当然，具体情况企业还要结合自身的运营情况及流量需求与资金、团队的资源情况进行判断。

11.2.2 细分目标人群及其需求

在新媒体运营启动期积累了一定数量的粉丝以后，新媒体营销人员要对粉丝群体进行目标人群细分。新媒体营销人员可以通过以下几个步骤进行目标人群细分。

1. 收集、整理需求

粉丝越多，需求就越多样，新媒体营销人员要注意收集所有的需求信息并将其整理成清单，每一种需求背后都要对应不同的目标人群，以便于深入了解该类群体，知道需求由哪些用户产生，他们有什么特征，以及他们出于什么原因产生了这样的需求等。

2. 筛选、确定需求

整理好需求清单之后，新媒体营销人员要结合企业新媒体运营团队、资金资源、已有计划等，通过目标人群定位进行需求筛选。

3. 确保相关性

被确定的需求应与核心营销账号内容高度相关。例如，微信公众号"有书"对用户群体及需求进行细分后，把用户分为对听书有需求的人群、对英语阅读有需求的人群、对职场内容有阅读需求的人群等，细分人群及需求与账号的内容高度相关。

11.2.3 选择媒体平台

细分出目标人群及其需求后，新媒体营销人员就要选择相应的媒体平台进行矩阵布局规划。这里所说的平台主要是指可以入驻的新媒体或电商平台，即新媒体外部平台，如图11-3所示。新媒体营销人员首先要了解一些常规的泛内容平台，如微信、微博、今日头条、小红书等。平台的选择主要分为初选、复筛、确认3个步骤。

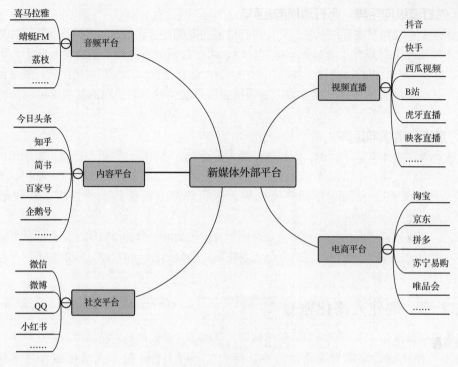

图11-3 新媒体外部平台

1. 初选

初选是指新媒体营销人员根据企业垂直领域的业务初步选择媒体平台，例如，美妆类企业可以选择淘宝、小红书、抖音、微博等。新媒体营销人员可以参考各类App的细分榜单或垂直网站名单，寻找合适的新媒体平台。

2. 复筛

复筛是指对初选的平台进行进一步筛选，筛选出2~3个平台，再对筛选出的平台进行多维度考核，例如，首先是看平台类型，该平台在同类平台中的排名、量级和成熟度，其中成熟度和平台成立的时间长短、用户活跃情况及商业化变现情况相关；其次是看平台所属的企业、平台在企业中的地位、平台在企业中的未来发展潜力、企业目前的实力及未来发展潜力；再次就是评估运营层面，评估标准包括用户的纯净度、运营的自由度、粉丝的价值，以及平台对新媒体营销人员的支持力度等。

用户的纯净度就是目标用户在某平台用户中的占比。运营的自由度就是新媒体营销人员在平台上有多大的发挥空间。粉丝的价值就是平台的粉丝对后续转化的作用有多大。新媒体营销人员可通过以上3个维度筛选出核心营销平台。

3. 确认

通过初选和复筛，新媒体营销人员对选出的平台进行试运营。需要注意的是，初选和复筛离不开新媒体营销人员的主观意见，结果只能提供参考，并不能当成定论，新媒体营销人员可以利用以上方法和步骤进行分析，再根据试运营期的实际评估结果进行人力和资源的分配。需要注意的是，新媒体营销矩阵是动态的，会随着业务的变化纵向、横向地变化。

11.2.4 布局新媒体矩阵

新媒体矩阵的布局一般有以下两种形式。

1. 先打造纵向矩阵，再打造横向矩阵

大部分企业通常是先打造纵向矩阵，再打造横向矩阵，这样新媒体营销人员可以先对所在平台的各种情况进行充分了解，熟悉运营环境，再打造横向矩阵时会更加得心应手，以免出错。新媒体营销人员也可以直接借鉴当前所在平台的运营情况，以便在做得比较好的平台上继续扩展，这能够优先增强核心竞争力，加强核心用户的体验，对企业的发展来说也是尤为重要的。

2. 直接打造横向矩阵

在选择外部媒体营销平台时，新媒体营销人员要充分分析平台特点和已经积累的用户群体特点。企业可以入驻各个新媒体平台，针对不同平台的不同用户群体及其需求发布相同或不同的内容，形成矩阵，从而提高用户覆盖率，进行产品或品牌的宣传推广，获取最大化利益。

总之，新媒体营销人员要找到和企业目标契合度较高的平台，再根据企业目标制订营销策略。在打造横向矩阵时，新媒体营销人员应多注重跨平台的合作和联动，争取将不同平台的资源优势都充分发挥出来。

11.2.5 创建人格化账号

在选定媒体平台，确定营销矩阵的结构后，新媒体营销人员要对新媒体营销账号进行人格化建设。人格化建设简单来说是定调性。企业在不同平台上展示人格化账号时需要遵循"1+N"模式，其中"1"指的是企业的"基因"，"N"指的是在不同平台上创造的角色要有所不同，新媒体营销人员应按照各平台的风格属性对其进行相应的调整。

企业构建新媒体营销矩阵的目的是从多个维度覆盖自己的用户，实现流量变现，从而带来经济效益。企业要根据自身的产品、业务、品牌等维度设置自己的新媒体营销矩阵。

 案例链接

"樊登读书"新媒体营销矩阵分析

"樊登读书"（原名"樊登读书会"）成立于2013年，是一个提供书籍精华解读、精品课程、学习社群、线下训练营、线下活动等知识服务的品牌。通过构建与运营新媒体营销矩阵，"樊登读书"已经成为市场上颇具影响力的知识服务类品牌。下面对"樊登读书"的新媒体营销矩阵进行分析。

1. 分析运营情况

"樊登读书"依托同名App和微信公众号积累了数十万的粉丝，处于成长期，且品牌对于运营私域流量已经积累了一定的经验。

随着视频类内容的火爆发展，为了迎合市场环境的变化和用户阅读内容方式的变化，"樊登读书"将微信视频号、抖音平台作为新的吸引流量的渠道，在这些平台上创建账号，迅速实现流量积累，大大提高了品牌的影响力和知名度。

2. 细分目标人群及其需求

"樊登读书"对目标用户群体进行了细分，并根据细分后不同目标用户群体的特点，为其开发相应的内容。

"樊登读书"细分的主要目标用户群体及其需求如下。

（1）0~18岁孩子的父母：了解育儿、家庭教育相关的知识。

（2）职场人员：了解职场成长相关的知识。

（3）企业管理者：了解企业管理相关的知识。

（4）喜欢阅读的人：发现并阅读更多好书，不断实现自我提升。

3. 筛选平台

"樊登读书"在创建有"樊登读书"App的同时，选择的主要新媒体运营平台有微信、微博、抖音、喜马拉雅、哔哩哔哩，这些新媒体平台的用户群体与"樊登读书"的目标用户群体存在相似之处。

4. 新媒体营销矩阵布局

"樊登读书"采取了先打造纵向矩阵，再打造横向矩阵的形式。"樊登读书"首先创建了同名App，为用户提供书籍精华解读、精品课程、学习社群和电子书等知识服务，然后根据市场环境的发展，不断拓展新媒体营销渠道，由以图文为主的微信公众号拓展到以短视频为主的视频号、抖音等平台。

在横向矩阵的布局上，"樊登读书"在同一个新媒体平台创建了多个账号来积累流量。例如，在抖音平台上，"樊登读书"就创建了多个账号，如图11-4所示。

图11-4　"樊登读书"在抖音上创建的账号

虽然"樊登读书"创建的新媒体营销账号非常多，但其对矩阵中的不同账号也实行了一定程度的差异化运营。例如，运营者将账号定位划分为职场、亲情、生活、情感等不同类型，并发布与账号定位相符的内容，以此体现营销账号的差异化，满足不同类型用户对内容的差异化需求。

5. 人格化建设

"樊登读书"创建的新媒体营销账号大多是以品牌创始人樊登为核心的，各个账号名称中基本上都含有"樊登"两个字，且账号中发布的内容很多都是樊登先生亲自出镜分享的各类内容，这样统一的人格设定有利于强化用户对品牌的认知。

课堂讨论

请同学们举例说明成功运营新媒体营销矩阵的企业，并讨论其成功运营的要点及构建新媒体营销矩阵的基本步骤。

11.3 新媒体营销矩阵运营团队的搭建

企业构建新媒体营销矩阵，离不开运营团队人员的合作。如何进行运营团队人员的配置及KPI的设置是企业重点考虑的内容。

11.3.1 运营团队的人员配置

新媒体营销矩阵运营团队人员的配置可以参考两种方法：按业务模块配置和按平台配置。

1. 按业务模块配置

新媒体运营工作通常可分为4种：内容运营、用户运营、活动运营和投放运营，其各个业务模块又可以进一步细分。新媒体矩阵运营团队可以根据这些业务模块配置人员。

企业可以根据业务模块合理配置人员，所以该类新媒体营销矩阵也叫模块型新媒体架构。四大模块可以细分为不同的小模块，例如，内容运营从形式上可以分为文案撰写、图画设计、视频拍摄制作，那么运营团队就可以分成文案组、图画组和视频组。各制作小组分别做好相应的内容，再在各大新媒体平台上分发内容。负责内容运营的人员承担各个平台的内容。用户运营、活动运营和投放运营也同样如此，例如，负责活动运营的人员会统筹各个平台上的活动。模块型新媒体架构如图11-5所示。

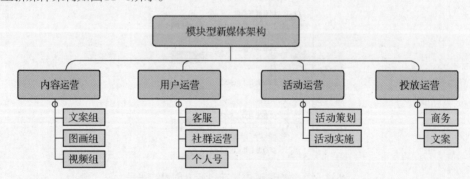

图11-5 模块型新媒体架构

2. 按平台配置

企业可以按照不同平台进行人员分配，这类新媒体营销矩阵又叫平台型新媒体架构。企业可以将负责新媒体营销的人员分为微信运营、微博运营及抖音运营三大团队，其具体人员配置如图11-6所示。虽然微信运营团队可以进一步细分为文案组、社群组和投放组，但此时文案组只负责微信平台上的内容输出，不用负责微博平台上的内容。

以上两种配置方法没有好坏之分，主要看哪一种更适合企业自身的情况。第一种配置方式更加灵活，第二种配置方式更适合在某一平台上运营规模非常大的企业，例如，在抖音平台上有20个以上账号的企业就可以为抖音平台配置专门的运营团队，之后根据具体的情况再进行调整。

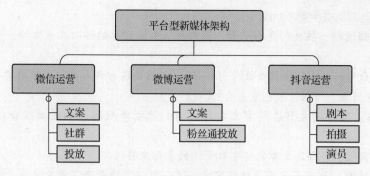

图11-6 平台型新媒体架构

11.3.2 运营团队的KPI设置

企业做新媒体营销非常重要的一步就是设置关键考核指标（Key Performance Indicator，KPI）。企业在为运营团队设置KPI时，首先要了解以下3点内容。

1. 企业设置KPI的侧重点

企业的营销目的不同，其新媒体的运营性质也就不同，主要分为3种类型，如图11-7所示。

不同类型的新媒体运营的KPI设置是有侧重点的。下面以微信公众号为例，详细阐述各类型重点数据。

（1）产品型新媒体

产品型企业新媒体以用户为中心，立足点为产品，微信公众号更像一个产品，其在不同阶段关注的KPI也有所不同。

① 产品前期的KPI设置

在这个阶段，新媒体营销更关注获取用户和提高活跃度，所以设置的KPI包括新用户关注数、产品功能使用（注册）数和人均使用次数。

② 产品中后期的KPI设置

在这个阶段，新媒体营销更多关注的是留存率和获取收入，所以企业应设置的KPI如下。

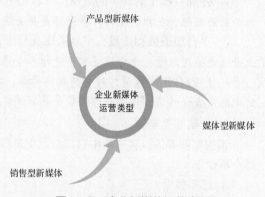

图11-7 企业新媒体运营类型

• **留存率**：用户留存率指次日、7日、30日、90日后留下来的人数占比。"留下来"指用户没有取消关注，而且使用了产品的某一项或某几项功能。

• **获取收入环节**：此环节体现了单个用户的贡献收入、生命周期总价值（Life Time Value，LTV）等。

③ 产品考核

关于产品考核，企业可以从以下几个因素考虑：产品本身的易用程度，有无明显问题；用户的使用时长；用户使用频次；用户的净推荐值。

（2）媒体型新媒体

媒体型新媒体以用户为中心，立足点是内容，微信公众号更像一本连载杂志。媒体型新媒体的关键因素是阅读量。阅读量跟内容运营和渠道运营密切相关，具体影响因素如下。

① 与内容运营有关的影响因素

- **全平台阅读量**：强调的是全平台，因为媒体型新媒体的核心在于传播，触达的人数越多越好。
- **微信公众号打开率**：微信公众号打开率=对话框渠道打开人数÷整体阅读人数，因为文章有一定的打开周期，所以一般在发文后3天统计。
- **原创率**：指原创文章占所有文章的比例，原创率越高，说明微信公众号的内容越优质。
- **文章留言数**：即每篇文章的留言数量，代表用户黏性。
- **阅读完成率**：指有多少用户读完文章，这个数据需要开通流量主功能才能看到。因为广告一般位于文章末尾，用户要看完文章才能看到广告，所以运营者可以间接地从广告位的曝光数推出读完文章的用户数。因此，阅读完成率=广告位曝光人数÷阅读文章人数。
- **点赞率**：点赞率=点赞数÷阅读数，代表有多少人看到文章后点赞。点赞率越高，代表用户对文章的认可程度越高。
- **转发率**：转发率可以反映文章是否触动了用户，引起了共鸣，进而让用户转发分享。
- **收藏率**：收藏率越高，代表文章对用户越有用。

② 与渠道运营有关的影响因素

- **微信公众号的粉丝数**：微信公众号的粉丝数相当于杂志初始的发行量。
- **全平台稳定转载合作商**：企业新媒体如果有稳定的转载对象（给对方开白名单），就可以通过其他账号"引流"。
- **外部互推（活动）的数量**：互推是一种非常有效的"涨粉"方式。互推的关键在于双方粉丝的匹配，互推的合作对象最好是异业账号。
- **平台渠道数和质量**：平台渠道数指除了微信外，在今日头条、网易、一点资讯等平台上开通的渠道数量；平台渠道质量是指各个渠道对账号的扶持力度。
- **广告合作商数量**：对于新媒体来说，内容是立足之本，广告则是利润来源，所以获取稳定的广告合作商，增加合作商数量是新媒体获取盈利的核心要求。

（3）销售型新媒体

销售型新媒体以客户为中心，立足点是商品，微信公众号更像是一个店铺。关键指标的具体分析如下。

① 订单数据

订单数据包括成交额、成交用户数、成交的客单价。

② 用户数据

用户数据包括用户的购买路径数据和用户分层数据。

用户的购买路径数据包括访问数、注册数、加入购物车数、下单数和成功购买数。

用户分层数据包括新老用户比例、购买频次、复购率等。

③ 商品数据

商品数据包括商品的SKU、商品的好评率、商品的库存量。

④ 流量数据

流量数据包括流量的来源渠道数，如朋友圈投放、软文投放、KOL投放等各个渠道的数量；各个渠道的推广成本及投资回报率；各个渠道进站的成本。

2. 企业设置KPI的注意点

了解考核指标只是第一步，企业在KPI设置方面还要注意以下几点。

（1）考虑行业实际情况

企业应根据实际情况合理设置KPI，即根据目前行业及自身的情况设置KPI。以媒体型新媒体为例，若行业的平均文章打开率在3%左右，而自己的文章打开率是3%，以周为时间周期设置KPI，最后不要设置翻倍目标，这样不切实际，而可以将打开率增长的KPI设定为"每周增加5%"。

（2）考虑季节等时间因素

一般KPI考核周期分3类——年度、季度和月度，但企业也要根据所属行业的实际情况灵活设定。例如，教育行业和新媒体营销人员可以按周设置KPI，因为通常周六、周日是流量高峰。从季度看，寒暑假时学生的活跃度非常高，在基础教育领域发力的，尤其是针对学生运营的新媒体，可以将这段时间的KPI数据调高。对于电商行业，新媒体营销人员要考虑两个重大的时间节点——"618"和"双十一"，6月和11月的整体指标要设置得比平常高一些。

（3）考虑人力资源因素

企业设置KPI时同样要考虑人力资源因素。例如，小型企业只有1～3人负责新媒体运营，同一员工既要写文章，又要运营社群，还要负责投放，如果对他同时进行多个KPI考核，似乎不太公平，甚至可能导致他放弃此项工作。这时要分配好每个人工作的重心，严格遵循"二八原则"，即考核其关键业务的产出。如果员工主攻内容方面的工作，那么企业可以主要为他设置内容方面的KPI，以其他方面的KPI为辅。

3. 促进新媒体营销人员发展的KPI设置要领

促进新媒体营销人员发展的KPI设置要领如下。

（1）注重过程考核

企业管理者对组内人员的考核要更注重过程而非结果，可以设定一个可行的目标，把目标进行拆分，然后逐一实现。企业管理者除了关心是否达成指标外，还要关注员工的执行过程。

（2）采用"1+N"的设置方法

企业管理者在某个阶段要设置一个核心指标和几个辅助指标。这个核心指标要对新媒体营销人员的执行行为产生正向影响。例如，微信公众号运营初期的目标是聚集大量粉丝，如果粉丝量已经达到百万级，这时粉丝增加已经不是运营微信公众号的主要目的，更重要的是增强用户黏性。为了增强用户黏性，企业管理者可以选择一个核心数据，即每篇文章的留言数。为了提高这个指标，新媒体营销人员要优化文章选题，增加互动栏目，增加与粉丝的互动并提高互动质量。

（3）灵活调整KPI

企业设置的KPI并非是一成不变的，而需要企业根据自身具体发展阶段的目标灵活调整。例如，微信公众号"罗辑思维"在发展前期的目标是粉丝增加，后来更注重粉丝变现，把粉丝引导到得到App上进行消费。

（4）始终以用户为中心

对于新媒体营销人员来说，最大的价值不是完成KPI，而是给用户创造价值。企业以用户为中心，为用户提供优质内容，用户也会给予企业超预期的回报。一些火爆的微信公众号成功的最大秘诀不是利用噱头式的标题吸引用户，而是借助深刻的用户洞察，在内容方面注重迎合用户的情感和生活诉求。

（5）杜绝"虚荣指标"

硅谷企业家埃里克·莱斯曾说过："好的数据指标是一个比率，要简单、可比较。"企业管理者设置的KPI最好不是单纯的数值，因为它很可能只是"虚荣指标"。"虚荣指标"只是一个单调增函数，不能反映结果和运营动作间的因果关系，对企业做出明智的商业决定并采取行动可能没有任何指导意义。

在具体执行项目时，企业管理者要搭配几个比率指标，同时观察运营情况。以内容运营、用户运营、活动运营的项目指标为例，内容运营的"虚荣指标"是文章阅读数，好的指标是阅读点赞率、留言率和原创率；用户运营的"虚荣指标"是社群人数、微信公众号粉丝数，好的指标是用户活跃度和购买粉丝占比；活动运营的"虚荣指标"是传播人数，好的指标是用户参与率、留存率和购买转化率。

【实训：搭建品牌自播矩阵的案例方法分析】

1. 实训背景

随着直播行业的发展，企业为了能够在直播间获得更大的流量，纷纷搭建短视频账号矩阵。

以美的为例，其基于不同的产品、服务和解决方案，搭建了自播抖音账号矩阵，设置有@美的直播间、@美的生活旗舰店、@美的智家、@美的洗衣机等多个"蓝V"账号。账号的差异化定位，不仅能够更好地服务用户的个性化内容获取需求，也能为直播间导入更精准的流量，提高用户在直播间的转化率。

企业可以结合品牌调性、目标用户、当下热点和主打产品线等建立矩阵，不断对账号进行内容调优，以此来打造"爆款"，为品牌带来更多的流量和转化。品牌自播是一条可以长远走下去的路，企业尝试打造矩阵直播体系，能够在一定程度上降低品牌自播的运营风险；同时，也能通过差异化内容打开流量局面，而流量则意味着潜在销量。

2. 实训要求

通过一些品牌案例，试分析企业可以从哪些方面构建矩阵，以及搭建品牌自播矩阵的方向和方法。

3. 实训思路

（1）搭建方法

按构建新媒体营销矩阵的基本步骤搭建品牌自播矩阵。

- 分析企业运营状况。
- 细分目标人群及其需求。
- 选择媒体平台。
- 布局新媒体矩阵。
- 建设人格化账号。

（2）构建方向

- 基于IP、人设搭建品牌自播矩阵，品牌号与IP号各司其职，取长补短。
- 基于不同"产品、业务、解决方案"搭建品牌自播矩阵，可以实现精准的用户分流导入。
- 基于实体门店搭建品牌自播矩阵，从而拓展线下实体销售场景，给线下门店营销赋能。

第12章 新媒体内容变现

学习目标

➢ 了解适合变现的广告形式。
➢ 掌握新媒体广告营销策略及做好广告变现的关键。
➢ 了解电商"带货"变现的常见模式及电商"带货"变现的技巧。
➢ 了解知识付费的价值、特征，以及知识付费变现的类型、常见模式和技巧。
➢ 了解IP变现的常见模式及技巧。

学习导图

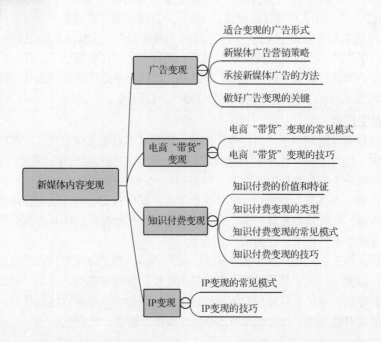

企业或品牌商在新媒体营销中要想实现内容变现，关键是以用户为导向，以价值为入口，进行消费引导，持续，连贯、有节奏地创作优质内容，深度挖掘流量的商业价值。新媒体营销人员可以通过优质内容作用于用户的认知，进入用户的心智，与用户建立关系，借助各种营销手段实现品效合一的目的，最终完成变现。内容变现的类型有很多，主要包括广告变现、电商"带货"变现、知识付费变现与IP变现。

12.1 广告变现

目前，广告是绝大多数新媒体平台最基本的变现方式，它通过在平台的开屏页或启动页、信息流和内容详情页等高曝光位置加入介绍产品、服务的信息来实现导流的目的。在媒体平台的主要使用场景中，用户消费内容获取信息，而广告是一种特殊的信息呈现形式，用户在浏览内容时看到广告也不会显得突兀。因此，广告与内容的结合自然而紧密，导流转化率高，可以充分利用流量，被绝大多数内容平台青睐。

中小型内容平台可以直接接入第三方广告联盟，这样的模式操作简便、搭建速度快；大型内容平台可以搭建自己的广告平台，既能预收广告费，又能获得较高的利润，保障企业的现金流。因此，不论内容平台的规模大小和内容特点如何，广告变现都可以实现。

12.1.1 适合变现的广告形式

在新媒体时代，适合变现的广告形式有很多种，主要介绍以下几种。

扫一扫，看微课

适合变现的广告形式

1. 开屏广告

开屏广告是指用户打开应用的第一个展示页面的广告，可以是静态图片、多帧动画等，是应用软件的门面。该位置具有首发、强曝光、全屏展示等特点，所以很受广告主的喜爱，一般采用每时间段成本（Cost Per Time，CPT）或每千人成本（Cost Per Mille，CPM）的方式计费。

开屏广告有以下优势：抢占App开启的"黄金5秒"，增强品牌记忆度；对用户的干扰小，仅在应用启动时展现；同样数量的广告展示下，开屏广告能够覆盖更多的独立用户。但是，如果平台不支持广告跳转，可能会使品牌流失一部分目标受众。此类广告适合各种类型的App，如微博开屏广告，如图12-1所示。

2. 原生广告

原生广告是伴随用户的使用行为产生的，现在基本是原生信息流，即将广告融入整体的页面设计当中，使其和同一页面的其他元素保持一致，主要包括文字+图片、文字+视频等展现形式，具体取决于产品本身的设计。

原生广告主要具有自然融合、低打扰的特点，其广告设计与投放页面高度契合，能够有效保证用户体验，如微信朋友圈原生广告，广告的用户打扰度低，还具有点赞和评论功能，能够提高广告互动率和转化率，如图12-2所示。

原生信息流广告对用户的干扰性较少，用户的体验感更好且对其容忍度更高。与其他广告形式相比，原生信息流广告更易激发用户的主动性，促使其接受、分享，增加二次传播。但随着原生广告走向常态化，以及用户的新鲜感下降，其投放效果难以达到预期。比较适合投放这类广告的主要有新闻类、社交类App，如今日头条、微博、微信等。

图12-1　微博开屏广告　　　　　　图12-2　微信朋友圈原生广告

3. 植入广告

植入广告是指在新媒体内容中插入商家的产品或服务信息，使广告和内容相结合，在潜移默化中达到广告营销的目的。这类广告对内容、产品或品牌信息的契合度有着较高的要求。植入广告的类型有很多，包括台词植入广告、剧情植入广告、场景植入广告、道具植入广告、奖品植入广告和音效植入广告等。植入广告是一种软广告，这种广告多采取故事化叙事的模式，模糊了广告与内容的界线，以期达到"润物细无声"的效果，如抖音短视频中的植入广告，如图12-3所示。

4. 品牌广告

品牌广告是指以品牌为中心，为品牌和企业量身定做的专属广告，主要是为了展现企业的品牌文化和理念。这种广告针对性强，受众的指向也更明确。品牌广告主要包括品牌叙事、场景再现、产品展示、主题理念、热门话题类等内容，如图12-4所示。

图12-3　抖音短视频中的植入广告　　　图12-4　品牌广告

品牌广告一般要求有趣、有创意、辨识度较高，能够清晰地展示自己的品牌定位，具有优质、个性的内容，尽量还要巧妙结合热点，因为热点话题、热点内容等都可以有效地增加流量。但需要注意的是，热点要与品牌特征吻合，不能盲目地追热点。

5. 贴片广告

贴片广告是通过展示品牌本身来吸引人们注意的一种比较直观的广告形式，一般出现在短视频的片头或片尾，紧贴短视频内容。贴片广告是新媒体广告中比较明显的广告形式，属于硬广告。

6. 互动广告

互动广告是一种新型的互动形式的网络新媒体广告，可以让用户参与其中。用户可以直接试玩、试用，与广告内容发生交互，例如，非常具有趣味性的转盘、砸金蛋、拆礼盒等小游戏形式的广告。互动广告支持网页、视频等模式，如H5广告等。

适合变现的广告形式有很多，除了以上介绍的广告形式外，还有横幅广告、插屏广告、激励视频广告等，新媒体营销者可以根据自身的产品类型选择合适的广告形式来进行变现。

12.1.2　新媒体广告营销策略

随着互联网信息技术的发展成熟，各类新媒体大量涌现并快速普及，吸引了越来越多的企业开始关注新媒体广告营销的价值。搜索引擎优化（Search Engine Optimization，SEO）、微博营销、微信推广、视频广告等各种创新的新媒体营销方式层出不穷。

新媒体广告营销策略包括品牌广告营销策略和整合营销实战策略。

1. 品牌广告营销策略

在新媒体时代，用户的主体意识大幅度增强，他们更愿意与企业直接沟通，表达自己的想法。同时，用户不再满足于只是获取产品的功能、属性信息，而是从产品内容上升到企业文化层面，追求价值认同与归属感。这些变化使企业的广告营销面临更大的考验，需要企业对诸多不可控因素具有更强的调节能力。企业要借助新媒体广告实现品牌价值，合理运用品牌广告营销策略。

在运用品牌广告营销策略时，企业要注意以下几个方面。

（1）把握营销特点

要想使新媒体广告营销的内容从海量信息中脱颖而出并成功地吸引用户，企业必须统筹把握营销的趣味性、利益点、互动、个性等特点，设定更合适的营销内容和形式。此外，随着大数据等技术的发展成熟，企业已经能够实时监测、获取和分析用户的在线浏览数据，从而大幅度增强了新媒体广告投放的精准性和有效性。

（2）重视企业文化

现在企业之间的竞争已从单纯的产品、技术的竞争转变为更高层次的品牌效应、企业文化等软实力层面的竞争。企业新媒体广告营销实际上是借助互联网平台和数字化技术手段更好地塑造企业品牌形象，增强品牌文化的影响力，获取品牌效应。企业应积极借助不断涌现的各种新媒体进行品牌文化营销，不断增强品牌的影响力，增强核心竞争力。

（3）增强交互力度

新媒体具有很强的交互性，能够帮助企业建立与用户直接沟通的渠道，从而通过持续、深度的交流互动更好地向用户传播企业的品牌文化，加深用户对品牌的认知。企业在进行新媒体广告营销时，应积极借助新媒体的交互性、体验性，以及其对传播时间与空间限制的突破，实现更快速、更广泛、更有效的品牌传播。

（4）注重消费体验

企业在利用新媒体进行广告营销时应注重消费体验，把企业的创业历史、Logo等品牌文化的内容融入广告营销中，以此增强用户对企业的信任感、认同感与归属感。在体验经济时代，消费体验已成为企业品牌文化建设的重要一环。企业在利用新媒体推广品牌文化时，必须高度注重打造差异化的消费内容体验，这样才能给用户留下深刻的印象。

（5）重视形象包装

企业在新媒体广告营销中应注重自身形象的包装，除了积极借助时事热点策划相关活动，通过事件营销展现自身的社会责任，赢得大众的认同和青睐外，企业的领导者也应改变观念，积极做企业的"形象代言人"，通过新媒体与用户进行近距离沟通，塑造更加丰满、有温度的企业形象，培育更多的粉丝。

（6）制作企业宣传片

企业宣传片是传播企业文化的最佳形式之一。企业在新媒体广告营销中应重视企业宣传片的制作，将历史、Logo、发展理念、人力概况、服务群体、价值理念、影响力等诸多内容合理嵌入宣传片，通过高质量的宣传片让用户对自身有全面、深刻的认知。宣传片制作完成后，企业还要选择最佳的新媒体平台进行推广，以获得更多的点击量，扩大宣传片的影响范围。

2. 整合营销实战策略

企业在开展广告营销活动时必须转变以往的思维模式，及时把握新媒体带来的营销机会，借助新媒体整合营销获得更好的营销效果。

（1）联合KOL开展营销

KOL拥有大批粉丝，他们发布的信息会影响一大批人。KOL不仅能够吸引粉丝，还会吸引很多广告合作商。拥有庞大的粉丝群体就意味着拥有强大的号召力与影响力，因此KOL发布的广告信息会被广大粉丝快速转发扩散，从而产生较好的广告效应。

另外，KOL作为公众人物，他们的购买行为本身也会对粉丝产生隐性的导向作用。因此，企业可以联合KOL开展营销活动，借助KOL使用产品、推荐产品等方式，利用KOL的人气引导粉丝产生购买行为。

（2）借助热点开展营销

热点是社会大众普遍关注的内容，可以是事件、人物、产品或地点等。与企业营销相关且表现明显的是互联网上广泛传播和讨论的某项内容，例如，在广告营销中融入网络流行语，可以快速拉近广告、商家与用户之间的距离，增强广告营销活动的趣味性，使其备受用户喜爱。因此，以热点为切入点策划广告营销活动是一种很好的营销方式。

（3）利用整合传播开展营销

企业在创作广告时，必须明确产品定位，辅以合理的媒体宣传，充分利用互联网等传播渠道，以获得更好的营销效果。例如，企业可以在宣传阶段推出系列营销计划，用打折、满赠、满减等活动吸引用户；也可以借助维系良好的公共关系及慈善捐赠等活动提升企业形象，形成良好的口碑；还可以通过电商直播购物等线上购物方式，满足用户随时随地购物的需求；同时立足于用户需求，进行差异化营销，促使用户产生购买行为。

（4）创作能够使用户产生共鸣的软广告

传统的硬广告已经很难被用户接受，软广告的形式逐渐吸引了人们的注意。特别是在互联网时代，广告主与用户的关系有所改变，用户获得了海量信息，可以选择的商品数量及类型大幅增加，对于广告主发布的信息，用户可以自行决定是否接受。软广告的内容通俗易懂，更容易使用户产生共鸣，被用户接受。

课堂讨论

请同学们分析讨论在线视频平台在自制影视剧中创作的广告创意小剧场有哪些创意，采用了哪些广告营销策略，例如，对广告的时长、场景化的设置、剧中演员的运用等方面进行分析。

12.1.3 承接新媒体广告的方法

承接广告不仅是新媒体头部账号的专属行为，一些中腰部和小众的垂直账号也是有广告市场的。新媒体账号承接新媒体广告的方法有以下几种。

1. 开通流量主或者平台广告收益分成功能

微信公众平台的推广功能是微信公众平台官方唯一的广告系统，推广功能展示服务为微信公众号量身定制。一个自媒体账号只要粉丝数超过500人，即可开通流量主功能。而流量主是微信官方推出的广告平台，微信公众号的运营者自愿将微信公众号内的指定位置分享给广告主进行广告展示，然后按月获得收入。

今日头条的运营者可以开通头条广告功能，它是头条号作者将广告位委托给头条号平台代为运营的一种广告分成形式，由头条号平台对用户和广告内容进行智能匹配，实现精准推广，而广告收益完全属于运营者。其他平台如百家号、大鱼号、企鹅号等都提供了广告收益分成功能。

2. 在自媒体接单平台上主动接广告

新媒体营销人员可以在微播易、新榜、星图等专业自媒体接单平台上注册，并做好相关的自我介绍。新媒体营销人员借助这些专业的广告资源整合服务平台，可以自助接单；如果本身的影响力足够大，也有可能被广告商邀约。

3. 在自己的平台上留下联系方式等待邀约

新媒体营销者可以在自己的新媒体平台上发布广告合作刊例，包括账号介绍、资源优势、价格、合作方式、联系方式等，等待有意向的广告主主动邀约进行广告合作。

一些规模不够大、人力资源不足的中小企业可以直接接入第三方广告平台，如腾讯广点通，第三方平台有丰富的广告资源，可以满足企业各种形式的广告需求。对于已成规模，有足够人力资源的企业，新媒体营销人员可以多方面联合承接广告，在建立自己的广告平台的同时接入第三方平台，这样能够对比变现效果来进行不断优化。

新媒体营销人员在对接第三方广告平台时，要注意以下几点。

（1）广告主审核。因为对接的广告是第三方平台提供的，所以新媒体营销人员要提前对合作方的广告主进行审核，有可能出现竞品广告或违规广告。

（2）报价承诺。为了保证产品的收益，新媒体营销人员可以和多个第三方平台合作，在广告源承诺和服务的基础上结合报价进行综合考虑。

（3）用户投诉处理。有些违规的广告主会在广告平台竞价时给很高的报价，造成的结果就是用户投诉。因此，新媒体营销人员还需要考虑第三方平台对广告投诉是否有快速处理的能力。

课堂讨论

请同学们分析讨论短视频营销者应如何寻找广告主，开始承接新媒体广告，例如，抖音、快手平台上的短视频营销人员是如何通过快接单、巨量、星图等平台完成接单服务的。

12.1.4 做好广告变现的关键

新媒体营销人员做好广告变现的关键有两点，一是做流量主导者，二是做生态引领者。

1. 做流量主导者

主导是指新媒体营销人员对自身流量有清晰的认知，对流量的分发、广告的呈现等有主导权限。

（1）流量的洞察

为了做最懂用户的新媒体营销人员，在广告变现前，新媒体营销人员要做好用户数据的收集统计，对用户的基础信息、行为信息建立丰富的标签体系，形成用户画像，充分发挥自身的数据分析应用能力。除此之外，在开始广告变现后，新媒体营销人员还要对广告位进行效果评估，进一步加深对用户的了解，对流量价值进行深度分析，后续才能优化投放策略和推荐策略，持续挖掘流量价值。

（2）流量的分发

在广告变现上，流量的转化需要灵活的分发策略，新媒体营销人员应充分利用长尾流量，提高广告填充率，实现利益最大化。不同渠道在不同时段的广告填充率、价格等是不同的，最终获取的收益也不同，新媒体营销人员需要有针对性地设置流量分发策略。新媒体营销人员做好流量分发，能够大大增加广告的收益，提高广告变现的效率。

（3）流量的广告曝光

新媒体营销人员对广告内容的控制是做好流量主导的核心，广告内容要合适，符合用户调性。如果新媒体营销人员对广告内容不管不顾或者交予他人代管，最终的结果往往是流量价值降低、用户流失，甚至变现模式难以为继。

2. 做生态引领者

在广告变现生态链中，媒体是流量的拥有者，也是现金流的终点，是整个生态链的核心。在整个商业化周期中，媒体需要主动维护生态，和合作伙伴及广告主交换价值，实现共赢。

（1）完善规则

媒体要基于自身的商业化愿景打造定制化的规则体系，使之对内能符合企业文化及价值观，适应用户调性；对外则条例分明、公正健康，持续吸引生态入局者，规范生态。完善的规则体系有利于增强媒体的公信力并提高媒体与合作伙伴的配合默契程度，整体提高广告变现效率。

（2）维护渠道

渠道是营收增长的生命线。渠道可以是网站广告联盟、第三方数字信息处理（Digital Signal Processing，DSP）广告平台，也可以是代理商。媒体在商业化前期看重渠道的质量，商业化中后期看重数量和稳定性。接入网站广告联盟的媒体在前期可以优先接入头部网站广告联盟渠道，中后期也可谋求自建平台，发展代理商体系，引入直接客户，提高服务水平，增加广告收益。自建平台的媒体在前期可以引入优质渠道，给予措施、服务等扶持，力求一开始就获得显著效益，逐步增强在广告领域的影响力；中后期广开渠道，进行铺量，消化长尾流量。

（3）维护客户

头部客户对广告收益的贡献极大。而头部客户的维护需要媒体进行技术、服务、运营投入，诸如满足定制化需求、提供合适的结算方式和监测方式等。例如，腾讯推出的实时接口（Real Time API，RTA），支持有技术实力的广告主根据自有数据进行筛量选量，提供程序化购买新模式。

12.2 电商"带货"变现

随着5G时代的来临，电商"带货"成为新媒体的主流营销方式。由于短视频、直播异军突起，电商行业与直播行业相结合，电商"带货"成为企业和个人纷纷追捧的营销方式。数据显示，截至2020年12月，我国网络购物用户规模达7.82亿人，占网民整体的79.1%；手机网络购物用户规模达7.81亿人，占手机网民的79.2%。

12.2.1 电商"带货"变现的常见模式

电商"带货"变现的常见模式主要有短视频"带货"和直播"带货"。

1. 短视频"带货"

如今在新媒体平台上，短视频"带货"已经变得非常普遍，运营者可以通过短视频"带货"实现线上电子交易变现。例如，各个短视频平台与淘宝、京东电商平台合作，为其"引流"，使用户产生购买行为后再进行利益分配。同时，短视频平台也纷纷开通了自己的电商店铺，如抖音小店、快手小店等，帮助创作者通过多种功能化的产品模块实现收益的最大化。

用户在观看视频时，对应商品的链接会显示在短视频下方，用户点击该链接可以跳转至电商平台进行购买。例如，在某抖音短视频中，用户点击视频左下角的购买链接，界面中便会出现商品信息，如图12-5所示。用户可以点击账号的橱窗"去看看"，也可以点击"去京东看看"直接跳转至京东平台购买商品，如图12-6所示。

图12-5 抖音短视频中的商品信息界面　　图12-6 跳转至京东平台

2. 直播"带货"

直播"带货"模式是指主播通过直播展示和介绍商品，最大限度地展现商品的特点与优势，使用户更直观地，了解商品的功能和作用，增强用户的体验感，激发用户的购买欲望，进而使用户产生购买行为的一种变现方式。另外，直播"带货"不受时间和空间的限制，购买方便快捷，用户在看直播的同时就可以直接挑选并购买商品。

直播"带货"模式一般有两种类型，一种是主播自己经营店铺，通过直播对商品进行推广，用户可以在看直播时购买商品；另一种是主播为某些店铺推广商品，负责在直播中介绍该店铺的商品，用户在观看直播时可以挑选并购买商品，主播从店铺方赚取佣金。图12-7所示为淘宝直播的界面。

图12-7 淘宝直播的界面

12.2.2 电商"带货"变现的技巧

企业在采用电商"带货"模式进行变现时要注意一些技巧，其要点如下。

1. 好商品是"带货"的前提

电商"带货"的受众群体大多是新媒体账号的粉丝，如果企业给粉丝推荐了商品，粉丝在购买后却发现商品质量不过关、性价比很低等，就会很失望，以致减少对企业的信任。因此，企业在采用电商"带货"模式时，必须确保商品质量，商品质量上乘是电商"带货"的基础。

在保证商品质量的基础上降低价格，也是电商"带货"的有力手段。对于一些头部主播而言，商家一般会给予其全网最低价，因为头部主播拥有大量的粉丝，所以自身就拥有了一定的议价权。

2. 商品与账号人设相契合

企业在选择电商"带货""达人"时，商品要与"达人"的人设相契合，这样更容易让商品赢得其粉丝的信任，促进粉丝产生购买行为。电商"带货""达人"的人设往往与其从业经验有紧密的联系，如罗永浩首次直播推广的商品以科技数码类商品为主。

3. 营销内容体现专业性

无论是短视频还是直播，营销内容都要体现出专业性，不能全是硬广告，否则会降低用户的观看兴趣，甚至引起他们的反感。电商"带货""达人"必须熟练掌握与商品相关的专业知识，这样在向粉丝"种草"或与粉丝交流时才能让其信服。

另外，营销内容还要讲究有用、有趣、有态度。电商"带货""达人"在推广商品的过程中要为用户提供与商品相关的有价值的内容，以吸引更多的用户观看。电商"带货""达人"在"带货"过程中还要形成自己独特的风格，如使用有趣的成语、句子，为用户提供快速传播的有效记忆点。电商"带货""达人"还要懂得维护用户的利益，不能为了销量而鼓动用户无节制地购买，要提醒用户理性消费。

4. 良好的口头表达能力

电商"带货""达人"必须具有良好的口头表达能力，不仅要做到语言表达通顺，还要融入真诚的情感，用自己的热情活跃购物氛围，除了介绍商品的功能、价格、适用人群等，还要善于运用多种修辞手法、不同的语调打造商品的使用场景，向用户传达商品的价值，使自己的语言富有感染力；还可以通过设置抽奖、发福利等活动掌控好直播节奏，吸引用户持续观看，增强用户的购买意愿。

课堂讨论

请同学们观看罗永浩的直播视频，再观看一两场普通主播的直播，分析讨论罗永浩的直播特点，并进行对比分析，说明两者各自存在哪些优势及不足。

12.3 知识付费变现

一方面，随着移动互联网技术的不断发展，知识内容生产者与消费者之间的距离进一步缩短，这为知识付费提供了前提条件；另一方面，消费水平的提高和消费能力的增强使用户对小额价值服务的付费意识有所增强。如今越来越多的人意识到学习的重要性，即使工作繁忙，人们也愿意主动付费学习知识。知识付费是一种为满足自我发展需要而购买信息内容和服务的互联网经济模式。

12.3.1 知识付费的价值和特征

知识付费的产品和平台能够在互联网大潮中异军突起、独树一帜，根本原因就在于能够精准满足用户的需求，真正凸显知识产品的价值。艾媒咨询数据显示，2017年以来，我国知识付费行业市场规模快速扩大，2020年达392亿元，预计2021年将达到675亿元，如图12-8所示。

1. 知识付费的价值

知识付费模式在很大程度上促进了知识的流通与传播，引发了人们对知识的尊重，并促进了人们版权意识的不断增强。随着未来产业集聚效应的不断增强，知识付费必将成为经济发展的新生态和经济增长的新引擎。

图12-8　2020年中国知识付费行业市场规模及预测数据

知识付费对个体的核心价值主要体现在能够缓解用户的知识焦虑，降低用户搜寻知识的时间成本，让用户获得专业、系统化的知识产品等方面。

2. 知识付费的特征

知识付费能够满足人们对知识的需求，具有以下特征。

（1）稀缺性。知识产品的生产需要生产资料、劳动力及时间。知识产品的生产者自身首先需要付出学习等成本，甚至购买昂贵的设备、仪器等材料，付出时间和经济成本才能成为从事知识生产的特殊劳动者，因此知识产品具有稀缺性，这也是其转化为商品并使生产者获取收益的基础。

（2）专业性。专业性是知识产品能够得到用户青睐的基本要求，是产品质量的重要保证。就知识产品的生产或提供者而言，他们往往是学者、律师、医生等具有专业知识的群体，或者在某一方面有专业技能的个人，因此能够为用户提供某一领域的专业意见。

（3）普适性。市场中存在众多不同需求类型的用户，或者同一类型的用户在不同场景下具有不同的消费需求，这就要求知识产品类型多样，能够满足大多数用户在网络环境下对于知识的需求。因此，知识产品的普适性变得尤为重要，其主要体现在内容上。

（4）开放性。知识付费平台对市场上所有具备知识生产能力和具有消费需求的人或机构都是开放的，这打破了已往固有的传授关系，重点突出了分享与参与的价值。

（5）共享性。知识付费是一种以开放型虚拟内容社区为依托，在付费的基础上，由个人面向网络大众提供在线咨询服务、网络课程、信息共享等内容或服务的传播模式。这种传播模式将社会中分散、盈余的知识技能和智力资源加以整合，以付费的方式将其传递给社会大众或特定平台的。

（6）技术性。知识付费之所以异军突起，成为一种典型的社会文化现象，正是由于高新技术的发展支撑了知识的有偿传播和交易，而未来会有更多的高新技术推动知识付费迅猛发展。

（7）易得性。在形式上，知识付费产品提供者充分为互联网用户碎片化的使用场景考虑，对知识产品进行了专门设计，方便大众获取、理解和分享。

（8）个性化。部分知识付费产品提供者可专门为某一位用户或小规模的用户群体定制解决方案。这一特点使知识付费产品和平台能够从知识消费者的角度出发，满足其差异化的需求，而不是简单地将知识推销给用户。这是知识付费价值的重要体现。

12.3.2 知识付费变现的类型

知识付费平台主要可以划分为大众综合类平台和垂直类平台，其中垂直类平台又可细分出音频类平台，各细分赛道按业务侧重点、知识覆盖面的不同可以再进行细分。目前，知识付费的各个细分领域纷纷涌现出了头部企业，如图12-9所示。

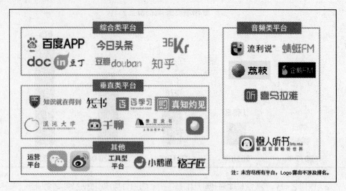

图12-9　知识付费领域的部分头部企业

在新媒体时代，知识付费变现的参与者众多，并形成一定的规模化、职业化及明显的产业特征，结合目前知识付费产业的实际状况，本书从不同维度对知识付费进行分类。知识付费分类如表12-1所示。

表12-1　知识付费分类

分类标准	分类依据	具体类型
知识付费产业分类	按产业业态分类	经营平台的企业
		经营内容的企业
		内容提供商
		既经营平台又经营内容的企业
知识付费平台分类	按内容范围及用户类型分类	大众化知识付费平台
		垂直化知识付费平台
		社交化知识付费平台
知识付费内容分类	按用户需求分类	有明确目标的知识
		无明确目标的知识
	按内容性质分类	工具知识
		认知知识
	按内容类型分类	低频度使用的知识
		跨界度高的知识
		精粹度高的知识
		高场景度的知识
	按内容形态分类	付费问答
		付费讲座
		专栏订阅

案例链接

百度，知识付费行业的标杆

按知识付费产业业态分类，百度属于经营平台的企业。百度App是一款集智能搜索、语音搜索、图像搜索、个性化资讯、集合多元内容等多项特色功能于一体的"移动搜索+资讯"客户端，主要包含百度图片、百度新闻、百度百科、百度地图、百度音乐、百度视频、百度阅读等专业垂直搜索频道，致力于为用户提供便捷的搜索服务。2021年4月26日，在秦皇岛阿那亚举行的2021百度移动生态大会上，百度App正式宣布进行品牌升级，新的Slogan为"百度一下，生活更好"。

2021年2月，百度发布的2020年财报显示，百度2020年营收达1 071亿元，净利润为225亿元（2019年净利润为21亿元）。在第四季度，百度强势反弹，实现营收231亿元，环比增长8%，远高于历年同期的环比增速表现。

2021年3月，百度App的月活跃用户数达到5.58亿，日登录用户占比超75%。截至2021年3月31日，百度百家号创作者数量达420万，百度智能小程序达66万，百度智能小程序月活跃用户数达4.16亿。百度健康每日服务用户超过1亿，好看视频在泛知识短视频领域也位居前列。

2021年4月9日，某知名主持人在百度App开启直播，以热门产品作为主力产品，在5小时后产品销售额达1.3亿元，创下单场百度直播销售额新纪录的同时，知识直播的概念也不断刷新着外界对于百度电商的认知。

百度的"问一问"产品通过为用户提供真人实时在线的问答体验和一对一问答服务，已经完成了政府、企业、PGC、UGC的全领域覆盖。服务者可以通过自己擅长领域的付费问答服务为自己增加变现途径，企业也可以通过"问一问"生产原生内容，实现原生化商业变现。

百度App已经建立了一个较为完善的服务生态。但如何做得更好、如何为用户提供更好的体验，以及如何为移动生态的创作者提供更多的发展机会，是百度创建移动生态时需要持续思考的问题。百度将切入更多元的场景赛道，覆盖生活的方方面面，增强服务能力。

例如，在内容生态方面，百度有百家号、智能小程序、托管页——百度给不同类型的生态合作伙伴提供的主要生态产品；在服务生态上，服务化、人格化两大战略本质上是持续增加生态供给，为用户提供更丰富的内容和服务，并在这个过程中产生多元内容和服务的商业模式。百度App在用户心中早已不再是搜索引擎这个单一的印象了。而品牌升级后，未来会有各种服务商加入，百度移动生态的爆发式发展状况将会持续，开放、多元的移动生态会让百度拥有更多的流量。

 **课堂讨论**

请同学们从不同渠道收集整理知识付费变现的平台、企业、内容等，分析具体类型都有哪些，分别举出不同的例子。

12.3.3 知识付费变现的常见模式

知识付费变现的常见模式主要有以下几种。

1. 粉丝打赏

粉丝打赏通常是指粉丝自主向喜欢的内容创作者支付现金红包或虚拟物品，以表示对优质内容的认可和对内容创作者的激励与支持，如微信公众号、头条号、微博等均可让用户对内容创作者进行打赏。

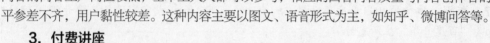

扫一扫，看微课

知识付费变现的
常见模式

2. 付费问答

付费问答也叫付费咨询，通常是指内容创作者对用户的特定问题进行回答，并由所有获得答案的用户进行付费，平台从中抽取相应的分成。这种知识问答的内容生产门槛较低，基本上人人都可以参与，相应的回答内容质量与内容创作者的知识水平参差不齐，用户黏性较差。这种内容主要以图文、语音形式为主，如知乎、微博问答等。

3. 付费讲座

付费讲座是指由内容创作者自选主题进行的单次内容分享，以音频、视频为主要形式，辅以图文内容，用户试听后可以自主选择是否付费购买，如知乎Live、豆瓣、十点读书等。

4. 付费专栏

付费专栏是指内容创作者推出的中长期的系列课程、讲座，用户通常以"月"或"年"为单位进行一次性预付费。这类产品价格较高，知识内容也更专业、系统，用户黏性很强，如喜马拉雅专栏、得到App专栏、知乎专栏、简书专栏等。

5. 付费课程

付费课程是指内容创作者以音频或视频直播或录播的方式进行内容分享，在开课前期一般要进行宣传与预热，吸引目标用户报名购买。这类课程的内容创作者与用户可以直接沟通交流，课程的互动性很强，如网易云课堂、腾讯课堂、荔枝微课等。

6. 付费线下约见

这种模式提供的是一种类似于中介的服务，将某一领域的专家与对某一领域有困惑的用户连接起来，从而形成知识、技能的共享，如混沌演习社、在行等。

12.3.4 知识付费变现的技巧

新媒体营销人员如果想尝试知识付费变现的营销模式，要掌握一定的技巧。

1. 做好产品定位

新媒体营销人员如果想做知识营销，首先要做好知识产品定位和用户分析，构建用户画像，明确用户的基本类型、用户愿意付费的内容、对平台的选择、付费的意愿及行为等关键要素，有针对性地开发创作出有效的知识付费产品。

2. 选择合适的平台

新媒体营销人员要详细了解知识付费平台的功能、特征和作用，了解不同类型的平台提供什么样的产品或服务，平台的目标用户群体是哪些类型的人，平台是如何进行销售和推广的。知识创作者既要有能力创作内容，也要考虑如何让知识内容更方便、更广泛地触达目标用户，选择合适的平台有利于知识的展示并更快实现商业变现。

3. 构建知识内容体系

知识付费最终能够实现变现，关键是靠优质的知识内容。新媒体营销人员要充分挖掘自身积累的海量内容资源优势，从知识付费理念出发，根据用户现在及未来的需求构建知识内容体系。新媒体营销人员既要能从海量内容资源中提炼出精华，又要能根据用户需求进行拆分，使构建起的知识内容体系符合用户深度学习人员的需求和学习时间碎片化的特征。

4.产生裂变效果

知识产品属于虚拟产品，比较适合在微信、QQ等社交平台宣传推广。在进行产品推广时，新媒体营销人员应尽量用裂变的方式，如组团报课可以享受优惠、分享邀请可得现金红包等，使知识产品在社交圈迅速传播，产生裂变营销效果。

12.4　IP变现

知识产权（Intellectual Property，IP），是指作者通过智力创造所产生的专利权、商标、著作权、版权等，可以是歌曲、小说、电影、人物形象等。新媒体时代，很多个人IP通过衍生出的IP附加值来实现变现，这也是内容变现的比较好的方式。

12.4.1　IP变现的常见模式

IP变现的常见模式主要有以下几种。

1.版权变现

形成自己的IP后，新媒体营销人员可以将自己的IP形象或有版权的内容授权或转让给他人使用，例如，将IP改编成影视剧，或者与其他品牌开展跨界合作、打造联名品牌等，从而实现版权变现。除了授权或转让版权外，新媒体营销人员也可以使用IP版权出版图书，或者借助IP形成的影响力打造影视节目，从而实现版权变现。

2.衍生商品变现

新媒体营销人员可以通过独特的IP衍生一些自有商品，然后通过销售衍生商品实现变现。例如，动漫类短视频IP"萌芽熊"所在的公司开发了萌芽熊公仔、萌芽熊钥匙扣、萌芽熊手办等商品，通过销售这些衍生商品实现变现。

3.社群变现

一些大IP可以通过组建社群实现变现。例如，PPT"达人""秋叶大叔"通过分享PPT、时间管理等知识发展社群会员，樊登读书会创始人樊登通过发展会员进行社群变现等。

4."带货"变现

"带货"变现是"网红"和"达人"的主要变现方式，有代表性的"网红"或"达人"。

12.4.2　IP变现的技巧

在新媒体营销中，企业想要成功孵化出一个IP不是一件容易的事情。新媒体营销人员想要利用IP变现需要掌握一些技巧。

1.打造人设

打造核心人设是IP变现的关键。如今在新媒体营销领域，商业价值不再单纯归属于渠道或产品，人设对用户的影响力很大，人设直接关系IP的商业价值。在打造人设时，新媒体营销人员首先要做好定位，梳理好自己的专业知识、特长领域，还要找准目标用户，构建用户画像，针对用户的共性特征发布用户感兴趣的内容信息，增强传播力，扩大影响力。

2.创作优质内容

新媒体营销人员要想成功塑造一个IP形象，就要做好内容，使创作的内容具有个性、富有表现力、体现出差异化优势。新媒体营销人员要在内容中注入创意，使内容有用、有趣、有主旨、有灵魂，能够感染用户，使用户产生情感共鸣。优质的内容有助于新媒体账号从众多账号中脱颖而出，进入大众的视野，并助推内容创作者迅速成为细分领域的意见领袖。

3. 保持生命力

如果新媒体营销账号的内容输出经常中断，该账号不能持续吸引用户的关注，不能时刻带给用户新鲜感、价值感，就无法吸引更多的用户。没有大规模的用户支持，新媒体营销人员就很难成功塑造IP。新媒体营销人员要确保新媒体账号充满活力，保持生命力，这样才能在互联网大潮中吸引更多的用户驻足。新媒体账号不仅要吸引他们的目光，还要吸引他们的内心，这样才能逐渐走上成功之路。

IP不是工具，它是有温度和情感的。IP折射出的是价值观、人生观、世界观，它最终要让人们产生文化与情感上的共鸣。IP提供给用户的不是产品的功能属性，而是一种情感的寄托。一个成功的IP需要具备以下特征：用户体验佳、用户规模大、变现模式成熟、有持续的强大生命力。

 案例链接

故宫IP的变现之路

2014年，"故宫淘宝"的一篇题为《雍正：感觉自己萌萌哒》的文章在微信朋友圈爆火，其让雍正皇帝的形象由"高冷"变为"有趣"，10万多次的阅读量也让更多人对雍正皇帝等历史人物产生了极大的兴趣。故宫随即推出以雍正皇帝为主题的折扇、胶带纸、行李牌等一系列文创（文化创意，以下简称文创）产品，被"圈粉"的年轻人开始为带有中国宫廷设计感的生活用品和工艺品买单，这也让爆红的故宫IP有了延续的途径。

2016年，一则《穿越故宫来看你》的H5在朋友圈中刷屏。昔日威严的永乐皇帝，以卡通形象跳起了街舞、唱起了RAP（说唱），用巨大的反差人设，让鲜活、年轻化的故宫IP真正意义上进入大众视野。

企业或商家纷纷围绕故宫组织线上的各类品牌联动、各种设计大赛，通过增强互动性，故宫的文化形象得到了进一步巩固，故宫IP逐渐深入人心。故宫文创产品的类别越来越齐全，不仅有常见的摆件、钥匙扣、冰箱贴、文化衫等周边产品，还有耳饰、手镯、胸针、手表等蕴藏了故宫特有的古典元素的饰品，涉及彩妆、食品、出版物、服装、电子产品等多个方面。2017年，故宫文创产品收入已达15亿元。截至2018年年底，故宫文创系列产品已达11 936种。

为了使受众更多，大众的认同感更强，故宫还衍生出了多种版权产品，如纪录片《我在故宫修文物》《如果国宝会说话》，真人综艺《上新了·故宫》《故宫回声》，以及数目繁多的出版物，如《海错图》，还有很多儿童绘本及儿童有声书等。

在新媒体时代，纪录片《如果国宝会说话》以灵活短小、拟人化的网络语态，讲述了一个个文物的历史"身世"，其流行的话语、精彩的文案使该节目多次"破圈"；《故宫100》采用了独特的解说方式，内容生动、有趣；《我在故宫修文物》以平民化的视角，展现了我国匠人的日常生活，受到了青年群体的追捧。

《如果国宝会说话》中的《唐代仕女俑》一集以现代人的语调与视角介绍了唐代女性的一生，带出当时的风物之美，对话方式别出心裁，解说词生动有趣，与当下年轻人的生活态度相吻合，能够满足受众差异化的需求，如图12-10所示。

图12-10　《如果国宝会说话》纪录片

《如果国宝会说话》在整体设计上的创新探索，让传统文化的表现语态和传播形式时尚化、年轻化，表现出中华优秀传统文化的个性魅力和文化情怀。该片运用大量现代科技手段，全方位展现文物的主要特征，通过数字模拟技术、三维动画等方式对文物的细节进行还原。每集5分钟，短小精悍的产品内容符合当下人们快节奏的观看需求。《如果国宝会说话》的前三季在豆瓣都获得了9.5左右的高分，如图12-11所示。

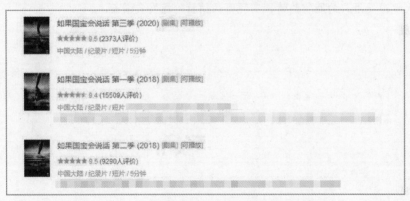

图12-11　《如果国宝会说话》纪录片的豆瓣评分

塑造故宫IP，传播中华优秀传统文化需要适应新媒体时代的发展，采用与时俱进的讲述方式，要去激活沉睡在博物馆里的文物，与它们对话，找到文物背后的文化底蕴，还原我国5 000年来生机勃勃的历史文明。打造故宫新文创IP任重道远，故宫对IP的深度发掘仍在继续。

【实训：分析直播"带货"变现的要点】

1. 实训背景

随着直播电商的发展，企业或个人纷纷参与直播"带货"。很多企业家或知名人士进入各大平台的直播间进行直播"带货"，多次创下直播"带货"的成交纪录。

相比于其他的营销方式，直播营销要求直播内容更具感染力，让消费者能够在直播中感受到主播的情绪、魅力，能够与主播实时交流，能够在全面的展示和试用过程中了解产品的质量和优势。在直播内容的感染下，消费者能够更迅速地做出成交决策。

2．实训要求

分析以上主播直播"带货"变现的技巧，掌握直播"带货"变现的关键。

3．实训思路

（1）主播的人设

直播要想吸引用户，直播内容必须具有感染力，而主播的个人魅力是影响直播内容是否具有感染力的重要因素之一。主播要想实现直播"带货"变现，塑造人设非常关键。

（2）实时互动

设置互动环节，增强用户的参与感，提高直播间用户的活跃度，能够增强用户对主播的好感，提高用户对主播及商品的信任度。

（3）优质的商品

优质的商品能够增强直播内容的感染力，吸引用户的注意。在直播中，主播要全面、直观地展现商品的外观、功能、效果等，可以采用试吃、试用、试穿、测评等方式进行专业的商品讲解，以赢得用户的信任。

（4）福利营销

发放福利也是使直播内容具有感染力的手段之一。低价、买一送一、发放优惠券等福利营销能够极大地激发用户的购物热情，实现商品销量的爆发式增长。